"十四五"普通高等教育本科部委级规划教材

河南省"十四五"普通高等教育规划教材

服装市场营销学

主　编◎胡　源

副主编◎贺丽华　等

中国纺织出版社有限公司

内 容 提 要

本书作为普通高等教育教材以传统市场营销理论为基础，基于学科交叉融合的应用理念，结合市场营销理论的新发展，以提升营销实战能力为出发点，从服装营销理论基础篇、服装营销战略篇、服装营销策略篇和服装营销拓展篇四个方面进行编写，重点研究服装市场消费者需求为中心的企业市场营销活动及其规律性。该教材在内容安排上注重知识体系的完整性、前沿性和实践性。一方面注重传统经典知识的再现，同时吸收市场营销学理论的最新成果，保持体系的完整、新颖；另一方面兼顾营销操作的务实性，通过实践情景的设定、学习和训练，以及大量案例的精心安排，达到加深对营销理论深刻理解的教学效果，从而在实践操作中显著提升读者的营销能力。

图书在版编目（CIP）数据

服装市场营销学 / 胡源主编；贺丽华等副主编. --
北京：中国纺织出版社有限公司，2023.1
"十四五"普通高等教育本科部委级规划教材
ISBN 978-7-5180-9982-5

Ⅰ.①服… Ⅱ.①胡… ②贺… Ⅲ.①服装－市场营销学－高等学校－教材 Ⅳ.①F768.3

中国版本图书馆CIP数据核字（2022）第198970号

责任编辑：史 岩　　责任校对：高 涵　　责任印制：储志伟

中国纺织出版社有限公司出版发行
地址：北京市朝阳区百子湾东里 A407 号楼　邮政编码：100124
销售电话：010—67004422　传真：010—87155801
http://www.c-textilep.com
中国纺织出版社天猫旗舰店
官方微博 http://weibo.com/2119887771
三河市宏盛印务有限公司印刷　各地新华书店经销
2023 年 1 月第 1 版第 1 次印刷
开本：787×1092　1/16　印张：20
字数：460 千字　定价：68.00 元

凡购本书，如有缺页、倒页、脱页，由本社图书营销中心调换

高等院校"十四五"部委级规划教材

经济管理类委员会

前言

服装市场营销学是一门综合性、实践性很强的应用学科，也是一门科学性和艺术性兼备的应用型学科。它是研究以满足服装市场消费者需求为中心的企业市场营销活动及其规律性的学科，是研究服装企业适应市场、引导市场甚至创造市场的学科。市场营销学产生于 20 世纪 30 年代的美国，20 世纪 50 年代以后才形成现代意义上的市场营销学。中国对市场营销学的学习和研究起步较晚，1978 年以后，中国才开始真正引入该课程。但其在中国的发展却非常迅猛，在当今社会主义市场经济条件下，已广泛应用于企业、非营利组织和社会生活的方方面面。可以预见，随着我国社会主义市场经济的不断推进和深化、国际化合作的加深，市场营销学运用的领域和空间不断扩大，新的营销思想、手段和技术层出不穷，深刻影响着当今的经济和社会发展。

由于市场营销学在企业、非营利组织和社会生活方方面面的作用日益凸显，1999年，教育部首次把市场营销专业列入工商管理类专业核心课程；2000 年，教育部对该课程的基本教学要求进行了说明。此后，围绕教育部的基本要求，市场营销学的教材开始大量出版。如今社会已经进入交叉学科时代，《国家中长期科学和技术发展规划纲要（2006—2020 年）》《教育部关于加强国家重点学科建设的意见》都强调了促进学科交叉、融合和新兴学科的生长，学科交叉融合是科学技术发展的必然趋势和主流方向。高校作为学科交叉融合的前沿阵地，应做到在凸显学科优势特色的基础上进行交叉学科的融合以形成新的学科增长点，只有交叉融合多种学科资源，打破原有的学科"瓶颈"，还原科学技术以整体化，才能使学科建设得到长足发展。基于这种社会现实背景，在习近平新时代中国特色社会主义思想指导下，我们以传统市场营销理论为基础，基于学科交叉融合的应用理念，结合市场营销理论的新发展，以提升营销实战能力为出发点，为培养既真正掌握营销理论精髓，又能在服装行业实际工作中熟练运用该理论并有创造性运用的高质量人才而组织编写了该教材。

本书内容主要有十四章：前六章全面、详细介绍服装市场营销的理念、环境分析、信息系统及调研分析、消费者及组织行为分析等内容；第七章主要介绍服装市场营销战略；第八至第十一章主要介绍服装市场营销策略，包括服务策略、定价策略、渠道策略、促销策略，构建了基本的营销应用实施手段框架；最后三章主要是对服装市场营销的拓展，以最新的营销理念和营销内容，拓展了营销学的学科视野，体现了学科发展的持续性。本书在内容安排上注重知识体系的完整性、前沿性和实践务实性。一方面注重传统经典知识的再现，同时吸收市场营销学理论的最新成果，保持体系的完整、新颖；另一方面兼顾营销操作的务实性，通过对设定实践情境的学习、训练，加深对相关理论的理解，从而使理论在实际操作中切实可行。此外，本书注重学习者的兴趣激发，在各章中穿插"案例""材料"等内容，注重体现知识的拓展性、案例的生动性和学习的自主性。在每章最后都附有练习题及营销实战中的真实案例，以便读者更好地理解本章的知识并培养知识应用能力。

本书由长年从事市场营销教学、研究和实践工作者组织编写，他们以自己对服装市场营销的深刻理解，历时二十多年的探索、实践经验总结和费尽心血的创作，几经修稿，最终形成了独具特色的教材。本书由胡源（中原工学院，编写第四章和第五章第一、第二节、第十二章）担任主编，贺丽华（中原工学院，编写第六章）、柴玉珂（河南财经政法大学，编写第五章第三节）、卜庆国（郑州经贸学院，编写第一章、第二章和第七章）、董甲婷（郑州工程技术学院，编写第八章、第九章和第十三章）、王志刚（郑州科技学院，编写第三章、第十章和第十一章）、王志敏（中原工学院，编写第十四章）担任副主编。

本书在编写过程中，得到了河南省纺织服装产业协同创新中心的关心和大力支持、资助，也得到了经济管理学院李惠杰教授的大力支持，在此一并虔诚致谢！本书在编写过程中，借鉴、参考和学习了国内外大量相关文献，对所引用的数据及资料尽可能详细地标明出处并对其作者表示敬意和感谢，但其中难免有遗漏，在此，同样对这些作者表示敬意和感谢！限于编者的学识水平，书中错误或疏漏之处在所难免，恳请各位专家、同仁和各界读者不吝赐教！

胡　源

2022 年 6 月

目录

第十四章　服装市场营销的新发展

参考文献

第一章 导论

扫码获得本章PPT

衣、食、住、行是人类生活中必不可少的事。人们把"衣"放在首位，可见，衣服对于我们的重要性。中国有十四亿人口，庞大的人口基数本身就组成了一个庞大的服装消费市场。随着中国国民收入的不断飞升，在2004年人均GDP超过12000元后，中国市场将进入精品消费时代，服装消费将不再仅为了满足其最基本的生存需求，而向更高的心理需求、自我满足需求跃进。特别是几千万人口跨入中产阶级后，其对反映自身社会地位和品位的服饰需求越来越迫切，国内服装市场越做越大，市场细分越来越小，市场竞争愈演愈烈，国内服装企业对于服装营销的需求也越来越强烈。

市场是社会分工和商品经济发展到一定阶段的产物。随着经济的发展，市场竞争日趋激烈，市场营销也随之诞生，市场营销的核心概念包括需要、欲望和需求，商品和服务，价值和满足，交换和交易，市场和营销者等。这些核心概念反映了市场营销的本质以及根本决定因素。

市场营销学作为一门科学，系统地研究市场营销活动的规律性问题，起源于20世纪初的美国。它的诞生发展经历了萌芽阶段、基本形成阶段、巩固发展阶段、市场营销管理导向阶段、充实完善阶段、拓展与创新阶段。市场营销学是一门以商品经济为前提的应用学科，早在20世纪30～40年代，市场营销学在中国开始传播。勤劳聪明的中国劳动人民在激烈的市场竞争中，将更多的时代科技特征注入市场营销研究与实践中，使这一学科更加发展壮大。服装市场营销学主要从企业层面对营销观念、营销策略、营销管理进行研究，采用了消费者研究方法、产品研究方法、职能研究方法、机构研究方法等一系列研究方法。

服装市场营销导论从总体上介绍了市场的概念及服装市场营销的基本概念，然后介绍了市场营销学的形成与发展，介绍了服装市场营销学的研究内容与研究方法，期望从基本的概念原理入手，以便同学们把握服装市场营销的产生和发展脉络，为同学们下一步学习和研究服装市场营销打下基础。

学习目标：

1. 理解服装市场营销学的基本概念及相关的核心概念；2. 掌握服装市场营销学的研究对象与方法；3. 理解市场营销观念的演变过程及各阶段特点；4. 了解市场营销学的发展历程。

第一节　服装市场营销的基本概念

一、市场的概念

市场是社会分工和商品经济发展到一定阶段的产物。随着社会生产力的发展，社会分工的细分，商品交换日益丰富，交换形式复杂多变，人们对市场的认识日益深入。

传统观念认为，市场指的是商品交换的场所，如商店、集市、商场、批发站、交易所等，这是市场的最一般、最容易被人们理解的概念。所有商品都可以从市场流进流出，实现商品由卖方向买方转换。

但是，随着商品经济的飞速发展和日益繁荣，商品交换过程和机制越来越复杂，狭隘的传统市场概念已远远不能概括全部商品经济的交换过程，也不能反映商品和服务交换中所有的供给和需求关系。当前市场这个概念已不再局限于原有空间范围，而演变为一种范围更广、含义更深的市场概念。

广义的市场是由那些具有特定需要或欲望，愿意并能够通过交换来满足这种需要或欲望的全部顾客构成的。这种市场范围，既可以指一定的区域，如国际市场、国内市场、城市市场、农村市场等；也可以指一定的商品，如食品市场、家电市场、劳动力市场等；还可以指某一类经营方式，如超级市场、百货市场、专业市场、集贸市场等。

二、服装市场营销的概念

市场营销学是由英文"Marketing"一词翻译过来的，关于"Marketing"一词的翻译，中文有"市场学""行销学""销售学""市场经营学""营销学"等各种译法，考虑到从静态和动态结合上把握"Marketing"的含义，用"市场营销学"的译法比较合适。"市场营销学"一词的含义是什么，长期以来，许多人仅仅把市场营销理解为推销（Selling）。其实，推销只是市场营销多种功能中的一项，并且通常还不是最重要的一项功能。正如美国著名管理学家彼得·德鲁克（Peter Drunker）所言：可以设想，某些推销工作总是需要的，然而，营销的目的就是要使推销成为多余，从而使产品或服务完全适合顾客需要而形成产品自我销售；理想的营销会产生一个已经准备来购买的顾客群体，剩下的事情就是如何便于顾客得到这些产品或服务。

市场营销是一个动态发展的概念。近几十年来，西方学者从不同角度给市场营销下了许多不同的定义，下面介绍三种比较有代表性的定义。

1. 杜拉克的定义

市场营销不只是一个比销售更广的概念，也并不是一个完全专门化的活动，它与整个企业相关联。所谓市场营销，就是从事业活动的最终结果，即从顾客观念出发所看到的事业整体。因此，市场营销的领域和责任范围必须涉及企业的所有部门。

2. 菲利普·科特勒的定义

（1）市场营销，是指通过交换过程来满足需求和欲望的、有目的的人类活动。（1976年）

（2）市场营销，是指个人和集体通过创造、提供并同他人交换产品和价值，以获得其所需、所欲之物的一种社会和管理过程。（1996年）

3. 美国市场营销协会（AMA）的定义

（1）市场营销，是指将产品和劳务从生产地转移到消费地的多种商务活动。（1935年）

（2）市场营销，是指引导产品和劳务从生产者到达消费者或用户所进行的商务活动。（1960年）

（3）市场营销，是指为了创造满足个人和组织目标的交换而策划构思、产品和服务的活动，以及策划并实施价格、分销、促销的过程。（1985年）

基于以上定义，本书将服装市场营销学定义为：

服装市场营销学是现代市场营销学的理论和方法在服装企业营销实践中应用的理论概括，是以市场营销学的基本原理为理论依据，吸收了服装设计与工艺等有关的学科知识或成果，结合服装行业的营销特点，形成的一门应用性学科。

服装行业营销的特点是：服装企业的独立实体相对规模较小，这是由于行业缺乏经济规模和小批量多品种的特点所致。

服装行业的发展与成熟与外延的集约度有关，一个都市要成为一个时装中心，必须集中最优秀的设计师，有服装咨询服务业，有发达的金融机构，有政治、经济和文化的良好基础，更要有一批时装潮流的领导者和追随者。

三、服装市场营销的核心概念

要对服装市场营销进行深入、细致的研究，应该掌握它的一些基本核心概念。它们包括需要、欲望和需求，商品和服务，价值和满意，交换和交易，营销者，如

图1-1 所示。

图1-1 市场营销的核心概念

（一）需要、欲望和需求

1. 需要（Need）

构成服装市场营销基础的最基本概念就是人类需要这个概念。它是指人们没有得到某些满足的感受状态，人们在生活中需要空气、食品、衣服、住所、安全、感情以及其他一些东西，这些需要都不是社会和企业所能创造的，而是人类自身本能的基本组成部分。

2. 欲望（Want）

它是指人们想得到这些基本需要的具体满足物或方式的愿望。例如，一个人需要食品，想要得到一个面包；需要被人尊重，想要得到一辆豪华小汽车。

3. 需求（Demand）

它是指人们有能力购买并且愿意购买某种商品或服务的欲望。人们的欲望几乎没有止境，但资源却是有限的。因此，人们想用有限的金钱选择那些价值和满意程度最大的商品或服务。当有购买力作后盾时，欲望就变成了需求。

（二）商品和服务

人们在日常生活中需要各种商品（Goods）来满足自己的各种需要和欲望。从广义上来说，任何能满足人们某种需要或欲望而进行交换的东西都是商品。

商品一词在人们心目中的印象是一个实物，如汽车、手表、面包等。但是，诸如咨询、培训、运输、理发等各种无形服务也属于商品范畴。一般用商品和服务这两个词来区分实体商品和无形商品。在考虑实体商品时，其重要性不仅在于拥有它们，更在于使用它们来满足人们的欲望。人们购买汽车并不是为了观赏，而是因为它可以提供一种被称为交通的服务，所以，实体商品实际上是向人们传送服务的工具。

服务（Service）则是一种无形产品，它是将人力和机械的使用应用于人与物的结果。例如，保健医生的健康指导、儿童钢琴知识教育、汽车驾驶技能的培训等。

当购买者购买商品时，实际上是购买该商品所提供的利益和满意程度。例如，在具有相同的报时功能的手表中，为什么有的消费者偏爱价格高昂的劳力士手表？原因在于它除了具有基本的报时功能外，还是消费者成功身份的象征。这种由产品和特定图像、符号组合起来表达的承诺，能够帮助消费者对有形产品和无形产品做出购买判断。在很多情况下，符号和无形的产品让消费者感到更有形、更真实。由于人们不是为了商品的实体而购买商品，商品的实体只是利益的外壳，因此，企业的任务是推销商品实体中所包含的内核——利益或服务，而不能仅限于描述商品的形貌。

（三）价值和满意

消费者通常面临一大批能满足某一需要的商品，消费者在这些不同商品之间进行选择时，一般都是依据商品所能提供的最大价值而做出购买决定。服装企业可以通过这五种方法来提高购买者所得价值：①增加利益；②降低成本；③增加利益的同时降低成本；④利益增加幅度比成本增加幅度大；⑤成本降低幅度比利益降低幅度大。

一名顾客在两件商品之间进行选择时，这两件商品的价值分别为 V_1、V_2，如果 V_1 与 V_2 相比价值大于1，这名顾客会选择 V_1；如果比值小于1，顾客会选择 V_2；如果比值等于1，顾客会持中性态度，任选 V_1 或 V_2。

如果满意（Satisfaction）解释为顾客通过对某商品可感知的效果与其价值期望相比较后所形成的愉悦或失望的感觉状态，则满意水平可表示为感知效果与价值期望之间的差异函数，即：

$$满意水平=感知效果-价值期望$$

如果效果超过期望，顾客就会高度满意；如果效果与期望相等，顾客也会满意；但如果效果低于期望，顾客就会不满意。

（四）交换和交易

需要和欲望只是市场营销活动的序幕，只有通过交换，营销活动才真正发生。交换（Exchange）是提供某种东西作为回报并与他人换取所需东西的行为，它需要满足以下五个条件：

第一，至少要有两方；

第二，每一方都要有对方所需要的有价值的东西；

第三，每一方都要有沟通信息和传递信息的能力；

第四，每一方都可以自由地接受或拒绝对方的交换条件；

第五，每一方都认为同对方的交换是称心如意的。

如果存在上述条件，交换就有可能。市场营销的中心任务就是促成交换。交换的最后一个条件是非常重要的，它是现代市场营销的一种境界，即通过创造性的市场营销使交换双方达到双赢。

交易（Transaction）是交换的基本单元，是当事人双方的价值交换。或者说，如果交换成功，就有了交易。怎样达成交易是营销界长期关注的焦点，各种各样的营销课题理论实际上都可还原为对这一问题的不同看法。

（五）营销者

前面已经指出，市场营销就是以满足人们各种需要和欲望为目的，通过市场变潜在交换为现实交换的活动。毫无疑问，这种活动是指与市场有关的人类活动。在这种交换活动中，对交换双方来说，如果一方比另一方更积极主动地寻求交换，则前者称为营销者，后者称为潜在顾客。具体来说，营销者就是指希望从他人那里得到资源，并愿以某种有价值的东西作为交换的人。很明显，营销者可以是一个卖主，也可以是一个买方。假如几个人同时想买某幢漂亮的房子，每个想成为房子主人的人都力图使自己被卖方选中，这些购买者都在进行营销活动，并且都是营销者。

第二节　市场营销学的形成与发展

一、市场营销学产生的历史背景

市场营销学作为一门科学系统地研究市场营销活动的规律性问题，起源于 20 世纪初的美国。它的产生是以美国社会与经济的发展变化为背景的，是美国社会经济环境发展变化的产物。

（一）市场规模迅速扩大

19 世纪末 20 世纪初，美国西部铁路的开发建设，有力地促进了美国钢铁工业的发展和国内市场规模的扩大。到 20 世纪初，美国国内市场扩大到了历史上前所未有的程度。扩大的市场给大规模生产带来了机会，同时也引进了新的竞争因素，信息、促销等变得越来越重要。

（二）工业生产急剧发展

19 世纪末，科学技术的进步，标准产品、零部件和机械工具的发展，食品储存手段的现代化，电灯、自动纺织机的应用等，促使美国农业经济迅速地向工业经济转化。大规模生产带来了日益增多的商品，从而使市场供给超过了市场需求，卖方市场开始向买方市场转化，卖方有了危机感，买方失去了安全感，买卖双方渴求能有一门新的学科或理论来对此作出解释，以便更有效地指导其经济生活实践。

（三）分销系统发生变化

随着工业化程度的提高，中间商的作用和社会地位开始发生变化，通过正规的专门化分销渠道买卖商品的趋势日益明显。新的分销体制向有关价值创造的传统理论提出了挑战，迫切需要一种新的价值理论肯定其地位，并帮助其培养专业人才。

（四）传统理论面临挑战

传统的经济学家一般是从宏观的和政治的角度来考虑市场问题。例如，亚当·斯密最感兴趣的是如何通过增加英国的商业和贸易来加强其外交和军事力量。而当时的管理经济学家则主要考虑企业组织的内部问题，尤其是有关生产过程的问题。大量有关分销和市场的新问题的出现造就了一批新理论家，那就是市场营销学家。

二、市场营销学的形成与发展

市场营销进入美国的学术界，成为一个专门的理论领域的研究始于 20 世纪初期。从总体来看，市场营销学理论的发展经历了以下六个阶段：

（一）萌芽阶段（1900～1920 年）

早在 19 世纪末期，美国一些学者就陆续发表了一些有关推销、广告、定价、产品设计、品牌业务、包装、实体分配等方面的论著。但是，直到 20 世纪初期，美国的一些学者才试图将上述有关方面综合起来，建成一门专门的学科。

尽管当时还没有使用"市场营销"这个名称，但它已经成为一门新学科的雏形出现在大学课堂上。1912 年，赫杰特齐（J. E. Hegertg）出版了第一本名为《市场营销学》（Marketing）的教科书，全面论述了有关推销、分销、广告等方面的问题。它标志着市场营销学作为一门独立学科的产生。

但是，应该看到，这一时期的市场营销学研究内容仅限于商品销售和广告业务方面的问题，实际影响不大，尚未引起社会的广泛关注，市场营销的完整体系远未完成。

（二）基本形成阶段（1921～1945 年）

从 20 世纪 20 年代到第二次世界大战结束，随着科学技术的进步，美国等西方国家的社会、政治、经济情况不断发展变化，特别是 1929～1933 年资本主义国家爆发了严重生产过剩的经济大危机，造成整个西方世界商品积压、企业倒闭、市场萧条、失业上升。严酷的现实使越来越多的企业感受到竞争的压力，体会到市场营销活动的重要性，各企业纷纷成立了专门的市场营销研究机构，开始了理性化的市场营销活动。其中最早的是美国的柯蒂斯出版公司，1911 年就建立了商业研究部门，对市场营销活动进行了专门研究，市场营销学逐渐成为指导市场营销实践活动的一门实用性学科。

在这一时期，美国的高等院校和工商企业建立各种市场营销的研究机构，有力地推动了市场营销学的研究和普及。例如，1926 年，美国在全美广告协会的基础上成立了全美市场营销学和广告学教师协会；1937 年，全美各种市场研究机构联合组成了美国市场营销学会（America Marketing Association，AMA），不仅有工商企业人士和经济学家、管理学家参加，还吸收了市场行情、广告、销售、信托等方面的专家入会。目前，该学会的成员遍及世界各地，实际上已成为国际性组织，该学会的现任主席为美国西北大学教授菲利普·科特勒。

这一时期的研究以营销功能研究为最突出特点，主要包括交换功能、实体分配和辅助功能，这些功能构成了当时市场营销体系的主体。然而，从总体来看，这一阶段的研究还是将市场营销等同于销售或推销，研究范围局限于流通领域。

（三）巩固发展阶段（1946～1955年）

第二次世界大战以后，社会主义国家纷纷诞生，殖民地国家相继独立，导致了资本主义世界市场相对狭小，而战时膨胀起来的生产力又亟须寻找新出路，市场竞争日趋激烈。为适应这种情况的变化，市场营销学者除了继续从经济学中汲取养料外，开始转向社会科学的其他领域寻觅灵感。这一时期，功能研究仍居主导地位。这个阶段，学术界提出了不少新概念，产生了许多新理论。尤其是市场细分理论、4P理论和市场营销观念的提出，使市场营销学发生了革命性变化。这一时期的代表人物有范利（Vaile）、格雷特（Grether）、考克斯（Cox）、梅纳德（Maynard）及贝克曼（Beckman）。温得尔·史密斯于20世纪50年代中期提出了市场细分的新概念，1952年，埃德蒙·麦加利提出了市场营销六职能分类体系。同年，范利、格雷斯和考克斯合作出版了《美国经济中的市场营销》一书，全面地阐述了市场营销如何分配资源，指导资源的使用，尤其是指导稀缺资源的使用；市场营销如何影响个人分配，而个人收入又如何制约营销；市场营销还包括为市场提供适销对路的产品。同年，梅纳德和贝克曼在出版的《市场营销学原理》一书中提出了市场营销的定义，认为它是"影响商品交换或商品所有权转移，以及为商品实体分配服务的一切必要的企业活动"。梅纳德归纳了研究市场营销学的五种方法，即商品研究法、机构研究法、历史研究法、成本研究法及功能研究法。

由此可见，这一时期已形成市场营销的原理及研究方法，传统市场营销学已形成。

（四）市场营销管理导向阶段（1956～1965年）

这一时期的代表人物主要有：罗·奥尔德逊、约翰·霍华德及麦卡锡。奥尔德逊在1957年出版的《市场营销活动和经济行动》一书中提出了"功能主义"。霍华德在出版的《市场营销管理：分析和决策》一书中，率先提出从营销管理角度论述市场营销理论和应用，从企业环境与营销策略二者关系来研究营销管理问题，强调企业必须适应外部环境。麦卡锡在1960年出版的《基础市场营销学》一书中对市场营销管理提出了新见解。他把消费者视为一个特定的群体，即目标市场，而企业制定市场营销组合策略、适应外部环境、满足目标顾客需求、实现企业经营日标。

（五）充实完善阶段（1966～1980年）

在这一阶段，市场营销学逐渐从经济学中独立出来，随着现代科学的进步，不同的学科日益相互渗透，市场营销理论研究与社会学、经济学、统计学、心理学等相关学科联系更加紧密，这些相关学科的研究成果越来越多地被引进市场营销理论体系中，使市场营销学成为一门综合性的边缘学科，市场营销学理论更加成熟。

在这个阶段，市场营销的研究内容也更为广泛，并且向纵深发展，自20世纪70年代开始，随着研究内容的深入，市场营销理论更加完善，提出了许多新观点和新思想。在原来市场营销学总论的基础上分化出了市场营销的各种理论，即行业分类市场营销学，如服务市场营销学、房地产市场营销学、非营利性组织市场营销学、国际市场营销学等以及社会市场营销观念，从而使市场营销学理论得到进一步完善。

（六）拓展与创新阶段（1981年至今）

随着经济全球化趋势的加强，参与国际竞争的国家和企业急剧增加，市场竞争的范围不断扩大，程度不断加剧。在20世纪80年代中期，科特勒进一步发展了市场营销理论，提出了大市场营销（Mage Marketing）的观念，突破了传统营销理论中阐明的企业可控制的市场营销组合因素与外界不可控制的环境因素之间简单相适应的观点，把企业市场营销组合所包括的4P策略扩大到6P策略，即6P战略：原来的4P（产品、价格、分销及促销）加上两个P（政治权力及公共关系）。这一思想对跨国企业开展国际营销活动具有重要的指导意义。

进入20世纪90年代以来，市场营销理论的研究不断向新的领域拓展，出现了定制营销、营销网络、纯粹营销、政治营销、绿色营销、营销决策支持系统、整合营销等新的理论领域，并打破了美国营销管理学派一统天下的局面，对传统营销理论提出了质疑，形成了不同的营销学派。

扫码学习市场营销学在中国的发展

第三节 服装市场营销学的研究内容

一、服装市场营销学的研究对象

几十年来，不同的营销专家、学者由于面临的营销实践不同，对市场营销学研究对象的认识也有所不同，郭国庆教授在《市场营销学》（1995 年）一书中提出，市场营销是在特定的市场营销环境中，企业以市场营销研究为基础，为满足消费者现实和潜在的需求，所实施的以产品、定价、地点、促销手段为主要内容的市场营销活动过程及其客观规律。

基于郭教授的定义总结出以下四点基本结论：一是服装市场营销的主体是服装企业，二是服装市场营销学的服务对象是服装企业，三是服装市场营销的目标是满足消费者对衣着的需要，这与服装企业自身利益实现的目标可以统一起来，四是市场营销活动的规律性包括以消费者为中心，以市场营销研究为基础，综合运用各种营销手段，即产品、定价、地点和促销等，加强对活动企业的全过程管理等基本内容。

二、服装市场营销学的研究内容

从根本上看，服装市场营销学的研究内容是由其研究对象决定的。要全面、准确地揭示服装企业市场营销活动过程及其规律性，就必须系统地反映服装企业营销活动的基本程序、基本内容、基本机制及其特点。因此，服装市场营销学必须包括以下三方面的内容。

（一）服装市场营销观念

服装市场营销活动作为有目的的企业行为，观念的正确与否对整个营销活动的成败具有决定意义。

服装市场营销学必须帮助企业建立符合现代营销活动特点及规律性的观念和思路。重点是分析现代营销观念与企业理念、市场营销环境的研究、购买者行为分析、市场营销调研以及市场营销战略的制定等方面，让广大的工商企业最终树立起科学的经营理念，把市场需求导向、竞争导向、整合营销及效益观念统一起来，熟悉和掌握营销环境研究、营销调研、目标顾客的分析及制定各种营销战略的方法和技巧，强化这些营销的基础性工作。

（二）服装市场营销策略

这是服装市场营销学的基石和核心。企业发现和明确自己的市场机会和目标市场以后，就需要运用科学的方法和策略去开拓这些市场，千方百计将其转化为企业的盈利机会和发展机会。当前最一般的方法和策略就是实施市场营销组合。其基本内容如下。

1. 服装产品策略

服装产品策略主要包括整体产品设计、产品组合策略、包装设计、品牌策略、产品生命周期的识别与决策和新产品的开发与扩散等内容。通过产品策略的分析，可以让营销者清楚什么样的产品才是具有市场竞争力的，怎样延续一个产品的市场寿命以及怎样让目标顾客更快地接受自己的新产品。

2. 服装产品定价策略

服装产品定价策略主要包括定价因素的分析、定价目标的确立、定价方法的选择、价格水平的制定和调整的艺术及方法等内容。通过定价策略的分析，可以让营销者知道企业定价行为是一种科学性与艺术性相统一的营销活动，价格因素在整个营销组合中既是最灵活的一个要素，也是风险性最大的一个要素，是一把"双刃剑"，制定准确、灵活的价格对于实现营销目标十分关键。

3. 服装营销渠道策略

服装营销渠道策略主要包括企业营销渠道的选择、建立、评估、激励与巩固以及科学、合理、高效的物流系统设计等内容。在竞争日趋激烈的今天，企业品牌的确立、强大市场地位的建立与巩固都离不开渠道成员企业的支持、配合与帮助，必要时企业还必须与它们建立战略联盟，形成强大的市场营销系统，才能顺利地实现企业的营销目标。

4. 服装促销管理

服装促销管理包括广告、人员推销、营业推广、公共关系等促销手段的选择及企业促销组合方案的制订等内容。在产需之间时空分离、信息分离矛盾日益突出的今天，运用现代传播手段实现信息沟通，对于有效刺激市场需求、引导市场消费、创造市场流行都具有十分重要的意义。企业营销人员不仅应当知道各种传播手段的作用、特点和优势，还应当熟练掌握运用这些手段的技巧。

5. 服装企业形象识别系统

服装企业形象识别系统是帮助企业展示个性与特征，树立良好形象与声誉，迅速从众多对手中脱颖而出的一种有效措施，是营销定位策略、产品差异化策略的进一步升华。其主要包括企业理念、企业文化、企业行为及视觉识别等设计、传播和展示方面的内容。

6. 服装产品绿色营销

服装产品绿色营销是近 20 年来市场营销的一种新境界。它非常注重营销过程中的生态环境要求和人类社会的可持续发展，包括绿色产品开发、绿色价格制定、绿色分销策略和绿色促销策略等内容。在消费者环保意识日益增强的今天，企业自觉接受绿色营销观念、实施绿色营销策略对于顺利进入某一个国家或地区的市场至关重要。

（三）服装市场营销管理

服装市场营销活动过程的复杂性及企业营销战略、策略的动态性等特征，要求企业管理当局必须加强对营销活动的组织、计划、评估与控制，在营销过程中牢固树立"管理导向"的观点，使企业更有效地实现自己的各项经营目标。该部分主要包括营销组织的设计、营销计划的制订、营销战略与策略的实施、实施结果的评估、实施过程的控制等内容。

此外，市场营销学原理还担负着为部门营销与特定营销领域服务的任务。因此，除系统介绍企业营销活动的一般规律性外，还需要适当介绍一些十分重要的特殊领域中的营销方法和原理。

在国际经济一体化的今天，越来越多的中国服装企业开始涉足国际市场。但是，国际市场中的一些惯例、交易方式毕竟与国内市场有所差异，服装企业产品或服务要更有效地进入他国市场，就必须按照国际市场营销的方式、方法、策略去开拓、去运作。一般包括国际服装市场营销环境分析、国际服装市场营销方式的选择、国际服装市场营销组合的制定等内容。

第四节　服装市场营销学的研究方法

市场营销学以克服市场交换活动的障碍、促使市场交易顺利实现为研究目标，致力于研究需要产生和满足、产品开发与价值、参加交易的组织和个人行为及其影响因素、交易的过程与规律以及促使交易成功的各种战略、策略组合等重要问题。但就其理论和实践的成熟过程而言，研究的角度和方法是不断变化的。就一般的科学研究方法来说，市场营销学既要运用辩证法、分析综合法等，也要运用经济领域的研究方法，如管理研究法、功能研究法、比较研究法、动态研究法、实证研究法、对比实验法、演绎归纳法等。但是，服装市场营销学作为一门有特定研究对象、内容和任务的学科，应该有适合自身研究需要的研究方法。从这方面说，服装市场营销学的研究方法主要有以下四种。

一、服装市场消费者研究方法

服装市场消费者研究方法是指以消费者为中心研究市场营销活动的一种研究方法。市场营销学是研究营销活动及其规律的学科，其从消费者需求开始，根据消费者的不同需求，研究如何采取适当的策略来满足和影响这种需求的实现。因此，以消费者为中心研究市场营销活动是一种重要的研究方法。社会阶层不同，收入水平不同，生活方式不同，服装市场消费者需求就会有各自不同的规律性。抓住消费者需求及其发展变化的规律，可以正确地引导企业或组织的市场经营方向，有的放矢地制定市场营销策略。

二、服装产品研究方法

20 世纪初，市场营销研究处于起步阶段，营销学者主要通过对不同产品在市场交易活动中的特征分析来研究企业的营销行为。产品研究法也称商品研究法。

三、服装企业职能研究方法

从企业营销职能的角度对市场营销学进行研究集中于 20 世纪 30 年代之前。阿克·沙奥（Arch W. Shaw）1912 年在《经济学季刊》中第一次提出了职能研究的思想，当时他将中间商在产品分销活动中的职能归结为五个方面：①风险分担；②商品运输；③资金筹措；④沟通与销售；⑤装配、分类与运输。

四、社会研究方法

社会研究方法研究企业营销活动对整个社会的利弊影响以及在营销活动中如何兴利除弊。企业营销活动在满足消费需要的同时有可能损害社会利益，比如，造成产品的过早陈旧与更新、浪费社会财富、污染环境、破坏社会生态平衡等。社会研究方法就是提醒人们注意和尽可能杜绝这些问题。社会研究方法是社会学和生态学的结合。

本章小结

市场是社会分工和商品经济发展到一定阶段的产物，狭义的市场指的是商品交换的场所，广义的市场则是由那些具有特定需要或欲望，并且愿意并能够通过交换来满足这种需要或欲望的全部顾客所构成的，这种市场范围，既可以指一定的区域，也可以指一定的商品，还可以指某一类经营方式。

市场营销是个人和群体通过创造产品和价值，并同他人进行交换以获得所需所欲的一种社会及管理过程。为了加深对服装市场营销概念的理解，应该掌握它的一些基本核心概念，具体包括需要、欲望和需求，商品和服务，价值和满意，交换和交易，营销者，服装市场营销学是在经济学、行为科学等学科基础上发展起来的，它重点研究以市场为导向的企业市场营销活动及其规律性，采用了消费者、产品、职能、机构、决策、系统、社会研究六种研究方法。服装市场营销学是一门动态发展的学科，随着经济社会的发展变化而不断地更新内容，服装市场营销观念是企业开展市场营销工作的指导思想或者说是企业的经营思想，它集中反映了企业以什么态度和思想方法去看待和处理组织、顾客和社会三者之间的利益关系，市场营销工作的指导思想正确与否对企业经营的成效兴衰具有决定性意义。

服装企业市场营销的指导思想是在一定的社会经济环境下形成的，并随着这种环境的变化而变化。一个世纪以来，西方企业的市场营销观念经历了一个漫长的演变过程，可分为：生产观念、产品观念、推销观念、市场营销观念和社会营销观念五种不同的观念。

扫码学习获得本章习题及参考答案

第二章
服装企业战略规划与服装市场营销管理

古语讲"谋定而动"，服装企业市场营销活动开始于企业的战略规划。企业战略就是一种能够展望公司未来发展前景，并通过制造差异来使公司保有竞争优势的高层次的、全局性的纲领性计划。服装企业战略规划，即服装企业为了使自己的资源和实力同营销环境相适应，以加强自己的应变能力和竞争能力而制定的长期性、全局性和方向性规划。它包括规定企业任务、确定企业目标、确定现有业务（或产品）组合及其战略等内容。其中确定现有业务组合介绍了波士顿矩阵法等经典方法。

市场营销是有意识的经营活动，是在一定的营销理念指导下进行的，这种营销理念被称为"市场营销管理哲学"，服装市场营销管理哲学包括生产观念、产品观念、推销观念、市场营销观念及社会营销观念等一系列营销观念。这些观念将指导后期的服装市场营销管理。服装营销管理的主要任务不仅要刺激消费者对产品的需求，还要帮助公司在实现其营销目标的过程中，影响需求水平、需求时间和需求构成。毕竟需求才是真正决定营销成败的关键因素。在具体的服装企业营销管理过程中包括分析发现服装市场机会、目标市场营销、设计服装市场营销组合、管理服装市场营销活动等过程。

学习目标：

1. 熟悉服装企业战略管理的概念；2. 掌握服装企业战略规划的层次；3. 了解服装市场营销管理在服装企业战略规划中的地位和作用；4. 掌握服装企业营销管理的基本任务；5. 了解服装企业营销管理的过程；6. 掌握服装企业营销管理的工具与技术，即波特五力竞争模型、SWOT 分析等。

第一节　服装企业战略规划

一、企业战略的概念

全球著名战略专家、波士顿咨询公司创始人布鲁斯·亨德森（Bruce Henderson），为我们勾勒出了战略管理的基本轮廓。布鲁斯的战略观点可以用如下文字表述：①只有在行业内保有优势，才能长期生存；②企业领导者应该关注企业在未来面临的竞争和收益，而不能只顾眼前；③制造和保有差异化才能在竞争中取胜。总体来说，企业战略就是一种能够展望公司未来发展前景，并通过制造差异来使公司保有竞争优势的高层次的、全局性的纲领性计划。

二、服装企业战略规划的概念

企业的战略规划是指一种管理过程，即企业的最高管理层通过规划企业的基本任务、目标及业务（或产品）组合，使企业的资源和实力同不断变化的营销环境之间保持和加强战略适应性的过程。服装企业战略规划即服装企业为了使自己的资源和实力同营销环境相适应、加强自己的应变能力和竞争能力而制定的长期性、全局性和方向性规划。战略规划是覆盖企业活动各个方面（生产、营销、财务、人事等）的，而不是只限于市场营销一个方面。这种规划一般要包含10～20年的发展方向，但也不是一次完成后就固定不变的，它是随着企业内部环境和外部环境的变化而不断修正的一种管理过程，它包含着一系列重要内容。

三、服装企业战略规划的内容和步骤

服装企业战略规划的主要内容和步骤是：首先，在整体层次上规定企业的基本任务；其次，根据基本任务的要求确定企业的目标；再次，安排企业的业务组合（或产品组合），并确定企业的资源在各业务单位（或产品）之间的分配比例；最后，在业务单位、产品和市场层次上制订营销计划及其他各项职能计划（如财务计划、生产计划、人事劳动计划等），这些计划是企业的总体战略在各

扫码学习服装企业战略规划的具体内容和步骤

扫码学习有关案例

业务单位、产品和市场层次上的具体化。

第二节 服装市场营销管理哲学

一、服装市场营销管理哲学

（一）概念

市场营销是有意识的经营活动，是在一定的营销理念指导下进行的，这种营销理念被称为"市场营销管理哲学"，服装市场营销管理哲学是指服装企业对其营销活动及管理的基本指导思想。它的核心是服装企业在开展市场营销活动过程中，如何看待和处理企业、消费者和社会等方面利益的关系，也可以简单地称为服装市场营销观念、服装市场营销指导思想等。

（二）演变阶段

随着生产和交换日益向纵深发展，社会、经济与市场环境的变迁和企业经营经验的积累发生了深刻变化，服装市场营销管理哲学的基本导向也随之改变，遵循由生产导向到消费者导向再到社会导向的发展轨迹，如图2-1所示。

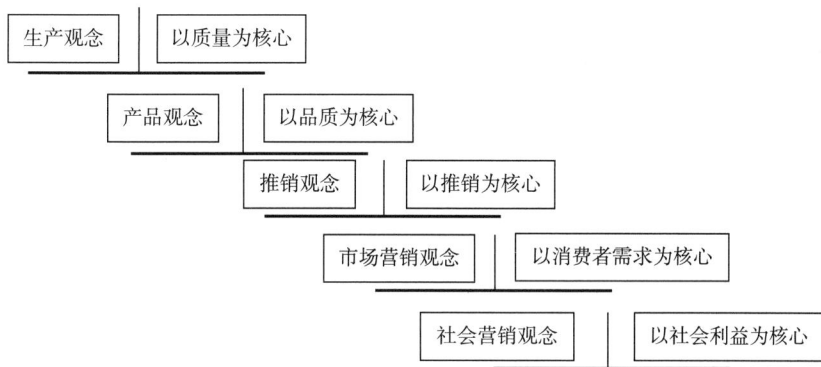

图2-1 服装市场营销管理哲学演变阶段

二、以企业为中心的观念

（一）生产观念

生产观念产生于卖方市场条件下。在19世纪末到20世纪初的资本主义工业化初期，由于物资短缺、市场供不应求，消费者只求"买得到，买得起"（Available，Affordable），生产观念在经营管理中颇为流行。

生产观念认为，消费者喜欢那些随处买得到的、价格低廉的产品。在生产观念指导下，企业经营活动以生产为中心，以提高生产效率、增加产量、降低成本为目标。

（二）产品观念

1920～1929年，资本主义生产能力提升，带来了相对的均衡市场，消费者对产品的要求由"量"转变为"质"。产品观念认为，消费者喜欢那些质量优良、功能齐全、具有特色的产品。在产品导向的企业里，营销管理的中心是提高产品质量和增加产品功能。产品观念同样产生于供不应求的卖方市场条件下，企业不是针对消费者的需求设计和制作产品，而是过多地把注意力放在产品上。产品观念容易导致"营销近视症"（Marketing Myopia），只看到自己的产品质量好，看不到需求的差异性和市场需求的变化趋势，易产生供需矛盾，使经营陷入困境。

（三）推销观念

推销观念产生于资本主义国家经济由"卖方市场"向"买方市场"过渡的阶段。在1924～1945年，由于科学技术的进步及其在生产中的广泛采用和推广，科学管理和大规模生产使产品产量迅速增加，逐渐出现了产品饱和、供大于求的局面，卖主之间开始展开竞争。这种形势使企业感到只注重生产和产品，难以在竞争中求生存和发展，这使企业开始把眼光转移到消费者身上，重视销售工作。

推销观念认为，消费者一般不会足量购买某一企业的产品，在购买中表现出一种购买惰性或抗拒心理，因此，企业必须积极推销和大力促销以刺激和唤起消费者兴趣，促使其大量购买企业的产品，不断强调千方百计地采取各种措施兜售产品，各种广告术、推销术应运而生。

三、以消费者为中心的观念

市场营销观念（Marketing Concept）形成于20世纪50年代，是在1957年由美国学者约翰·麦克金特立克等阐述的。随着第三次科学技术革命的兴起，西方各国企业更加重视研究和开发，产品技术不断创新，新产品竞相上市。大量军工企业转向民品生产，使社会产品供应量迅速增加，许多产品供过于求，市场竞争进一步激化。同时，西方各国政府相继推行高福利、高工资、高消费政策，社会经济环境出现快速变化。消费者有较多的可支配收入和闲暇时间，对生活质量的要求提高，消费需要变得更加多样化，购买选择更为精明，要求也更为苛刻。市场营销观念在这个时期开始盛行。

这种观念认为，企业的一切计划与策略应以消费者为中心，正确确定目标市场的需要与欲望，从而比竞争者更有效地满足目标市场的要求。这种观念通常被认为是以消费者为中心的观念。

四、以社会整体利益为中心的观念

从 20 世纪 70 年代起，全球环境发生了许多变化，如能源短缺、通货膨胀、失业增加、消费者保护运动盛行等，要求企业顾及消费者整体与长远利益即社会利益的呼声越来越高。西方市场营销学界提出了一系列新的观念，如人类观念（Human Concept）、理智消费观念（Intelligent Consumption Concept）、生态准则观念（Ecological Imperative Concept）。其共同点是认为企业生产经营不仅要考虑消费者需要，还要考虑消费者和整个社会的长远利益。菲利普·科特勒则认为，这类观念可统称为社会营销观念（Social Marketing Concept）。

社会营销观念认为，企业的任务在于确定目标市场的需要、欲望和利益，比竞争者更有效地使顾客满意，同时维护与增进消费者和社会福利。

五、全方位营销导向

21 世纪的潮流和力量让商业企业有了新的观念和实践。今天最佳的营销者意识到有必要采用超出传统营销观念的、更加整体化的、更具一致性的策略。

扫码学习有关案例

全方位营销（Holistic Marketing）概念是以对营销项目、过程和活动的开发、设计及实施范围和相关关系的了解为基础的。全方位营销认为"所有事物都与营销相关"，因此需要有一种广泛的、整合的观念。图 2-2 提供了该理论的简图和全方位营销的四个组成部分：关系营销、整合营销、内部营销和绩效营销。因此，全方位营销力图认识并调和营销活动的边界与复杂性。

扫码学习全方位营销的四个组成部分

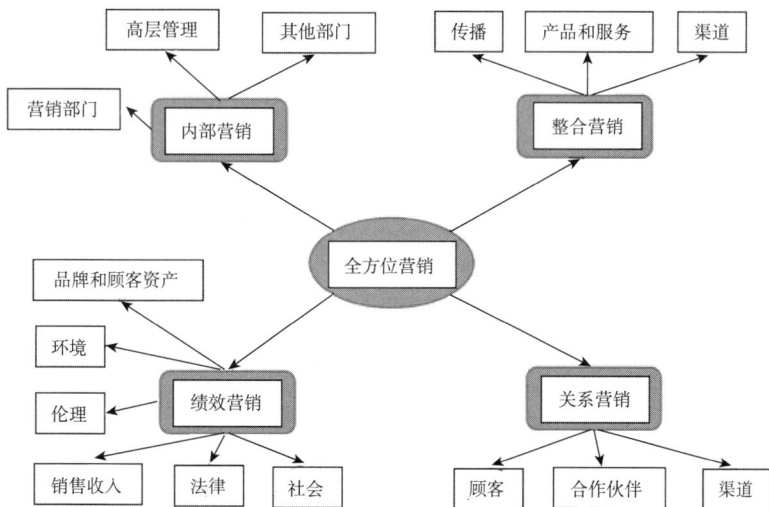

图2-2　全方位营销导向理论简图

第三节　服装市场营销管理的实质

在现代市场经济条件下，企业为了实现战略计划规定的各项任务、目标，必须十分重视市场营销管理，根据市场需求的现状与趋势，制订计划，配置资源，通过有效地满足市场需求来赢得竞争优势，求得生存与发展。

一、服装市场营销管理的实质

服装市场营销管理是指为了实现企业目标，创造、建立和保持与目标市场之间互利交换的关系而对设计方案进行的分析、计划、执行和控制的过程。其特点为：①营销管理过程包括分析、计划、执行、控制四个主要职能；②营销管理涵盖商品、服务和创意；③营销管理建立在交换基础上，其目标是满足各方需要；④营销管理存在于任何一个市场；⑤营销管理的实质是需求管理。

为了保证服装市场营销管理任务的实现，营销管理者必须对目标市场、市场定位、产品开发、定价、分销、信息沟通与促销等做出系统性的决策。企业在开展服装市场营销过程中，一般要设定一个在目标市场上预期实现的交易水平。然而，实际需要水平可能低于、等于或高于预期需求水平。为此，营销管理者要根据不同的需求水平采取不同的做法，实现自身的营销目标。

二、服装市场营销管理的任务

服装营销管理的主要任务不仅要刺激消费者对产品的需求，还要帮助公司在实现其营销目标过程中，影响需求水平、需求时间和需求构成。因此，服装市场营销管理的任务是刺激、创造、适应及影响消费者的需求。

三、服装企业创造需求的途径

在服装市场营销实践中，企业不仅可以适应需求，而且可以创造需求，即改变人们的价值观念和生活方式。价值观念和生活方式是人们在特定的环境中形成的，是由特定的文化造就和决定的，在市场上表现为特定的需求。企业的产品投顾客之所好，仅是适应需求；若改变顾客所好，则是创造需求。从现代市场经济条件下，企业创造需求的途径是多方面的。

1. 设计生活方式

现代企业不但可以通过改变原来的生活方式来创造需求，而且可以主动参与新生活方式的设计。

2. 把握全新机会

哪里有未被满足的需求，哪里就有企业的市场机会。市场具有表面机会，即实际存在但由于供不应求等原因而未被满足的现实需求。市场也有潜在机会，即实际存在但未被利用和尚未实现的潜在需求。现代企业在营销实践中发现，市场还有许多未知需求，亦可称为全新机会，它是指目前不存在的潜伏需求，即通过企业的营销努力，开发出新的产品后才形成的需求。例如，电视机、电话机等技术产品在尚未进入市场之前，因消费者并未意识到需求这种产品，不可能对其预先就有潜伏需求，更谈不上有现实需求，只是在这些产品开发出来以后，消费者才产生了需求，这就是索尼公司所说的"生产需要"。

3. 营销市场空间

企业推广产品，有时可通过有预期目标的营销活动，人为地使市场形成供不应求或大量需求的局面。这种营销计划的制订与实施，不但是一种战术技巧，而且可以起到创造需求的作用。吉列公司为了大量推广刮胡刀片，采用免费赠送刀架的办法，有效地营造了一个市场空间，促使顾客购买配套的刀片，实现扩大销售、占

扫码学习有关案例

领市场的预期目标。20 世纪 60 年代，美国柯达公司曾发起一场推广胶卷的竞争攻势。它的竞争招数是从开发大众化自动相机开始的，声称这种相机其他公司也可仿造。这样，相机产销量的剧增，导致胶卷市场需求旺盛，柯达乘虚而入，大量推出配套使用的胶卷，成功地拓展了全球胶卷市场。

第四节　服装企业的营销管理过程

服装企业营销管理的目的在于使企业的营销活动与复杂多变的市场营销环境相适应，这是企业经营成败的关键。服装企业战略规划是企业的总体规划，规定企业的基本任务和目标，企业的各职能部门、各项工作都必须以战略规划的要求为转移。那么，作为服装企业中心职能部门的营销部门，应如何管理市场营销活动呢？这个管理过程包括哪些步骤呢？所谓服装企业营销管理过程，就是识别、分析、选择和发掘市

场营销机会，目标市场的选择和市场定位，建立营销组合策略，编制营销计划，实施、评价、控制市场营销活动，以实现企业的战略任务和目标的管理过程，即企业与其最佳的市场机会相适应的过程。这个过程包括以下四个步骤：①分析发现服装市场机会；②目标市场营销；③设计服装市场营销组合；④管理服装市场营销活动（营销计划的实施、评价与控制）。本节将概括地说明以上四个步骤，即概述企业营销管理的全过程，每一步骤的详尽内容将在以后各有关章节论述。

一、分析发现服装市场机会

某一服装产品市场上（或营销环境中）存在的未被满足的需求，就是服装市场机会。在服装市场机会中，符合企业资源优势和企业营销目标的市场机会，就是服装企业营销机会。

所谓服装企业营销机会，就是对这个服装企业的营销具有吸引力的、在此能享有竞争优势的环境机会。服装市场上一切未满足的需要都是客观存在的环境机会，但是否能成为服装企业的营销机会，要看它是否适合企业的目标和资源（资金、技术、设备等），是否能使企业扬长避短，发挥优势，比竞争者和可能的竞争者获得更大的利润。因此，企业营销人员对于已发现和识别的市场机会，还要根据自己的目标和资源进行分析评估，从中选出对本企业最适合的营销机会。

服装市场营销管理者要善于捕捉市场机会，不失时机地占领市场。对待"机会损失"要有足够的重视，应当像对有形资产损失一样地重视机会损失。依据商品经济的观点，企业在经营过程中，没有赚就是赔，赚得少也是赔（扣除机会成本）。

服装企业不仅要抓住市场机会，还要发现环境威胁，即对企业营销不利因素的挑战。机会和挑战常是并存的，如果不能及时发现市场上的各种威胁，并采取有效应变措施，将可能造成巨大损失。

为了发掘服装市场机会，企业不仅需要对自己的微观环境和宏观环境进行调研和分析，还要具体分析各类市场的需求特点以及购买者行为。这一切都需要企业建立必要的营销信息系统并开展营销调研工作。

二、目标市场营销

经过分析和评估，选定了符合企业目标和资源的营销机会，还要对这一产业的市场容量和市场结构做进一步分析，以便缩小选择范围，选出本企业准备为之服务的目标市场。包括四个步骤：测量和预测市场需求、进行市场细分、在市场细分的基础上选择目标市场和实行市场定位。

对所选定的服装市场机会，首先要仔细衡量其现有的和未来的市场容量。如果对市场前景预测看好，就要决定如何进入这个市场。一个服装市场是由多种类型的顾客和需求构成的，这就需要进一步分析服装市场结构，了解构成这一市场的各个部分，并确定哪个部分可提供实现目标的最佳机会。

服装市场上的顾客是复杂多样的，每个顾客群都是根据地理、人口、心理和行为等方面的不同特征形成的，可从许多不同角度加以划分。按照不同的需求特征把顾客分成若干部分，即把市场分成若干部分，称为市场细分化，或"市场区隔""市场分割"等。服装市场的每一个细分部分或称子市场，都是由那些对一定的营销刺激具有相似反应的顾客群构成的，每个服装市场都可划分为若干子市场，但不是每一种细分都有实际意义，对不同产品来说，细分的依据往往不同。例如，洗衣粉就没有必要分男用女用。

一般说来，一个服装企业不可能为所有子市场都提供最佳的服务，而应该根据自己的目标和资源，集中力量为一个或几个子市场服务。

在服装市场细分的基础上，选择一个或几个子市场作为自己的服务对象，这些被选中的子市场称为目标市场。企业根据自己的资源条件选择一定的目标市场进行经营，称为市场目标化或目标市场营销。

服装企业选定了自己的目标市场后，还需要进行市场定位，采取适当的定位战略。所谓服装市场定位，就是服装企业在目标顾客心目中为自己的产品确立一定位置，形成一定的特色，即在目标市场上树立一定的产品形象和企业形象，以区别于竞争者。为此，必须先分析竞争者的产品在市场上的地位和份额，充分了解目标市场上现有产品和品牌在质量、功能及广告形式、价格水平等方面的特点，了解现有品牌之间的竞争关系，以及它们对顾客需要的满足程度等，然后为自己选定一个适当的市场位置。一般来说，品牌之间的相似程度越大，竞争越激烈。

三、设计服装市场营销组合

在选定了目标市场和确立市场定位以后，市场营销管理过程的下一个步骤是设计服装市场营销组合策略。市场营销组合是现代营销学理论中一个十分重要的新概念，是 20 世纪 50 年代由美国哈佛大学鲍敦教授首先提出的，此后受到学术界和企业界的普遍重视和广泛运用。

所谓市场营销组合，也就是企业的综合营销方案，即企业根据目标市场的需要和自己的市场定位，对自己可控制的各种营销因素（产品、价格、渠道、促销等）的优化组合和综合运用，使之协调配合，扬长避短，发挥优势，以取得更好的经济效益和社会效益。搭配得好，可化平庸为神奇。所以说，营销策划也是一门艺术。

  企业可控制的营销因素很多，可分为几大类，最常用的一种分类方法是由 E. J. 麦卡锡提出的，即把各种营销因素归纳为四大类：产品（Product）、价格（Price）、地点（Place）和促销（Promotion）。因这 4 个单词的英文字首都是"P"，故简称"4P"。所谓市场营销组合，也就是这 4 个"P"的适当组合与搭配，它体现着现代市场营销观念中的整体营销思想，如图 2-3 所示。这些都是企业的可控因素，即企业根据目标市场的需要，可以决定自己的产品结构，确定产品价格，选择分销渠道（地点）和促销方法等。对这些营销手段的运用和搭配，企业有自主权，但这种自主权是相对的，是不能随心所欲的。因为企业营销过程中不但要受本身资源和目标的制约，而且要受各种微观和宏观环境因素的影响和制约。这些是企业所不可控制的变量，即"不可控因素"。

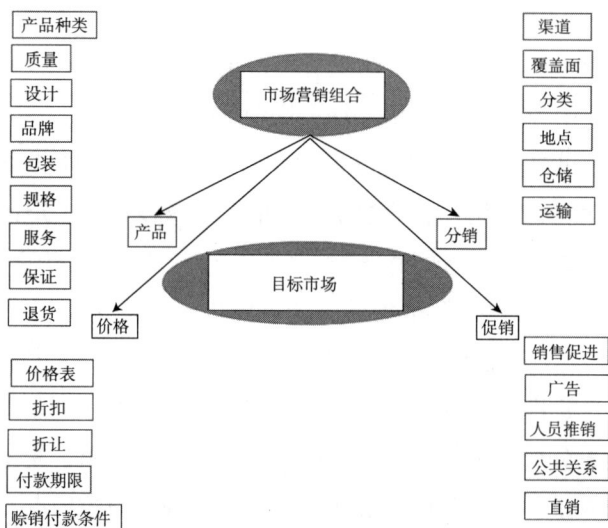

图2-3　市场营销"4P"组合

  服装营销管理者的任务就是适当安排营销组合，使之与不可控制的环境因素相适应，这是企业营销能否成功的关键。市场营销组合是一个多层次的复合结构。四个"P"之中又各自包含若干小的因素，形成各个"P"的亚组合。因此，市场营销组合是至少包括两个层次的复合结构。企业在设计营销组合时，不但要求 4 个"P"之间的适当搭配，而且要注意安排好每个"P"内部的搭配，使所有这些因素达到灵活运用和有效组合的效果。市场营销组合又是一种动态的整体性组合。每个组合因素都是不断变化的，是一个变量；同时又是互相影响的，每个因素都是另一因素的潜在替代者。在 4 个大的变量中，又各自包含着若干小的变量，每一个变量的变动都会引起整个营销组合的变化，形成一个新的组合。

由上可见，服装市场营销组合是企业可控因素多层次的、动态的、整体性的组合，即具有可控性、复合性、动态性和整体性的特点。它必须随着不可控的环境因素的变化和自身各个因素的变化，协调地组合与搭配。

四、管理服装市场营销活动（营销计划的实施、评价与控制）

在服装市场营销管理过程中，管理者不仅要考虑顾客的需要，还要考虑企业在市场竞争中的地位。企业的服装营销战略和策略必须从自己的竞争实力地位出发，并根据自己同竞争者实力对比的变化，随时加以调整，使之与自己的竞争地位相匹配。这种根据自己在市场上的竞争地位所制定的营销策略，被称为"竞争性营销策略"。

服装企业的各项营销活动，通常要按产品（或品牌）作出具体安排和规划，即服装市场营销计划。服装市场营销计划是企业整体战略规划在营销领域的具体化，是企业的一种职能计划。服装营销计划是在营销调研与分析的基础上制订的，营销计划的制订只是营销管理的开始，更重要的在于市场营销的实施与控制。营销的实施过程包括以下五个方面：①制订详细的行动方案；②建立合理有效的组织结构；③设计相应的决策和报酬制度；④开发并合理调配人力资源；⑤建立适当的企业文化和管理风格。

为了实施营销计划，营销部门的组织必须与企业的规模和管理任务相适应，在实践中可以有多种不同的组织形式，并且应当根据客观需要随时调整。

在营销计划实施过程中，可能出现很多意想不到的问题，需要一个控制系统来保证营销目标的实现，即营销控制。营销控制主要包括年度计划控制、营利控制和战略控制。通过这些控制系统可及时发现计划执行中存在的问题或计划本身的问题，诊断产生问题的原因并及时反馈给有关的决策者和管理者，以便采取适当的纠正措施。

本章小结

服装市场营销管理是指企业为实现其目标，创造、建立并保持与目标市场之间的互利交换关系而进行的分析、计划、执行与控制过程。现代企业应该深入研究消费者的需求，针对不同的需求状况，设定不同的营销管理任务，运用系统的战略和方法分析和评价消费者，发现目标市场，并根据目标市场的规模、特征，设计营销组合方案，使企业的产品和服务能准确满足消费者的需求，达到扩大市场、增加盈利、维持企业长远发展的目的。

简言之，服装市场营销管理的过程就是企业为实现其任务和目标而识别、分析、选择和利用市场机会的管理过程，其最终目的是使顾客满意、实现顾客忠诚。伴随着市场营销管理实践的发展，企业的营销管理哲学也发生着巨大的变化，由最初的以消费者为中心的生产观念、产品观念、推销观念过渡到以企业为中心的现代营销观念，直至当今盛行的以满足企业、消费者和社会三者利益为目的的社会营销观念。任何一家服装企业都必须深刻分析市场环境和产业形势，顺应市场营销观念发展的历史趋势，吐故纳新，吸收最新的营销理念、执行恰当的营销管理。

扫码学习获得本章习题及参考答案

第三章　市场营销环境分析

　　对于中国服装行业而言，2019 年是充满挑战与考验、快速变革的一年。面对复杂多变的国际形势和国内结构调整的改革压力，我国服装行业在发展环境面临诸多风险和不确定性的背景下，整体保持了行业的平稳发展。首先，国内人均衣着消费支出增速的回落。2019 年上半年，全国居民人均衣着消费支出为 731 元，同比增长 3.0%，增速比 2018 年同期回落 3.3 个百分点；衣着消费支出占人均消费支出的 7.1%，比 2018 年同期减少 0.32 个百分点。其次，服装出口市场量价齐跌。2019 年以来，由于国际市场需求动力不足，贸易保护主义加剧、全球市场竞争日益激烈，以及我国服装产业传统优势减弱、竞争新优势尚未确立，我国出口压力明显加大。据海关数据统计，2019 年 1～6 月，我国累计完成服装及衣着附件出口量价齐跌，出口金额为 665.74 亿美元，同比下降 4.7%，服装出口数量 141.32 亿件，同比下降 1.0%，服装出口平均单价 3.64 美元 / 件，同比下降 4.7%。最后，网络零售规模逐年增长。服装零售企业网络渠道的完善，以及天猫、京东等电商平台的快速发展，推动了我国服装网络零售市场的有效发展。2011 年，我国服装网络零售额约为 1934 亿元，2017 年增长至 4447 亿元，年均增长率达到 14.9%，远远超过服装零售额增速。

　　在风云变幻的市场背景下，服装企业要乘风破浪、独占鳌头，有赖于企业对身处环境做出正确、客观的判断，并制定相应的营销战略与策略。

学习目标：

　　1. 理解市场营销环境的定义和特征；2. 了解市场营销微观环境的内容；3. 了解市场营销宏观环境的内容；4. 掌握分析市场机会和威胁的方法和对策。

第一节　营销环境概述

一、市场营销环境

（一）市场营销环境的含义

市场营销环境是存在于企业营销系统外部的不可控制或难以控制的因素和力量。这些因素和力量是与企业营销活动有关的影响企业生存和发展的外部条件。

任何一个企业都是在一定的环境下进行生产和经营活动的，不可避免地要受到市场营销环境的影响。企业的发展要以环境为依据，主动地去适应环境，了解和掌握环境发展趋势，利用企业自身的资源通过营销努力去影响外部环境，使环境有利于企业的生存与发展，在竞争中取得优势。

值得注意的是，随着我国社会经济的不断发展，国际地位的不断提高，企业的市场营销环境将日趋复杂。

菲利普·科特勒对市场营销环境的含义有如下解释："市场营销环境是指影响企业的市场和营销活动的不可控制的参与者和影响力。"也就是说，市场营销环境是指直接或间接影响企业营销活动的所有外部力量和相关因素的集合，它是影响企业生存和发展的各种外部条件。认识和分析企业的营销环境是企业经营管理活动必不可少的环节。

（二）市场营销环境的分类

市场营销环境的内容比较广泛，可以依据不同的标准加以分类。在进行营销环境分析时，可根据实际情况选择以下一种或几种分类方法。

（1）根据环境因素对企业营销活动的作用方式不同和企业的营销活动受制于营销环境的紧密程度不同，市场营销环境可分为微观营销环境和宏观营销环境，如图3-1所示。微观营销环境也称直接营销环境，是指与企业关系密切、能够影响企业服务顾客能力的各种因素，可细分为供应者（提供本企业生产经营活动所需货物和劳务的其他企业或个人）、营销中介（中间商、物流企业、融资企业及其他营销服务机构）、顾客、竞争对手及企业内部影响营销管理决策的各个部门。宏观营销环境也称间接营销环境，是指能影响整个微观环境和企业营销活动的广泛性因素，包括政治、经济、社会文化、法律及科技状况等。

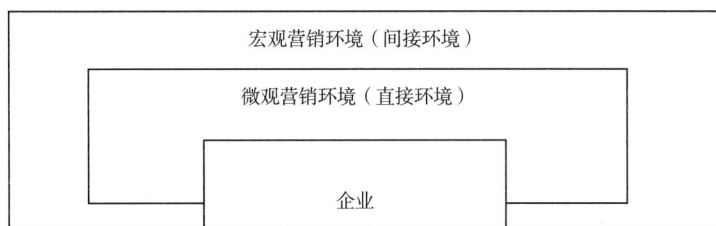

图3-1 营销环境与企业的关系

（2）根据环境因素对企业营销活动影响的性质不同，市场营销环境可分为不利环境和有利环境，即形成威胁的环境与带来机会的环境。我们对这两种环境都要认真加以分析，切不可只分析有利环境而忽视了不利环境。

（3）根据环境所处空间区域来划分，有内部环境和外部环境。内部环境是存在于企业内部、影响企业市场营销的环境。例如，企业的决策层、管理层、财务部、产品开发部、采购供应部、企业员工等环境。外部环境是存在于企业外部、影响企业市场营销的环境。

二、市场营销环境的特征

1. 客观性

环境作为企业外在的不以营销者意志为转移的客观因素，对企业营销活动的影响具有强制性和不可控性的特点。

2. 差异性

市场营销环境的差异性不仅表现在不同的企业受不同环境的影响，还表现在同样一种环境因素的变化对不同企业的影响也不相同。

3. 相关性

营销环境诸因素之间相互影响、相互制约，某一因素的变化会带动其他因素的相互变化，形成新的营销环境。

4. 多变性

市场营销环境由多方面因素构成，各种因素都由于社会经济的发展而处于不断变化之中。

5. 不可控制性与企业的能动性

影响市场营销环境的因素是多方面的，也是复杂的，并表现出一定的不可控性。

第二节　微观营销环境

微观营销环境是指对企业营销活动产生直接影响作用的组织和力量，一般由六个要素构成，即企业自身、供应商、营销中介、顾客、竞争者、公众，如图3-2所示。

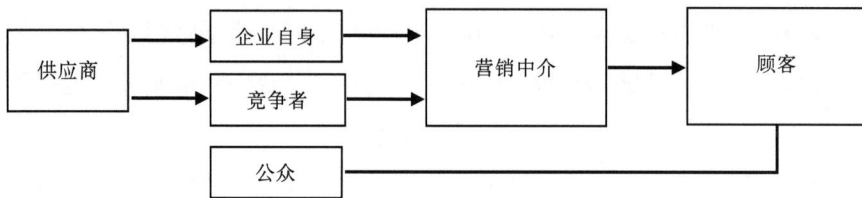

图3-2　市场营销微观环境要素

1. 企业自身

现代企业为开展营销活动，需要设立某种形式的营销部门。为使企业的营销活动卓有成效地进行，不仅营销部门内部的各专职人员需要尽职尽力、通力合作，更为重要的是需要得到企业内部高层管理部门和其他职能部门（财务、研发、采购、生产和会计等部门）的支持、通力合作和协调一致。所有这些企业的内部相互关联的职能部门构成了企业内部的微观营销环境力量。

2. 供应商

供应商是指为企业生产或经营提供所需要的各种资源的企业或个人，包括提供原材料、零配件、设备、能源、劳务及其他用品等。供应商对企业营销活动有实质性的影响，其影响主要表现在资源供应的可靠性、资源供应的价格及其变动、资源供应的质量水平三个方面。

3. 营销中介

营销中介主要指协助企业促销、销售和经销其产品给最终购买者的机构，包括中间商、实体分配公司、营销服务机构和财务中介机构等。

4. 顾客

顾客是企业的服务对象，是企业营销活动的出发点，也就是企业所说的目标市场。

5. 竞争者

企业微观环境中的第五种力量是企业面对的一系列竞争者。每

扫码学习2019年以来服装市场新格局、新变化

个企业的产品在市场上都存在数量不等的业内产品竞争者。企业的营销活动时刻处于业内竞争者的干扰和影响之下。因此，任何企业在市场竞争中，主要是研究如何加强对竞争对手的辨认与抗争，采取适当而高明的战略与策略谋取胜利，以不断巩固和扩大市场。

6. 公众

公众是指对企业实现其市场营销目标的能力具有实际的或潜在的关注和影响的机构或群体。企业所面临的公众相当广泛，可归纳为融资公众、媒体公众、政府公众、群众团体、当地公众、一般公众、内部公众7种。

第三节　宏观营销环境

宏观营销环境是指对企业营销活动造成市场机会或者环境威胁的主要社会力量，包括经济、政治与法律、人口、社会文化、科学技术、自然地理等因素，如图3-3所示。

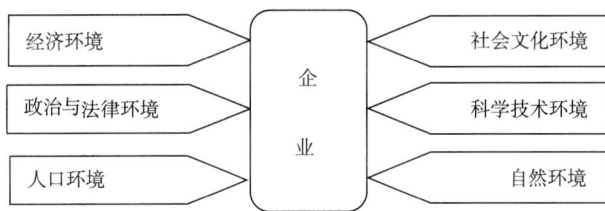

图3-3　市场营销宏观环境要素

一、经济环境

市场不仅由人口组成，还需要有购买力。了解购买力的分布、发展和投向是企业宏观营销环境的重要内容。在这种意义上，所谓企业营销宏观环境，其实就是指构成购买力的现实居民收入、商品价格、居民储蓄以及消费者的支出模式等。

（一）消费者实际收入状况

消费者收入包括工资、奖金、退休金、红利、租金、赠给性收入等，但由于受失业、通货膨胀、税收的影响，实际收入经常不与上述货币收入相一致，而是低于货币收入。

（二）消费者储蓄与信贷状况

在消费者实际收入为既定的前提下，其购买力的大小还要受储蓄与信贷的直接影响。从动态的观点来看，消费者储蓄是一种潜在的、未来的购买力。消费者信贷是指消费者以个人信用为保证先取得商品的使用权，然后分期归还贷款的商品购买行为。

（三）消费者支出模式的变化

所谓消费者支出模式，其内容是指消费者收入变动与需求结构变动之间的对应关系。其变化状况主要受恩格尔定律的支配，即随着家庭收入的增加，用于购买食物的支出比例会相应下降，用于住宅、家务的支出比例则大体不变，而用于服装、交通、娱乐、保健、教育以及储蓄等方面的支出比例会大大上升。

二、政治与法律环境

政治与法律环境主要是指企业市场营销活动的外部政治形势和法规情况。任何企业的营销活动都要受特定的政治与法律环境的制约和影响。因此，企业必须分析和研究政治与法律方面的变化，及时调整营销目标和策略，寻找适宜的发展机会。

（一）政治因素

政治因素包括国家的政体、政局、政策等方面。政体是指一个国家（或地区）的性质、体制、制度、政治倾向等。政局是指执政当局的稳定程度、社会安定性、与他国的国际关系等。政策是指政府为实现一定时期的路线、目标而制定的行动准则。

（二）法律因素

法律因素主要是指政府为规范企业经营活动行为而制定的各种法规、法令、条例、标准、制度、办法以及有关经营贸易、投资管理等方面的经济立法。政府部门利用立法及法规对企业的行为予以控制和规范。

三、人口环境

（一）人口成长

由于市场是由人口来组成的，因此人口的增加，加上购买力的配合，将会为企业带来市场机会。在任何一个经济社会中，人口的增加往往表示整个社会对衣、食、住、行、育、乐等各方面需求的增加。此时，如果购买力能够维持，那么市场机会将随之成长。

扫码学习有关案例

（二）人口的分布和移动

人口的分布和移动情况对企业的营销活动也有很大影响。人口集中的都市区通常是市场潜力比较大的地区。

（三）年龄结构

中国社会科学院财政与贸易经济研究所发布的《中国财政政策报告 2010/2011》指出，2011 年以后的 30 年里，中国人口老龄化将呈现加速发展态势，到 2030 年，中国

65 岁以上的人口所占的比例将超过日本，成为全球人口老龄化程度最高的国家。

（四）家庭组成

家庭组成是指一个以家长为代表的家庭生活的全过程，也称家庭生命周期，按年龄、婚姻、子女等状况，可划分为未婚期、新婚期、满巢期一（有六岁以下的幼童）、满巢期二（有六岁及六岁以上的儿童）、满巢期三（有已能自立的子女）、空巢期、孤独期。家庭是社会的细胞，也是商品采购和消费的基本单位。

（五）人口性别

性别差异可以给消费需求带来差异，而且不同性别的消费者的购买习惯与购买行为也有差别。一般说来，在一个国家或地区，男、女人口总数相差并不大。但在一个较小的地区，如矿区、林区、较大的工地，往往是男性占较大比重，而在某些女职工占极大比重的行业集中区，女性人口又比较多。

（六）职业

不同职业的消费者往往有不同的产品需要和购买行为。例如，蓝领工人和白领工人的消费习惯就有很大的不同，他们在品牌和商店的选择、媒体的关注等各方面的消费行为存在明显差异。

（七）教育程度

教育程度的高低直接影响人们的消费行为和消费结构。企业所在地区的教育水平也在一定程度上制约着企业的营销活动。

四、社会文化环境

社会文化环境是指在一个国家、地区中已经形成的价值观念、宗教信仰、风俗习惯、道德规范等的总和。任何企业都处于一定的社会文化环境中，企业营销活动必然受到其所在社会文化环境的影响和制约。企业营销对社会文化环境的研究一般从以下四个方面入手。

（一）教育水平

受教育程度的高低，影响到消费者对商品功能、款式、包装和服务要求的差异性。在教育水平不高的地区，以文字形式做广告，难以收到良好效果，而电视、广播和当场示范表演形式，才容易为人们所接受。在教育水平低的地区，适合采用操作使用、维修保养都较简单的产品，而在教育水平高的地区，则需要先进、精密、功能多、品质好的产品。

（二）宗教信仰

宗教是构成社会文化的重要因素，不同的宗教信仰有不同的文化倾向和戒律，影响人们认识事物的方式、价值观念和行为准则，从而对人们消费需求和购买行为产生一定的影响。

（三）价值观念

价值观念是指人们对社会生活中各种事物的态度和看法。在不同文化背景下，人们的价值观念往往有很大的差异，消费者对商品的色彩、标识、式样以及促销方式都有自己的意见和态度。企业营销必须根据消费者的价值观念设计产品、提供服务。

（四）消费习俗

消费习俗是指人们在长期经济与社会活动中形成的一种消费方式与习惯。它在饮食、服饰、居住、婚丧、信仰、节日以及人际关系等方面，都表现出独特的心理特征、伦理道德、行为方式和生活习惯。

五、科学技术环境

"科学技术是第一生产力"，科学技术的发展不仅直接影响企业内部的生产和经营，还通过与其他环境力量的相互作用，给企业营销活动带来间接影响。

科学技术在给企业带来机遇的同时也给企业的营销活动带来新的挑战。每项新技术的兴起都意味着一项被替代技术的衰亡；一项新技术的应用可能催生一种新产品，从而给企业带来巨大的经济效益，但同时也可能使企业原来很畅销的产品退出市场。

六、自然环境

自然环境与企业的选址、原材料供应、设备和生产技术的采用有密切的关系。市场营销学上的自然环境，主要指自然物质环境。自然环境也处于发展变化之中，当代最主要的动向是：自然原料日益短缺，能源成本趋于上升，环境污染日益严重，政府对自然资源管理的干预不断加强。

第四节　服装市场营销环境的分析

一、环境分析的基本态度

市场营销环境的动态性使企业在不同时期面临着不同的市场营销环境。不同的市场营销环境，既可能给企业带来机会，又可能给企业带来威胁。对企业营销环境的分析和评价，始终是营销者制定营销战略、策略和计划的依据。一般来说，企业营销者对环境分析的基本态度有两种。

（一）消极适应

消极适应态度认为环境是客观存在、变化莫测、无规律可循的，企业只能被动地适应而不能主动地利用。

（二）积极适应

积极适应态度认为在企业与环境的对立统一中，企业既依赖于客观环境，同时又能够主动地认识、适应和改造环境。

二、威胁分析

环境威胁是指环境中不利于企业营销的因素的发展趋势，其对企业形成挑战，对企业的市场地位构成威胁。

（一）环境威胁分析矩阵

分析环境威胁可以采用环境威胁矩阵图，该方法要求：首先，把环境监测中发现的环境威胁，按其出现的可能性大小和潜在严重性高低标注在环境威胁矩阵的相应位置；其次，分别对每个环境威胁进行分析评价，从中找出最主要的威胁；最后，综合分析，作出企业的决策。环境威胁分析矩阵图如图 3-4 所示。

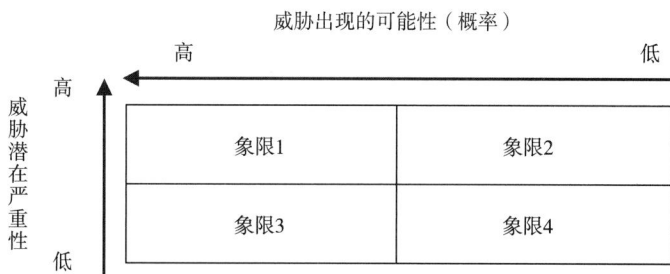

图3-4　环境威胁分析矩阵

从图 3-4 可以看出，企业对环境威胁的分析，一般着眼于两个方面：一是分析威胁出现的可能性，即出现概率；二是分析威胁的潜在严重性，即影响程度。

第 1 象限区内，环境威胁严重性高，出现的概率也高，这表明企业面临着严重的环境威胁。企业应处于高度戒备状态，积极采取相应的对策，避免威胁造成损失。第 2 象限区内，环境威胁严重性高，但出现的概率低，企业不可忽视，必须密切注意其发展方向，也应制定应对措施，力争避免威胁的危害。第 3 象限区内，环境威胁严重性低，但出现的概率高，虽然企业面临的威胁不大，但是由于出现的可能性大，企业也必须充分重视。第 4 象限区内，环境威胁严重性低，出现的概率也低，在这种情况下，企业不必担心，但应该注意其发展动向。

（二）面对环境威胁的营销对策

面对环境威胁，企业可采用的营销对策有反攻策略、减轻策略、合作策略和转移策略。

三、机会分析

（一）市场机会分析

所谓营销环境机会，是指由于环境变化形成对企业营销管理富有吸引力的领域。在该市场领域里，企业将拥有竞争优势，可以将市场机会转为营销机会，利用营销机会获得营销成功。研究市场机会应从潜在的吸引力和成功的可能性两方面进行分析。市场机会分析矩阵如图3-5所示。

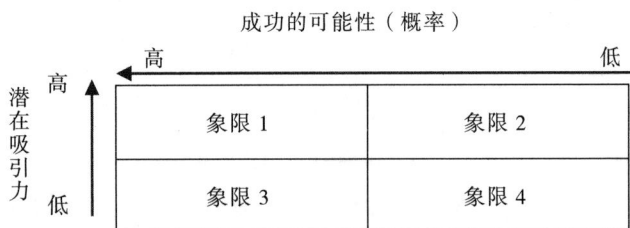

图3-5　市场机会分析矩阵

市场机会对企业的吸引力是指企业利用该市场机会可能创造的最大利益。它表明企业在理想条件下充分利用该市场机会的最大极限。反映市场机会吸引力的指标主要有市场需求规模、利润率、发展潜力。

第1象限区内，市场机会潜在吸引力和成功可能性都很大，这表明对企业发展有利，企业也有能力利用市场机会，应采取积极的态度，牢牢把握。第2象限区内，市场机会潜在吸引力很大，但是企业抓住市场机会并获得成功的可能性很小，这说明企业暂时还不具备利用这些机会的条件，应当放弃。第3象限区内，市场机会潜在吸引力很小，而成功的可能性大，这说明虽然企业拥有利用机会的优势，但其不值得企业去开拓。第4象限区内，市场机会潜在吸引力很小，成功的可能性也小，企业应当主动放弃。

（二）面对机会的营销对策

面对客观的市场机会，企业应该给予足够的重视，制定适当的对策。企业常用的对策有三种，即及时利用策略、待机利用策略和果断放弃策略。

四、综合环境的类型和策略

综合环境是指在企业面临的市场环境中，单纯市场机会或环境威胁是少有的，通常是机会与威胁并存、利益与风险相伴的复杂综合性环境。如果将市场机会矩阵和环境威胁矩阵结合起来分析，可根据威胁水平和机会水平的不同，将企业所面临的综合环境分为四种不同的类型，得出机会—威胁分析矩阵图，如图3-6所示。

图3-6　机会—威胁分析矩阵

区域一，风险环境，即市场机会水平高、市场威胁水平也高的环境。利益与风险共存，企业面临的威胁大，处于风险环境中。区域二，困难环境，即市场机会水平低、市场威胁水平高的环境。市场机会小，面临环境威胁大，风险大于利益，市场竞争激烈，市场容量基本饱和，企业处于困难环境中。区域三，成熟环境，即市场机会水平低、市场威胁水平也低的环境。市场机会小，面临的威胁也小，市场发展相对平稳，企业处于成熟环境中。区域四，理想环境，即市场机会水平高、市场威胁水平低的环境。市场机会大，面临威胁又小，利益大于风险，企业处于理想环境中。

企业对综合环境的选择可采取以下三种策略：保持策略、进攻策略和放弃策略。

本章小结

市场营销环境是存在于企业营销系统外部的不可控制或难以控制的因素和力量，是影响企业营销活动及其目标实现的外部条件。其特征主要表现在营销环境的客观性、差异性、相关性、多变性、不可控性与企业的能动性。

市场营销微观环境包括企业自身、供应商、营销中介、顾客、竞争者、公众等方面的要素，其对企业的营销活动产生直接影响。市场营销宏观环境包括经济、政治与法律、人口、社会文化、科学技术、自然地理等方面的要素，其对企业的营销活动产生间接影响。

对企业市场营销环境分析目的是趋利避害，促进企业营销活动的发展。市场营销环境分析主要包括威胁分析、机会分析以及机会和威胁的综合分析。

扫码学习获得本章习题及参考答案

第四章　服装市场调研与预测

　　服装行业是一个关系民生的重要行业，服装消费占据着我国居民消费不少份额。根据国家统计局数据，2018 年我国居民人均衣着消费支出 1289 元，增长 4.1%，占居民人均消费的 6.5%，其中城镇居民衣着消费 1808 元，同比增长 2.9%；农村居民衣着消费 648 元，同比增长 5.9%。据国家统计局数据，2012～2017 年，我国服装类零售一直保持平稳增长趋势，2017 年服装类零售总额达 10356.4 亿元，2018 年全国服装类商品零售额为 9870.4 亿元，同比下降 4.7%，服装商品零售额首次出现负增长。服装销售中，女装是最重要的一大板块，2018 年我国女装销售额占整体的 48.1%；其次是男装板块，销售额占比为 27.6%；运动装销售额占比为 12.7%；童装销售额占比为 10.0%。目前，我国服装行业集中度较低，2018 年服装行业市场份额前十企业合计市场份额仅为 9.6%。国产服装品牌中，安踏市值最高，2018 年平均市值为 904.3 亿元，其次是海澜之家。

　　2019 年以来，世界经济增长和国际贸易增长呈现放缓的趋势，外部不确定因素增多，国内经济总体平稳，但仍面临压力，一些结构性问题亟待解决。在面临诸多风险和不确定性因素的背景下，我国服装产业积极进行结构调整和务实创新，加快增长动能转换，虽然国内外市场压力加大，运行质效略有波动，但行业总体保持了基本平稳的发展态势，进入了新一轮的战略重构与积累发展期。随着互联网和移动支付的普及，注重用户体验、价格更为透明，并且能够与社交相结合的服装电商平台将成为更受消费者欢迎的购物渠道。与传统服装零售商相比，电商平台的优势在于以少量库存和高品质产品为切入点，参与选材、设计并且深入供应链体系，并且通过与大品牌供应商合作，电商平台能够为自己打造更"柔性"的"小而美"供应链。对于传统服装零售商而言，电商平台的介入加剧了服装加工厂的业务竞争，也对这些服装供应商提出了更高的技术和品质要求。但从另一方面来说，电子商务的发展也大大地激发了消费者的购物潜力，拉动了国内消费内需，为服装零售业提供了新的机遇。"互联网＋"使居民购买服装更加方便，足不出门就能浏览成百上千家品牌的产品，目前我国服装电商领域仍在快速发展，2018 年中国服装电商市场规模达到 8205.4 亿元，同比增长 22%，预计 2019 年有望突破一万亿元。

学习目标：

　　1. 掌握服装市场营销调研的内容和程序；2. 了解服装市场需求预测的方法；3. 熟悉服装营销信息收集的方法。

第一节 服装市场营销信息系统

一、服装市场营销信息系统的内涵与构成

服装市场营销信息系统（Marketing Information System, MIS）是指在服装企业中由人、计算机和程序组成的一种相互作用的联合体，它为服装市场营销决策者收集、整理、分析、评价并传递有用、适时和准确的信息，用于制订或修改服装市场营销计划、执行和控制服装市场营销活动。

服装市场营销信息系统处于环境与服装市场营销人员（信息使用者）之间。各种服装市场营销数据由环境流向服装市场营销信息系统，服装市场营销信息系统又将这些数据加以转换（整理、加工），并通过该系统流程传导给管理人员。管理人员依据这些数据制定各种方针、方案，由此形成的各种数据又通过服装市场营销沟通流程回到环境。服装市场营销信息系统包括四个子系统：服装企业内部报告系统、服装市场营销情报系统、服装市场营销调研系统、服装市场营销决策支持系统，如图4-1所示。

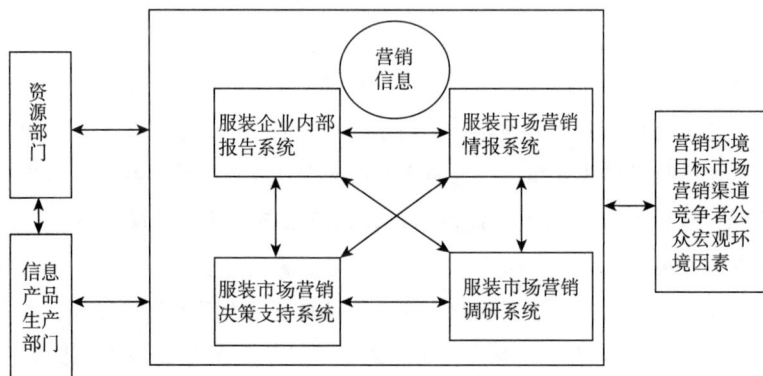

图4-1 MIS构成情况

二、服装市场营销信息系统的构成

营销经理所需的信息一般来源于服装企业内部报告系统、服装市场营销情报系统和服装市场营销调研系统，再经过服装市场营销决策支持系统，即经过服装市场营销决策支持系统对获得的信息的处理，使之对营销决策更为适用和有效。

（一）服装企业内部报告系统

服装企业内部报告系统提供服装企业内部信息，以内部会计系统为主，同时辅之以销售报告系统，集中反映订货、销售、存货、现金流量、应收及应付账款等数据资料。营销管理人员通过分析这些信息，可以发现一些新问题或新机会，及时比较实际与预测目标的差异，进而采取切实可行的改进措施。

服装企业内部报告系统的核心是订单—收款循环。订货部门要及时处理推销员、经销商和顾客提交的订单，仓储部门及时发货，发票副本、运单和账单或其复印件应及时分送有关部门。销售报告系统应向公司经理及时提供全面、准确的生产、经营信息，以利掌握时机，更好地处理进、销、存、运等环节的问题，在服装市场竞争中处于有利地位。新型的销售报告系统的设计，应符合使用者的需要，要求及时、准确，简单化、格式化，真正有助于营销决策。

（二）服装市场营销情报系统

服装市场营销情报系统是指提供与服装企业外部环境变化有关的日常情报的系统。它包括服装市场营销管理者可以灵活使用情报的程序和情报资源。

营销决策者可能从各种途径获得情报，如阅读书籍、报刊，与顾客、供应商、经销商等交谈，但这些做法往往不太正规并带有偶然性。管理有方的服装企业则采取更正规的步骤来提高情报的质量和数量。主要通过下述途径实现：

（1）训练和鼓励销售人员搜集情报。

（2）鼓励中间商及其他合作者向自己通报重要信息。

（3）购买有关竞争对手、服装市场动向的情报。

（4）参加各种贸易展览会。

西方营销学学者曾就服装市场营销情报活动提出"情报循环"理论，可作为服装企业建立营销情报系统的一个范例，这种"情报循环"由 5 个阶段构成，如图 4-2 所示。

第一阶段是情报的定向。主要目的在于确定服装企业营销所需的外部环境情报及其优先次序，并观察这些情报的指标和收集系统的建立。第二阶段是情报的搜集。主要目的在于观察各种环境，以搜集适当的情报。情报的来源通常十分广泛，如政府机构、竞争者、顾客、大众传播媒介、研究机构等。第三阶段是情报的整理和分析。通常情况下，对于搜集到的情报，要分析其是否适用、是否可靠、是否有效。也就是说，搜集到的信息需要经过适当的处理才能转变成有用的情报。第四阶段是情报的传播。主要目的是将经过处理的情报在最短的时间内传播到适当的人手中，为此，要确定接收入、接收时间和接收方式。工作中，应特别注意经各种途径传播的情报有无失真的情况。第五阶段是情报的使用。为有效地使用情报，必须建立一种索引系统，帮助营销人员方便地获得存储的情报。同时，还应定期清除过期或失效的情报。

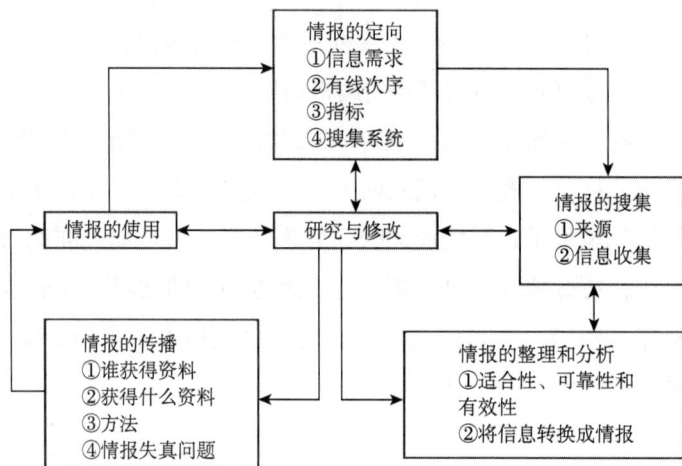

图4-2 "情报循环"示意图

（三）服装市场营销调研系统

服装市场营销调研系统是指设计、搜集、分析和报告与特定营销环境有关的资料和研究结果的系统。菲利普·科特勒曾将营销调研定义为一种"通过信息而把消费者、顾客、大众及营销人员联结起来的职能"。这些信息是指营销机会与问题，被用以开展、修正和评估营销活动，监视营销绩效，增进对营销过程的了解。服装市场营销调研系统和服装市场营销信息系统在目标和定义上大同小异，研究程序和方法具有共性。

（四）服装市场营销决策支持系统

服装市场营销决策支持系统是软件与硬件支持下的数据、系统、工具和技术等组成的协调的集合，服装企业可以利用它收集和解释业务与环境方面的信息，并用于服装市场营销活动。该系统包括统计库和模型库，用以分析复杂的服装市场营销问题，帮助服装市场营销管理人员更好地进行决策，如图4-3所示。

（1）资料库。资料库有组织地收集服装企业内部和外部资料，营销管理人员可随时取得所需资料进行研究分析。内部资料包括销售资料、订货资料、存货资料、推销访问资料和财务信用资料等；外部资料包括政府资料、行业资料、服装市场研究资料等。

（2）统计库。统计库是指一组随时可用于汇总分析的特定资料统计程序。其必要性在于：实施一个规模庞大的营销研究方案，不仅需要大量原始资料，还需要统计库提供的平均数和标准差，以便进行交叉分析；营销管理人员为测量各变数之间的关系，需要运用各种多变数分析技术，如回归分析、相关分析、判别分析、变异分析、时间序列分析等。

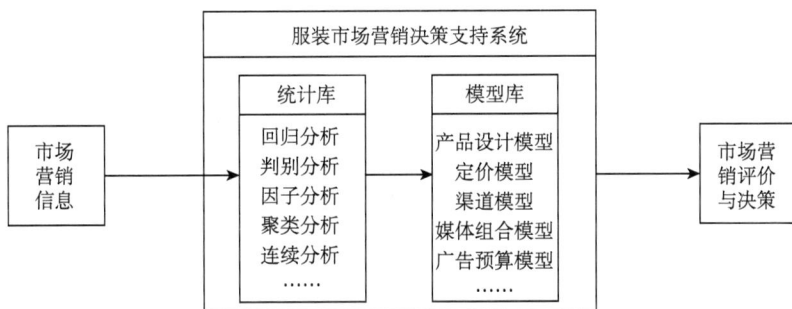

图4-3　服装市场营销决策支持系统

（3）模型库。模型库是由高级营销管理人员运用科学方法、针对特定营销决策问题建立的，包括描述性模型和决策模型的一组数学模型。描述性模型主要用于分析实体分配、品牌转换、排队等候等营销问题；决策模型主要用于解决产品设计、厂址选择、产品定价、广告预算、营销组合决策等问题。

三、理想的服装市场营销信息系统的特征

营销信息除具有一般信息的特征外，还具有以下五方面的特殊性：

（1）目的性。服装市场营销信息的目的很清楚，即为营销决策提供必要的、及时的和准确的依据。这里强调信息是营销决策所需要的，与营销活动相关联的信息。

（2）及时性。服装市场营销信息的及时性包含信息速度和频率。在激烈的竞争中，传递的速度越快，营销信息就越有价值。另外，信息传递的频率要适宜，低频率的报告会使管理者难以应付急剧变化的环境，频率过高又会使管理者面临大量的数据，不利于管理者迅速做出决策。

（3）准确性。服装市场营销信息的准确性是指营销信息要求信息来源可靠、信息的收集整理方法科学，确保信息加工品能反映客观实际情况、信息的传达过程不"失真"，在服装企业使用相关信息做出服装市场判断和服装市场决策时安全可靠。

（4）系统性。服装市场营销信息系统不是零星的、个别的信息汇集，而是若干具有特定内容的同质信息在一定时间和空间范围内形成的系统集合。在时间上具有纵向的连续性，是一种连续作业的系统；在空间上具有最大的广泛性，内容全面、完整。服装企业必须连续地、大量地、全方位地收集、整理有关信息，分析其内在联系，提高有序化的程度，为营销管理人员提供真正反映服装市场营销动态的信息。

（5）社会性。服装市场营销信息反映的是人类社会的服装市场经济活动，是营销活动中人与人之间传递的社会信息，是信息传递双方能共同理解的数据、文字和符号。在竞争性的服装市场上，无数服装市场营销活动参与者以买者和卖者的身份交替出现，他们既是信息的发布者，也是信息的接收者，营销信息的触角已经渗透到社会经济生活的各个领域。伴随服装市场经济的发展和经济全球化，服装市场营销活动的范围由地方性服装市场扩展为全国性、国际性服装市场，信息的传播更是空前广泛。

服装市场营销信息是服装企业进行营销决策和编制计划的基础，也是监督、调控服装企业营销活动的依据。一个四通八达的营销信息网络，可把各地区、各行业的营销组织联结成多结构、多层次的统一的大服装市场。因此，服装市场营销信息系统关系到服装企业营销的顺利开展乃至有效的社会营销系统的形成。

第二节　服装市场营销调研

一、服装市场营销调研的含义和作用

服装市场营销调研（Marketing Research）就是运用科学的方法，有目的、有计划、系统地收集、整理和分析研究有关服装市场营销方面的信息，供营销管理人员了解营销环境、发现机会与问题，为营销管理人员做出服装市场预测和营销决策的提供依据。服装市场调研与服装市场调查二者互相联系又互相区别。服装市场调查主要是通过各种调查方式与方法，系统地收集有关商品产、供、销的数据与资料，并对其进行必要的整理和分析，如实反映服装市场供求与竞争的实况；而服装市场调研则在服装市场调查的基础上，运用科学的方法，对所获得的数据与资料进行系统的、深入的分析研究，从而得出合乎客观事物发展规律的结论。

服装市场营销调研是服装企业营销活动的出发点，其作用如下：

（1）有利于制定科学的营销规划。通过营销调研，分析服装市场、了解服装市场，才能根据服装市场需求及其变化、服装市场规模和竞争格局、消费者意见与购买行为、营销环境的基本特征，科学地制定和调整服装企业营销规划。

（2）有利于优化营销组合。服装企业根据营销调研的结果，分析研究产品的生命周期，开发新产品，制定产品生命周期各阶段的营销策略组合。例如，根据消费者对现有产品的接受程度、对产品及包装的偏好，改进现有产品，开发新用途，研究新产品创意、开发和设计；测量消费者对产品价格变动的反应，分析竞争者的价格策略，确定合适的定价；综合运用各种营销手段，加强促销活动、广告宣传和售后服务，增进产品知名度和顾客满意度；尽量减少不必要的中间环节，节约储运费用，降低销售成本，提高竞争力。

（3）有利于开拓新的服装市场。通过服装市场调研，服装企业可发现消费者尚未满足的需求，测量服装市场上现有产品及营销策略满足消费需求的程度，从而不断开拓新的服装市场。营销环境的变化，往往会影响和改变消费者的购买动机和购买行为，给服装企业带来新的机会和挑战，服装企业可据以确定和调整发展方向。

二、服装市场营销调研的类型及内容

（一）营销调研的类型

服装市场营销调研可根据不同的标准，划分为不同的类型。例如，按调研时间可分为一次性调研、定期性调研、经常性调研、临时性调研；按调研目的可分为探测性调研、描述性调研、因果关系调研。下面就调研目的分类加以叙述：

1. 探测性调研

服装企业在情况不明时，为找出问题的症结，明确进一步调研的内容和重点，需进行非正式的初步调研，收集一些有关的资料进行分析。有些比较简单的问题，如果探测性调研已能弄清其来龙去脉，也可不再作进一步调研。

例如，某服装公司向服装市场推出一种新型灯芯绒产品，上市一年后，销售量出现了下降趋势。此时，服装企业需要调查分析为什么销售量会下降？

探测性调研可做如下假设：公司促销策略是否到位？产品价格是否偏高？产品质量是否下降？分销网络是否混乱？服装市场上是否出现竞争对手的替代品？

2. 描述性调研

在已明确所要研究问题的内容与重点后，拟订调研计划，对所需资料进行收集、记录和分析。一般要进行实地调查，收集第一手资料，摸清问题的过去和现状，进行分析研究，寻求解决问题的办法。例如，某服装企业产品销量下降，通过调研，查清主要原因是产品质量差、售后服务不周到等，可将调研结果进行描述，如实反映情况和问题，以利寻求对策。

例 4-1：服装企业连锁店开业前的描述性调研

某一服装企业连锁店即将开业，公司想了解顾客会如何光顾这家连锁店，需要进行描述性调研，这时需进行"5W1H"调研。

什么人（Who）是连锁店的光顾者：进入连锁店的人都算光顾者？进入连锁店并发生购买的都算光顾者？光顾者是以家庭为单位还是以个人为单位计算？

对光顾者的什么（What）特征进行描述：性别？年龄？住址？如何知道开业信息？光临后的感觉怎样？

什么时间（When）向光顾者作调查：购货中还是购货后？刚开业还是开业几周后？

在什么地点（Where）调查：在连锁店内还是上门调查？是邀请顾客到公司还是上门调查？

为什么（Why）要调查这些项目：是为了制定促销策略？是为了测试地点选择？是为了测试顾客购买动机？

如何（How）测量顾客特征：是否采用发放问卷的方式？是否采用直接观察顾客购买行为的方式？测试是否使用严格的尺度？

3. 因果关系调研

为了弄清服装市场变量之间的因果关系，收集有关服装市场变量的数据资料，运用统计分析和逻辑推理等方法，判明何者是自变量（原因），何者是因变量（结果），以及它们变动的规律。例如，降价一定幅度对销售额上升的影响程度。一般说来，服装企业营销目标（销售额）、服装市场占有率、利润等是因变量，而服装企业可以控制的产品、分销、定价、促销等可控制因素，以及服装企业外部不可控制因素则是自变量。

（二）营销调研的内容

1. 宏观服装市场环境调研

利用宏观服装市场环境调查，跟踪最新的政治、经济、社会、文化发展动态，并通过服装市场预测把握服装市场未来的发展趋势，借以寻找服装企业新的发展机会，同时及早发现可能存在的威胁，做好应变准备。宏观服装市场环境调查与预测的主要内容包括政治与法律环境、经济环境、人口环境、社会文化环境及技术环境等方面的调查预测。

2. 服装市场需求

某种产品的服装市场需求是指在特定的地理区域、特定的时间、特定的营销环境中，特定的顾客愿意购买的总量。服装市场需求是营销调研中最重要的内容，因为需求是营销管理的核心，服装企业只有在确定和捕捉顾客需求之后，才有可能采取适当的营销组合，满足需求，最终实现服装企业目标。服装市场需求研究主要包括通过服装市场调查确定行业的服装市场需求总量以及估算服装企业销售量。

（1）服装市场需求总量。行业的服装市场需求总量是一个多变量的函数，它主要受以下六个因素的影响，研究服装市场需求总量就是要研究这六个因素的变化过程和趋势。

①产品。服装市场需求量的估计需要确定产品种类的范围，否则就难以衡量和说明服装市场的大小。例如，服装市场可分为童装、高端女装、老年装市场等，在进行

需求预测时，必须确定种类范围。

②顾客。服装市场需求的衡量需明确是针对整个服装市场还是针对其中任意一个或几个细分服装市场，如服装市场制造商需要明确其服装市场是针对儿童还是妇女，或是所有顾客。

③地理区域。服装市场需求的衡量必须明确界定地理边界，如服装销量预测是指北京、上海、全国还是全世界的用户购买量。

④时限。服装市场需求的衡量应该有一个时限，如一年、五年或更长时期。一般说来，影响服装市场需求的因素具有不确定性，预测的时间越长，其准确性就越差。

⑤营销环境。服装市场需求受许多不可控因素的影响，因此，企业在预测服装市场需求时，必须详尽地列出在人口统计、经济、技术、政治和法律、思想文化等方面所作的假设。换句话说，服装市场需求预测往往以上述环境变化的预测趋势为依据。

⑥营销组合方案。营销组合方案是服装企业可以控制的因素，不同的营销组合方式可能改变服装市场需求的强弱，因此，做服装市场需求预测时首先要假定产品的价格、性能和营销费用等。

综上可知，上述六个因素无论哪一个发生变化，服装市场需求都会随之改变，或者说，服装市场需求是多个变量的函数，被称为服装市场需求函数或服装市场反应函数。在其他因素不变的条件下，它取决于整个行业的营销费用。基本销售量不需要营销费用也会发生，这个基本销售量被称为服装市场需求最低量，其后，在某一临界费用下，随着行业营销费用的增加，服装市场需求开始以较快的速率增加，然后以较慢的速度增加。营销费用超过某一限度后，服装市场需求则不再增加。我们把与一定营销费用所对应的实际发生的服装市场需求称为服装市场预测，它正是我们所要获得的预测值；而把在既定的环境下，当行业营销费用趋于无穷大时，服装市场需求所趋向的极限称为服装市场潜量。在实际预测时，可把营销费用增加到某一临界值时服装市场需求基本不再增加的点作为服装市场潜量。

（2）服装企业销售量预测。行业中某一服装企业的销售量预测值等于服装市场需求总量与该服装企业的服装市场占有率的乘积。用公式表示为：

$$Q_i = S_i Q_i$$

式中，Q_i 为服装企业的销售量预测值；S_i 为服装企业的服装市场占有率；Q_i 为服装市场需求总量。

服装企业的销售量预测值对服装企业营销计划有很大的意义，它既是分析一个服装市场是否有利可图的依据，也是确定下阶段销售目标的基础。

3. 竞争状况调研

调查的内容主要包括：有没有直接或间接的竞争对手，如有的话，是哪些；竞争对手的所在地和活动范围；竞争对手的生产经营规模和资金状况；竞争对手生产经营商品的品种、质量、价格、服务方式及在消费者中的声誉和形象；竞争对手技术水平和新产品开发经营情况；竞争对手的销售渠道；竞争对手的宣传手段和广告策略；现有竞争程度（服装市场占有率、服装市场覆盖面等）、范围和方式以及潜在竞争对手状况。通过调查，可将本服装企业的现有条件与竞争对手进行对比，为制定有效的竞争策略提供依据。

4. 产品调研

产品概念是一个整体的概念，不仅包括商品实体，还包括品牌、价格以及和商品相关的服务等。调查的内容包括对新产品设计、开发和试销，对现有产品进行改良，对目标顾客在产品款式、性能、质量、包装等方面的偏好趋势进行预测。定价是产品销售的必要因素，需要对供求形势及影响价格的其他因素的变化趋势进行调研。

5. 消费者调研

消费者调研主要分为购买行为和使用行为的调研。消费者购买行为调研，就是对消费者购买模式和习惯的调研，即通常所讲的"6W1H"调研，即了解消费者在何时购买（When）、何处购买（Where1）、由谁购买（Who）、买什么（What）、为什么买（Why）和产品信息的来源（Where）以及如何购买（How）等情况。使用行为中包括消费者使用产品的方式、频率、经验等方面，以及品牌偏好、对本服装企业产品的满意度等；另外，关于消费者生活方式的特点和差异也是营销中比较关注的问题。

6. 销售调研

销售调研涉及对服装企业销售活动的全面审查，包括对销售量、销售范围、分销渠道等方面的调研，例如，潜在顾客的需求情况（包括需要什么、需要多少、何时需要等），产品的服装市场潜量与销售潜量，服装市场占有率的变化情况，都是销售调研的内容。销售调研还应该就本服装企业相对于主要竞争对手的优劣势进行评价。

7. 促销调研

主要对服装企业在产品或服务的促销活动中所采用的各种促销方法的有效性进行测试和评价。例如，广告目标、媒体影响力、广告设计及效果；公共关系的主要动作及效果；服装企业形象的设计和塑造等，都需有目的地进行调研。

三、服装市场营销调研的步骤

服装市场营销调研的全过程可划分为三个阶段：调研准备阶段、调研实施阶段和调研结果处理阶段，每个阶段又可分为若干具体步骤，具体如图4-4所示。

```
确定市场调研目标 → 确定市场调研对象、方法 → 确定市场调研计划
                                              ↓
提出调研报告 ← 汇总分析调研资料 ← 进行实地调研 ← 调研前的组织准备工作
```

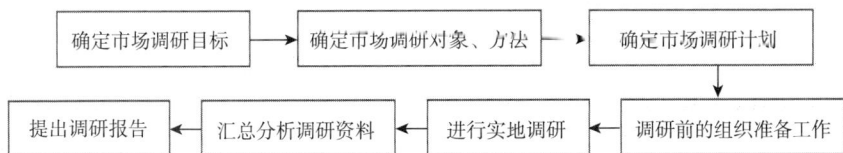

图4-4　服装市场营销调研步骤

（一）调研准备阶段

准备阶段是调研工作的开端，准备得充分与否直接影响到实际调研工作的开展及调研结果的质量，正如人们常说：良好的开端等于成功的一半。调研准备阶段主要解决调研目的、要求、范围及调研力量的组织问题，并在此基础上，制订一个切实可行的调研计划。这个阶段的工作步骤大体是：

1. 明确调研目标

在服装市场调研之初，首先要明确：为什么要进行这次调研？通过调研了解哪些情况？调研结果有什么具体用途？等等。经验证明，服装市场调研人员设想的服装市场调研，开始往往涉及面很宽，提出的问题也比较笼统，在进行深入研究之后，才能排除那些与调研关系不大的设想范围，从而使调研目标更加集中。

2. 拟定调研项目，确定调研方法

调研项目是指取得资料的项目，它表明应该收集哪些方面的信息资料。调研项目是根据调研目标为取得资料而设置的。调研方法是指取得资料的方法，它包括在什么地点调研、调研对象如何选择以及用什么方法调研等。

3. 调查表和抽样设计

调查表或问卷是服装市场调研中最常采用的一种询问技术，它是被调查者回答的问题的集合。设计调查表时，调研人员必须精心确定所提问题的内容、形式、措辞和次序，要符合简明、突出主题和便于统计分析的要求。

在服装市场调研实践中，服装企业更多的是采用抽样调查而非服装市场普查，因此，在调研准备阶段需要进行抽样设计，即确定恰当的样本数目和抽样方法，使抽选出来的样本能够真正代表总体。抽样方法一般分为两大类：随机抽样与非随机抽样。所谓随机抽样，是指对调查总体中每一个体都给予平等的抽取机会，排除了人为主观因素的选择。它又可分为简单随机抽样、分层随机抽样、分群随机抽样等。所谓非随机抽样，是指调查总体中每一个体不具有被平等抽取的机会，而是根据一定主观标准来抽选样本。它又可分为任意抽样、判断抽样、配额抽样和等距抽样等。

4. 制订调研计划

调研计划是服装市场调研的行动纲领，它主要包括以下内容：调研活动分为哪几

个步骤进行，调研人力的安排及如何组织分工，整个调研工作的时间和进度，调研费用预算，等等。

（二）调研实施阶段

由预备调查阶段进入正式调查阶段需要两个步骤：

1. 制订调查方案

调查方案中除了调查主题外，主要包括以下内容：

（1）决定收集资料的来源和方法。

①调查收集什么资料，即是收集第一手资料，还是一、二手两种资料同时收集。

②用什么方法进行调查，即确定调查方法。

③在什么地方进行调查，即确定调查地点。

④由谁提供资料，即确定调查对象。

⑤什么时候调查最合适，即确定调查时间。

⑥一次调查或多次调查，即确定调查次数。

（2）准备所需的调查表格。例如，设计收集第一手资料的调查提纲，或调查问卷，以及调查所需的记录表、统计表等。调查问卷的设计并无一定格式和规则，而是根据常识和经验来设计的。调查方式不同和选择问题的类型不同，调查表的内容设计也不同。

（3）抽样设计。在服装市场调查中普遍采用抽样调查，当服装市场调查的方法确定后，在实地调查前，调查人员应该设计决定抽查的对象（或单位），采用什么抽样方法进行抽样，选择被调查者，以及确定样本的大小。例如，确定抽查的对象是消费者个人或是工商服装企业，是在合同单位中抽查还是包括非合同单位，是选择在合同单位中用简单随机抽样法抽取样本，选择抽查对象，还是在合同单位中按大型、中型、小型服装企业分类随机抽样。

抽样方法、对象和样本大小确定后，参加实地调查的人员必须严格按照抽样设计的要求进行抽查，以保证调查质量。

2. 现场实地调查

现场实地调查就是调查人员按确定的调查对象、调查方法进行实地调查，收集第一手资料。现场实地调查工作的好坏，直接影响调查结果的正确性。为做好实地调查，必须重视并做好现场调查人员的选择和培训工作。

调查人员一般应有一定的文化水平和工作经验，了解本服装企业的基本情况，最好具备服装市场营销学、统计学和服装企业生产技术方面的专门知识；性格外向，善于与陌生人相处，工作认真，有克服困难的信心和勇气。

（三）调研结果处理阶段

调研结果的处理是对调研资料的分析和总结，服装市场调研获得的资料大多是分散的、零星的，甚至某些资料是片面的、不准确的，因此要反映服装市场的特征和本质，必须对资料进行分析整理，使之系统化、条理化。这个阶段的工作大体可分为以下三个步骤：

1.资料的整理与分析

主要是对调研所得的资料进行编校、分类、统计、分析。编校就是对资料进行核对、校正，以达到去伪存真、消除错误和含混不清的目的；分类就是将资料分门别类地编号收存；统计与分析就是运用数理统计方法把分析结果表达出来，并制成相应的统计图表，以便于更直观地观察信息资料的特征。通过"去粗取精、去伪存真、由此及彼、由表及里"的整理分析过程，做出合乎客观发展规律的结论。

2.编写服装市场调研报告

服装市场调研报告要全面系统地反映调研内容，一般包括：调研单位的基本情况，所调研问题的事实材料，分析说明，调研结论和建议。此外，还可包括调研目的、方法及步骤等的说明，同时最好附有必要的统计图表。服装市场调研报告的格式一般由引言、正文、结论、附件等部分组成。

3.追踪与反馈

即通过服装市场实践活动，检验报告所反映的问题是否解决，提出的建议是否可行、实用，效果如何，并总结服装市场调研的经验教训，不断提高工作能力。

四、服装市场营销调研的方法

（一）观察法

观察法是指调查人员对调查对象认真地察看和客观地记录分析。它可分为三种具体形式：

1.直接观察法

调查人员直接到调查现场进行观察。例如，在柜台前观察消费者的购买行为，记录他们对商品的挑选情况；在橱窗前观察过往顾客对橱窗的反应，分析橱窗设计的吸引力；在大街上观察人们的穿着和携带的商品，以分析服装市场动向、用以开发新产品。

2.痕迹观察法

在调查现场观察和分析被调查者活动后留下的痕迹。该方法在各种调查中被广泛应用，也应用于服装市场调查。例如，可以从着装推断出消费者的某些特点，偏好点缀有大量蕾丝的女装，其穿着者身上的"小女人"的特点可能比较突出，即使内心有霸气，一般也不外露。而男性的着装如果非常紧身，例如偏好穿着明显胸围小一号的衬衣以显示自己的胸肌，此类人群通常一是对自己的体型比较自信，二是对自己的外在形象吸引力也很在意。再如，在下身着装上比较容易体现痕迹的，一是颜色，二是款式。颜色越淡，如白色，越说明其平时工作和生活的环境都不错，较为干净。款式上，若男士着紧身裤，其特质与着紧身衣是相似的。女性下半身着装的选择则明显多样化，有裙、裤、裙裤以及旗袍等多种选择。因其多样化，所以痕迹特点不明显。但一般而言，与上装穿收腰的服装类似，敢于穿短裙或短裤的女性，通常对于自己的身材比较自信。如果身材一般依然采用此着装，可能是因为审美观点本身，或是因为内心非常强大，自己认为美丽即可，并不在乎他人的看法。

3. 行为记录法

通过有关仪器，对调查对象的活动进行记录和分析。例如，美国尼尔逊广告公司，通过电子计算机系统在美国各地 12500 个家庭中的电视机上装上电子监听器，每 90 秒扫描一次。每一个家庭只要收看 3 秒电视节目就会被记录下来，据此选择广告的最佳时间。在我国，有的大专院校用录像机录下消费者购买行为，以分析消费者的购买动机和购买意向。

观察法的优点在于调查者不正面接触被调查对象，在被调查者未意识到自己被观察的情况下获取信息，结果比较真实、自然、客观。但是，观察法的调查成本较大，时间也较长。而且观察法只能观察表面现象，无法了解消费者心理等深层次的情况，因而多用于商品资源、库存调查、客流量及顾客行为调查等。

（二）询问法

询问法是指调查人员采用访谈询问的方式向被调查者了解服装市场情况的一种方法。询问法是将所要调查的事项，以当面或电话或书面的方式向被调查者提出询问，以获得所需要的资料。它是服装市场调查方法中最常用的、最基本的调查方法。询问法按访问内容分为标准化访问和非标准化访问；按访问内容传递方式分为面谈调查、电话调查、邮寄调查、留置调查和日记调查等。面谈调查法既可以是个别面谈，也可以是小组访谈。

1. 个人访问法

个人访问法是调查者面对面地向被调查者询问有关问题，被调查者的回答可当场记录。调查方式可采用走出去、请进来或召开座谈会的形式，进行一次或多次调查。调查者可根据事先拟订的询问表（问卷）或调查提纲提问，也可采用自由交谈的方式进行。

2. 小组访问法

小组访问法是访问法的一种，其不同点只在于调查人员是一个小组，而不是一个人，如组织设计、工艺、情报、质量、设备和销售人员参加的用户访问小组。调查面广，较复杂的问题使用这种方法效果较好。

个人访问法与小组访问法的优点是直接与被调查者见面，能当面听取意见并观察反应；能相互启发和较深入地了解情况，对问卷中不太清楚的问题可给予解释；可根据被调查者的态度灵活掌握，或进行详细调查，或一般性调查，或停止调查；资料的真实性较大，回收率高。缺点是调查成本较高，尤其是组织小组访问；调查结果易受调查人员技术熟练与否的影响。

3. 电话调查法

电话调查法是由调查人员根据抽样设计要求，用电话向调查对象询问收集资料的一种方法。其优点是资料收集最快，成本最低；可按拟订的统一问卷询问，便于资料统一处理。缺点是调查对象只限于有电话的用户，调查总体不够完整；不能询问较为复杂的问题，时间不能太长，不易深入交谈和取得被调查者的合作。

4. 邮寄调查

邮寄调查又称信函调查、通信调查。就是将设计好的询问调查表、信函、订货单、征订单等通过邮递寄给被调查者，请对方填好后寄回。这种方法的优点是：调查区域广，凡邮政所达地区均可列入调查范围；被调查者可有充分的时间来回答；调查成本较低；调查资料较真实。缺点是询问表、征订单等回收率较低，收回时间较长；被调查者可能误解询问表中某些事项的涵义而填写不正确。

5. 留置问卷调查

留置问卷调查法是当面将调查表交给被调查者，这说明调查意图和要求，由被调查者自行填写回答，再由调查者按约定日期收回的一种调查方法。

6. 日记调查

日记调查是指对固定样本连续调查的单位发放登记簿或账本，由被调查者逐日逐项记录，再由调查人员定期加以整理汇总的一种调查方法。

实践中，究竟采用哪种方法，主要根据调查问题的性质和要求，决定采用一种或多种结合使用。

（三）实验法

实验法是指服装市场调研者有目的、有意识地改变一个或几个影响因素，来观察服装市场现象在这些因素影响下的变动情况，以认识服装市场现象的本质特征和发展规律。实验调查既是一种实践过程，又是一种认识过程，并将实践与认识统一为调查研究过程。服装企业的经营活动中经常使用这种方法，如开展一些小规模的包装实验、价格实验、广告实验、新产品销售实验等，来测验这些措施在服装市场上的反映，研究是否值得大规模推广，如产品包装实验。例如，某公司欲对某服装产品是否需要增加包装进行了实验。方法是第一、第二星期把增加包装的产品给甲、乙两商店销售，把无包装的产品给丙、丁两商店销售，第三、第四星期互相调换，甲、乙两商店销售无包装产品，丙、丁两商店销售有包装产品。其实验结果是有包装产品的销售量比无包装产品的销售量增加，因此该公司决定对某产品增加包装，以扩大销售量。其他如试销、展销、试点也都是实验法的具体运用形式。

实验调查法按照实验的场所可分为实验室实验和现场实验。实验室实验是指在人造的环境中进行实验，研究人员可以进行严格的实验控制，比较容易操作，时间短，费用低。现场实验是指在实际环境中进行实验，其实验结果一般具有较大的实用意义。

扫码学习实验法设计

第三节　服装市场营销预测

服装市场预测是指通过对服装市场信息的分析和研究，寻找服装市场的变化规律，并以此规律推断未来的过程。而服装市场需求预测是服装市场预测的一个重要方面。服装市场需求预测是对未来服装市场需求的估计。在大多数情况下，服装企业的营销环境是在不断变化的，由于这种变化，服装市场需求和服装企业需求都是变化的、不稳定的。这时准确地预测服装市场需求和服装企业需求就成为服装企业成功的关键，因为任何错误的预测都会导致诸如库存积压或存货不足，从而出现销售额下降以至中断等不良后果。服装市场需求量的测量是服装企业制定营销正确战略的前提条件。在激烈的服装市场竞争中，哪家服装企业能正确估计当前的服装市场需求并把握未来需求的态势，该服装企业就能掌握服装市场变动的主动权，从而在竞争中求得生存和发展。

一、服装市场测量中"需求"的含义

"需求"的含义比较广泛，在不同场合必须加以区分。这里将从"测量"的角度对需求做出相应的规定。

（一）服装市场需求

服装市场需求是指对某种产品的服装市场需求，即指在特定的地理区域、特定的时间、特定的营销环境中，由特定的消费群体购买某种产品的总量。

该定义包括八个要素：

（1）产品。由于产品的范围是广泛的，且即使是同一种类产品在实际需求上往往存在多种差异。例如，消费者对照相机类产品便有规格、功能、档次等方面不同的使用目的要求，因而服装企业在进行需求测量时，应明确规定产品的范围。

（2）总量。它通常直接标明了需求的规模，应注意的是，虽然它可以用金额单位来表示，但在服装市场价格波动较大时期，销售金额往往不能准确反映实际销售数量，对此，应注意辨别影响因素，或同时使用实物单位指标。

（3）消费者群。服装市场细分原理提示了消费者的差异性，因而在对服装市场需求加以测量时，要注意分别对各细分服装市场的需要进行确定，而不宜仅着眼于总服装市场的需求。

（4）地理区域。在一个地域较广的国家里，不同地域之间客观上存在差异，消费需求必须以明确的地理区域为基础。

（5）时间周期。服装企业的营销计划一般有长期、中期与短期之分，与之相呼应需有不同时期的需求测量，即在进行服装市场需求测量时，必须以明确的时期为限。

（6）营销环境。前面有关章节中已专门分析过营销环境对营销活动的影响，因此，在进行服装市场需求测量时，应注意对该类因素的相关分析。

（7）实际购买。显而易见，服装市场需求最终要通过购买行为表现出来；反过来讲，只有最终进行购买的需求才是真正的服装市场需求。

（8）服装企业的营销活动。通常情况下，服装企业的营销决策（如服装企业的促销决策）对服装市场需求有直接影响，因此，应考虑服装企业自身的营销行为对服装市场需求变动的可能影响。

理解服装市场需求概念，重要的还在于必须看到它不是一个常量，而是一个函数，图4-5表明了这种状态。该图表明，在特定的营销环境下，服装市场需求是服装市场营销费用的函数。在不支出任何刺激需求的费用时，需求表现为一个基础值（服装市场最低值 Q_1 ）。随着营销费用的增加，需求水平呈上升状态；但当营销费用达到一定水平时，再增加却不会激起需求的进一步上升，也就是说，还存在一个服装市场需求的上限（需求潜量 Q_2 ）。

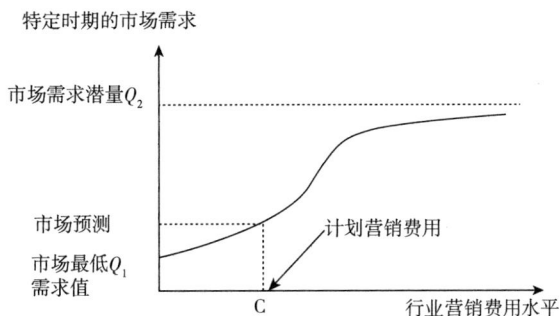

图4-5　营销费用—需求曲线

（二）服装市场预测与服装市场潜量

服装市场预测是指与计划的服装市场营销费用相对应的服装市场需求，也就是说，服装市场预测表示在一定的环境条件下和服装市场营销费用下所估计的服装市场需求。服装市场预测是估计的服装市场需求，而不是最大的服装市场需求。最大的服装市场需求是指对应最大的服装市场营销费用的服装市场需求，而且，此时再增加服装市场营销费用，对刺激需求的效果微乎其微。服装市场潜量就是指在特定的服装市场营销环境下，随着行业服装市场营销费用的逐渐增长，服装市场需求所能达到的极限值。

"特定的服装市场营销环境"在服装市场潜量的概念中是很重要的。通过对某种产品在衰退期与繁荣期的服装市场潜量进行比较，我们可以发现繁荣期的服装市场潜量更高。也就是说，服装市场需求是具有收入弹性的。服装企业一般对服装市场需求曲线的位置无能为力，因为它是由服装市场营销环境决定的，但是服装企业在决定了服装市场营销费用后，能影响自己在需求曲线上的位置。

（三）服装企业需求、服装企业预测与服装企业潜量

1. 服装企业需求

服装企业需求是指在服装市场总需求中服装企业所占的需求份额。用公式表示为：

$$Q_i = S_i \times Q$$

式中，Q_i 为服装企业 i 的需求；S_i 为服装企业 i 的服装市场占有率；Q 为服装市场总需求。

同服装市场需求一样，服装企业需求也是一个函数，称为服装企业需求函数或销售反应函数。根据上式可以看出，它不仅受服装市场需求决定因素的影响，还受任何影响服装企业服装市场占有率因素的影响。

服装企业在服装市场上的占有率依赖于它的产品、服务、价格、沟通等相对于竞争者而言的水平。在其他因素都相同的情况下，服装企业的服装市场占有率则依赖于它的服装市场营销费用相对于竞争者而言的规模与效果，即各个服装企业的服装市场占有率同其服装市场营销力量成正比。

2. 服装企业预测

服装企业销售预测是指在既定的服装市场营销环境下，基于选定的服装市场营销计划所估计的服装企业销售水平。人们常把服装企业预测与服装企业服装市场营销计划的先后次序弄颠倒，认为服装企业应该基于预测来制订其服装市场营销计划。事实上，只有当预测是指对国家经济活动的判断或当服装企业的需求无法扩展时，这种先预测后计划的顺序才能成立。如果服装市场需求可以扩展，或者当预测是指对服装企

业销售的判断时，这种顺序就不能成立。服装企业销售预测并不能作为决定服装市场营销费用的基础，恰恰相反，它是既定服装市场营销费用计划的结果。

服装企业预测还涉及以下两个相关概念：

（1）销售定额。销售定额是指为产品线、服装企业部门或销售代表所制定的销售目标。它是确定和激励销售队伍的基本管理手段。一般情况下，管理部门是根据服装企业预测并基于激励员工完成定额的心理来设定销售定额的。销售定额一般应略高于预期的销售额，以激发销售人员努力工作。

（2）销售预算。销售预算是指对预期销售量的保守估计，主要用于对目前采购、生产和现金流量的决策。销售预算既要考虑服装企业销售预测，又要避免风险过大，因此销售预算一般略低于销售预测。

3. 服装企业潜量

服装企业潜量是指当服装企业的服装市场营销力量相对于竞争者不断增长时，服装企业需求所达到的极限。很显然，服装企业需求的绝对极限是服装市场潜量，当服装企业的服装市场占有率为百分之百时，服装企业潜量就等于服装市场潜量。但在大多数情况下，服装企业潜量低于服装市场潜量，即使服装企业的服装市场营销费用大大超过竞争对手。这是由于每个服装企业都有自己的忠诚购买者，他们一般不会转而购买其他服装企业的产品。

二、服装市场需求与服装市场需求预测的内容

服装市场需求测量，可以根据测量所要达到的目的及所需的条件从多层次、多侧面进行。图4-6概括了需求测量的基本内容。图中，从6个不同的产品层次、5个不同的空间层次及4个不同的时间层次展示了按不同目的进行测量的120种需求内容（$6 \times 5 \times 4 = 120$）。

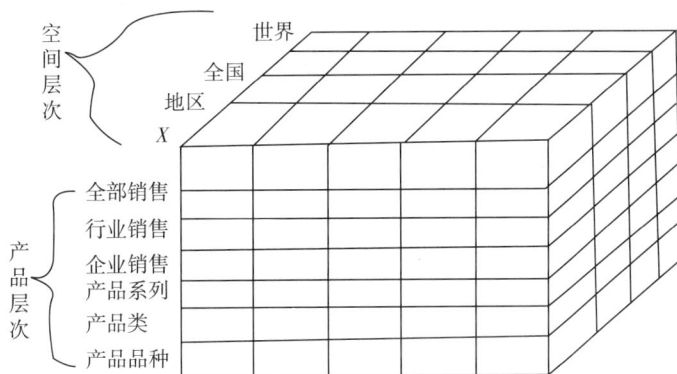

图4-6　需求测量的内容

在服装企业实践中，可以依据测量对象在发生时间上的不同分为两大类型，即对目前需求的估量和对未来需求的预测。就目前需求的估量而言，其特征在于，对发生过程中的需求加以分析和评价；而对未来的预测，则是依据历史资料和现实状况，依据经验和教训，通过系统的、科学的方法和手段，在服装市场调查的基础上，对影响服装市场需求发展变化的各种因素进行综合分析，预见服装市场需求在未来一定环境中的发展趋势及其状态。显然，预测的特征，在于对尚未发生的不确定的或未知的事件作出描述。

三、服装市场需求预测的方法

（一）判断目前服装市场需求

1. 总服装市场潜量

总服装市场潜量是指在特定的时期内，在既定的行业服装市场营销努力水平与既定的环境条件下，行业内的所有服装企业所能获得的最大销售量。计算总服装市场潜量常用的方法是：$Q = n \times q \times p$。

式中，Q 为总服装市场潜量；n 为在既定条件下，特定产品或服装市场中购买者的数量；q 为购买者的平均购买数量；p 为产品的平均单价。

例如，如果全国每年有 8 亿人买袜子，平均每人每年买 3 双，平均每双袜子的价格为 12 元，那么袜子的总服装市场潜量为：$Q = 8 亿 \times 3 \times 12 = 288$（亿元）。

公式中最难判断的是 n，即特定产品或服装市场的购买者数量。由此我们可以用另外一种方法计算总服装市场潜量，即连锁比率法。当估计一个量的各个组成部分要比直接估计该量容易时，就可采用此法。在上例中，估计袜子的购买者数量可以先从全国总人口入手，比如总人口为 13 亿人，称为可能总体；接下来排除那些不会购买这种品牌产品的人，假设他们占总人口的 20%，那么只有 10.4 亿人属于潜在群体；进一步调查发现低收入和教育程度低的人不购买这种袜子，他们占潜在群体的 30%，排除他们得到约 7.28 亿的购买者，称为迫切的潜在群体。可将这个数字作为公式中的潜在购买者数量。

服装企业计算出总服装市场潜量后，还应把它同现有服装市场规模进行比较。现有服装市场规模是指目前实际购买的数量或金额。显然，它总是小于总服装市场潜量。比较现有服装市场规模与总服装市场潜量，对于制定正确的服装市场营销决定非常重要。

2. 区域服装市场潜量

判断区域服装市场潜量的方法主要有两种：服装市场累加法和购买力指数法，

前者主要为生产产业用品的服装企业所采用，后者主要为生产消费品的服装企业所采用。

（1）服装市场累加法。服装市场累加法是指先识别出每个服装市场上所有的潜在购买者，并判断出他们的潜在购买量，之后将其加总合计。

采用该方法要求掌握全部潜在购买者的名单，并对每个购买者的可能购买量有可靠的判断。因此，比较有效的方式是利用这个国家按行业分类的普查数据，普查数据通常是将所有制造业划分成主要的行业类别，在相应的行业下再按地区、员工数等分类的服装企业数量。

（2）购买力指数法。购买力指数法是指借助与区域购买力有关的各种指数来估计其服装市场潜量的方法。

购买力指数主要依据三个方面的因素：该区域个人可支配收入占全国的百分比，该区域零售额占全国的百分比，该区域人口占全国的百分比。例如，某地区的相对购买力指数可由下式求得：

$$B_i = 0.5Y_i + 0.3R_i + 0.2P_i$$

式中，B_i 为 i 区域的购买力占全国的百分比；Y_i 为 i 区域的个人可支配收入占全国的百分比；R_i 为 i 区域的零售额占全国的百分比；P_i 为 i 区域的人口占全国的百分比。三个系数 0.5、0.3、0.2 表示权数（0.5 + 0.3 + 0.2 = 1），代表三个因素对购买力指数的影响程度，但该权数不是一成不变的，产品不同、区域不同，权数也应有所调整。上述公式适用于许多消费品服装市场潜量的分析，但不适用于低价的大路货和高价的奢侈品。

（二）未来需求的预测方法

1. 预测需求的主要阶段和基础

预测需求的方法从简单到复杂多种多样，涉及的许多技术问题需要由专业技术人员解决，但是服装市场营销经理要熟悉主要的预测方法以及每种方法的主要长处和不足。

服装企业从事销售预测，一般要经过三个阶段，即环境预测、行业预测和服装企业销售预测。环境预测是指分析通货膨胀、失业、利率、消费者支出和储蓄、服装企业投资、政府开支、净出口以及其他一些重要因素，最后作出对国民生产总值的预测。以环境预测为基础，结合其他环境特征进行行业销售预测。最后，根据对服装企业未来服装市场占有率的估计，预测服装企业销售额。

由于产品种类不同，情报资料来源、可靠性和类型的多样性，加上预测目标不同，有许多不同的预测方法。但实际上预测的情报基础只有三种：

（1）人们所说的情报基础。即指购买者及其亲友、推销人员、服装企业以外的专家的意见。在此基础上的预测方法有：①购买者意向调查法；②销售人员综合意见法；③专家意见法。

（2）人们要做的情报基础。建立在"人们要做的情报基础"上的预测方法是服装市场试验法，即把产品投入服装市场进行试验，观察销售情况及消费者对产品的反应。

（3）人们已做的情报基础。建立在"人们已做的情报基础"上的方法是用数理统计等工具分析反映过去销售情况和购买行为的数据的方法，主要包括：①时间序列分析法；②统计需求分析法。

2. 购买者意向调查法

服装市场总是由潜在购买者构成的，预测就是预估在给定条件下潜在购买者的可能行为，即要调查购买者。这种调查的结果是比较准确可靠的，因为只有购买者自己才知道将来会购买什么和购买多少。在满足下面三个条件的情况下，购买者意向调查法比较有效：①购买者的购买意向是明确清晰的；②这种意向会转化为顾客购买行动；③购买者愿意把其意向告诉调查者。

服装企业可以采用"购买概率"调查表，通过向被调查者提出诸如"你打算将来购买吗"这样的问题，调查购买者的购买意向。

例4-2 服装意向购买调查

在某市区进行服装需求的服装市场调查中，访问500个样本，被访者表明购买意向如表4-1所示：

表4-1 被访者表明购买意愿

购买意愿	人数（人）	所占百分比（%）	购买意愿	人数（人）	所占百分比（%）
一定会买	150	30	可能会买	75	15
不能决定是否购买	125	25	可能不会买	100	20
肯定不会买	50	10	总计	500	100

对于上述调查答案，还必须进行某种加权处理才能得出符合实际情况的结论。例如，被访者回答一定会购买或可能购买往往包含夸大购买倾向的成分。被访者具有这种夸大购买倾向的原因，一方面是为了给访问者一种满足，另一方面是回答时往往没有慎重考虑会产生影响的多种因素，仅仅是脱口而出而已。类似地，即使是回答可能不会买或肯定不会买的被访者也有可能成为最终购买者。根据这种分析，在实际处理时，可对每一种选择赋予适当的购买权重。例如，对一定会购买赋予权数 0.9，可能

会购买赋予权数 0.2，肯定不会购买赋予权数 0.02 等，如表 4-2 所示。

表4-2　权数分配表

选择答案	回答百分比（%）	指定权数	加权百分比（%）
一定会买	30	0.90	27
可能会买	15	0.20	3
不能肯定是否购买	25	0.10	2.5
可能不会买	20	0.03	0.6
肯定不会买	10	0.02	0.2

则有：平均购买可能性 =27% +3% +2.5% +0.6% +0.2% =33.3%。未来服装市场需求量 = 家庭总户数 × 平均购买可能性，假设这一地区共有家庭总数 200 万个，则该地区服装的未来可能购买量为：2 000 000 × 33.3% =666 000。

对于产业用品，服装企业可以自行从事顾客购买意向调查。通过统计抽样选取一定数量的潜在购买者，访问这些购买者的有关部门负责人，通过访问获得的资料以及其他补充资料，服装企业便可对其产品的服装市场需求作出估计。尽管这样费时费钱，但服装企业可从中间接地获得某些好处。首先，通过这些访问，服装企业分析人员可以了解到在公开出版资料所缺乏的考虑各种问题的新途径。其次，可以树立或巩固服装企业关心购买者需要的形象。最后，在进行总服装市场需求预测过程中，也可以同时获得各行业、各地区的服装市场需求估计值。用购买者意向调查法预测产业用品的未来需要，其准确性比用于消费品方面要高。因为消费者的购买动机或计划常因某些因素（如竞争者的服装市场营销活动等）的变化而变化，如果完全根据消费动机作预测，准确性往往不是很高。一般来说，用这种方法预测非耐用消费品需求的可靠性较低，用于耐用消费品方面稍高，用于产业用品方面则更高。

3. 销售人员综合意见法

在不能直接与顾客见面时，服装企业可以通过听取销售人员的意见估计服装市场需求。

销售人员综合意见法的主要优点如下：

（1）销售人员经常接近购买者，对购买者意向有较全面深刻的了解，比其他人有更充分的知识和更敏锐的洞察力，尤其是对受技术发展变化影响较大的产品。

（2）由于销售人员参与公司预测，因而他们对上级下达的销售配额有较大的信心完成。

（3）通过这种方法，可以获得按产品、区域、顾客或销售人员划分的各种销售预测。

一般情况下，销售人员所做的需求预测必须经过进一步修正才能使用，这是因为：

第一，销售人员的判断总会存在某些偏差，受其最近销售成败的影响，他们的判断可能过于乐观或过于悲观，即常常走极端。

第二，销售人员可能对经济发展形势或公司的服装市场营销总体规划不了解。

第三，为使其下一年度的销售大大超过配额指标，以获得升迁或奖励的机会，销售人员可能会故意压低其预测数字。

第四，销售人员也可能对这种预测缺乏足够的知识、能力或兴趣。

尽管有这些不足之处，但是该方法仍为人们所使用。因为各销售人员的过高或过低预测可能会相互抵消，这样使预测总值仍比较理想。有时，有些销售人员预测的偏差可以预先识别出来并及时得到修正。

例4-3 服装产品销售预测

某公司销售经理和两位副经理对某地区本公司的服装产品的销售量进行预测，得到如下数据，试求产品销量预测值，如表4-3所示。

表4-3 预测数据 单位：万元

职务	最高销量	最可能销量	最低销量	权重
经理	2720	2510	2350	0.6
副经理甲	1900	1800	1700	0.2
副经理乙	2510	2490	2380	0.2
概率	0.3	0.4	0.3	—

根据题意，可得：

经理的预测值为：$F_1 = 0.3 \times 2720 + 0.4 \times 2510 + 0.3 \times 2350 = 2525$（万元）

副经理甲的预测值：$F_2 = 0.3 \times 1900 + 0.4 \times 1800 + 0.3 \times 1700 = 1800$（万元）

副经理乙的预测值：$F_3 = 0.3 \times 2510 + 0.4 \times 2490 + 0.3 \times 2380 = 2463$（万元）

最终预测值：$F = 0.6 \times 2525 + 0.2 \times 1800 + 0.2 \times 2463 = 2367.6$（万元）

4. 专家意见法

服装企业也可以利用诸如经销商、分销商、供应商及其他一些专家的意见进行预测。由于这种方法是以专家为索取信息的对象，用这种方法进行预测的准确性，主要取决于专家的专业知识和与此相关的科学知识基础，以及专家对服装市场变化情况的洞悉程度，因此依靠的专家必须具有较高的水平。

利用专家意见有多种方式。例如，组织一个专家小组进行某项预测，这些专家提出各自的估计，然后交换意见，最后经过综合，提出小组的预测。这种方式的缺点是，小组成员容易屈从于某个权威或者大多数人的意见（即使这些意见可能并不正确），不愿提出不同的看法；或者虽然认识到自己的意见有误，但碍于情面不愿意当众承认。

现在应用较普遍的方法是德尔菲法。其基本过程是：先由各个专家针对所预测事物的未来发展趋势独立提出自己的估计和假设，经公司分析人员（调查主持者）审查、修改、提出意见，再发回到各位专家手中，这时专家们根据综合的预测结果，参考他人意见修改自己的预测，即开始下一轮估计。如此往复，直到各专家对未来的预测基本一致为止。下面举例说明这种方法的应用。

例4-4　利用专家意见法预测产品需求

某服装企业欲利用专家意见法预测某工业品的需求，于是选择公司的采购经理、销售经理、2位销售人员和3位经销商组成专家组（各成员分别以A、B、C、D、E、F、G表示，由服装市场营销经理主持并负责分发资料和汇总意见）。

第一次预测：服装市场营销经理将过去或其他有关资料发给各专家作预测参考，他们可要求提供所需资料。然后各专家将预测结果送给服装市场营销经理，但专家之间不能交换意见。预测结果如表4-4所示：

表4-4　第一次预测结果

预测次数	A	B	C	D	E	F	G	中位数	改变意见的人数	差距
1	110	70	66	70	110	66	64	70	—	46

第二次预测：服装市场营销经理将第一次预测的结果分发给专家，使每个专家都了解其他成员的预测数字，然后作第二次预测。他们可修改也可不修改自己的预测结果。如修改，须说明理由。第二次预测结果如表4-5所示：

表4-5　第二次预测结果

预测次数	A	B	C	D	E	F	G	中位数	改变意见的人数	差距
1	110	70	66	70	110	66	64	70	—	46
2	90	70	82	70	82	68	64	70	4	26

第三次预测：服装市场分析经理将第二次预测的结果分发给各专家，作第三次预测。第三次预测结果如表4-6所示：

表4-6　第三次预测结果

预测次数	A	B	C	D	E	F	G	中位数	改变意见的人数	差距
1	110	70	66	70	110	66	64	70	—	46
2	90	70	82	70	82	68	64	70	4	26
3	90	76	82	70	82	68	68	76	2	22

第四次预测：服装市场营销经理将第三次预测的结果分发给各专家，作第四次预测。第四次预测结果如表4-7所示：

表4-7 第四次预测结果

预测次数	A	B	C	D	E	F	G	中位数	改变意见的人数	差距
1	110	70	66	70	110	66	64	70	—	46
2	90	70	82	70	82	68	64	70	4	26
3	90	76	82	70	82	68	68	76	2	22
4	90	76	82	70	82	68	68	76	0	22

可以看出，在作第四次预测时，各专家不再修正各自的预测数字，说明他们已满意于第三次预测。服装市场营销经理可将第四次预测数字作为最后预测数字。

美国洛克希德飞机制造公司在做其销售预测时，把专家意见法略作了改动。一组洛克希德公司的经理人员扮作该公司的主要顾客，十分认真冷静地评价公司的销售条件（包括产品、价格、售后服务等）同竞争者的条件。接着每人模拟"顾客"做出购买什么和向哪里购买的决策。把各"顾客"向本公司购买的数量加起来，并与其他独立的统计预测协调，就是公司的销售预测值。

5. 时间序列分析法

很多服装企业以过去的资料为基础，利用统计分析和数学方法分析预测未来需求。这种方法的根据是：①过去的统计数据之间存在一定的关系，而且这种关系利用统计方法可以揭示出来；②过去的销售状况对未来的销售趋势产生决定性影响，销售额只是时间的函数。因此，服装企业利用这种方法预测未来的销售趋势。

时间序列分析法的主要特点是，以时间推移研究和预测服装市场需求趋势，不受其他外界因素的影响。不过，在遇到外界发生较大变化，如国家政策发生变化时，根据过去已发生的数据进行预测往往会有比较大的偏差。

产品销售的时间序列，可以分为四个组成部分：

（1）趋势。趋势是人口、资本积累、技术发展等方面共同作用的结果。利用过去有关的销售资料描绘出销售曲线就可以看出某种趋势。

（2）周期。服装企业销售额往往呈现出某种波状运动，因为服装企业销售一般都受到宏观经济活动的影响，而这种宏观经济活动总呈现出某种周期性波动的特点。周期因素在中期预测中尤其重要。

（3）季节。季节是指一年内销售量变动的形式。"季节"这个词在这里可以指任何按小时、月份或季度周期发生的销售量变动形式。这个组成部分一般同气候条件、假日、贸易习惯等有关。季节形式为预测短期销售提供了基础。

（4）不确定事件。包括自然灾害、战争恐慌、一时的社会流行风尚和其他一些干扰因素。这些因素一般无法预测，属于不正常因素。应当从过去的数据中剔除这些因素的影响，考察较为正常的销售活动。

时间序列分析法就是要把过去的销售序列 Y 分解成趋势（T）、周期（C）、季节

（S）和不确定（E）等组成部分，通过对未来这几个因素综合考虑，进行销售预测。这些因素可构成线性模型，即：

$$Y = T + C + S + E$$

也可构成乘数模型，即：$Y = T \times C \times S \times E$

还可以是混合模型，即：$Y = T \times (C + S + E)$

6. 直线趋势法

直线趋势法是运用最小平方法进行预测，用直线斜率来表示增长趋势的一种外推预测方法。在这里，笔者主要介绍一元回归分析法。一元回归的基本公式是：$y = a + bx$。

式中，x——自变量；y——因变量；a 和 b——回归系数。

一元线性回归预测的步骤如下：

（1）根据 x、y 两个变量的历史数据 x_i，y_i，$i = 1$，2，$\cdots$，求回归系数 a 与 b。根据线性方程组：

$$na + b\sum x = \sum y$$
$$a\sum x + b\sum x^2 = \sum xy$$

解方程可得：

$$b = \frac{\sum xy - \sum xy/n}{\sum x^2 - (\sum x)^2/n}$$

$$a = \bar{y} - b\bar{x}$$

其中 $\bar{x}$，$\bar{y}$ 分别为 x_i 和 y_i 的平均值。由此即可得一元线性回归方程。

（2）进行相关分析。相关系数 r 的计算公式为：

$$r = \frac{\sum (x - \bar{x})(y - \bar{y})}{\sqrt{\sum (x - \bar{x})^2 \sum (y - y)^2}}$$

以此来检验 y 与 x 之间的线性相关程度（有时相关检验也可以先进行）。若经检验的相关系数 r 满足线性相关的要求（查相关系数临界值表得知），也可视 r 的大小而定，一般 $r > 0.7$ 说明线性相关程度较高，就可以运用我们再上一步求得的一元回归方程式进行预测。

（3）计算置信区间 $\hat{y} \pm 2S_y$，其中，估计标准误差 S_y 可由下式得出：

$$S_y = \sqrt{\frac{\sum (y_i - \hat{y}_i)}{n - k}}$$

式中，y_i 因变量第 i 期的观察值；$\hat{y}$ 因变量第 i 期的趋势值；n 为观察期期数；k 为回归方程参数的个数。

7. 指数平滑法

指数平滑法是指仅依据过去和目前的原始数据，解释时间序列的波动并作出预测的方法。该方法主要用于短期预测。该预测方法的原理是：通过计算本期和所有前期数值的指数加权平均数，从中确定一时间序列的修匀值。该方法的显著特点是指数平滑的加权程序采用了权数数列，其数值随时间按指数递减，从而避免了传统时间序列法假定各时期对未来销售的影响程度相同的缺陷，突出了各时期销售对未来销售的影响不同的事实（即近期销售对未来销售影响较大，时间愈远，影响力量呈几何级数递减）。计算公式为：

$$S_t = ay_t + (1-a)S_{t-1}$$

式中，S_t——某期预测销售数；y_t——前期的实际销售数；S_{t-1}——前期的预测销售数；a——加权常数，又叫指数，其值大于 0 小于 1。

a 是个经验数据，其大小根据经验选取。a 越大，预测值越接近于上期实际值；a 越小，预测值越接近于上期预测值。在实际工作中，a 常取 0.7～0.8，或试用若干不同数值的 a 计算预测销售数，以预测数与实际值差异最小的为最佳权数。

本章小结

不同服装企业，其信息系统的个体构成会有所不同，但基本框架大体相同，一般由内部报告系统、服装市场营销情报系统、服装市场营销调研系统、服装市场营销决策支持系统四个子系统构成。

服装市场营销调研是服装企业营销活动的出发点，其作用十分重要。服装市场调研的全过程可划分为三个阶段：调研准备阶段、调研实施阶段和调研结果处理阶段，每个阶段又可分为若干具体步骤。按调研内容分，主要包括：宏观环境调研、需求调研、竞争调研、产品调研、消费者调研、销售调研、促销调研等。调研的方法主要包括：观察法、询问法及实验法。

在大多数情况下，服装企业的营销环境是不断变化的，由于这种变化，总服装市场需求和服装企业需求也随之发生变化且变得不稳定。这时准确地预测服装市场需求和服装企业需求就成为服装企业成功的关键，服装市场需求量的测量是服装企业正确制定营销战略的前提条件。对需求的预测，主要包括对当前需求的预测和对未来需求的预测。对当前需求的预测，主要包括对总服装市场潜量和区域潜量的预测。对未来需求的预测主要有三种：①以购买者及其亲友、推销人员、服装企业以外的专家意见为基础预测方法，如购买者意向调查法、销售人员综合意见法、专家意见法；②建立在"人们要做的"基础上的是服装市场试验法；③建立在"人们已做的"基础上的方法，是用数理统计等工具分析反映过去销售情况和购买行为的数据，它包括两种方法：时间序列分析法和统计需求分析法。

扫码获得本章习题及参考答案

第五章 消费者服装市场与购买行为分析

2019年以来,随着新一代消费的持续崛起,消费结构不断改变和升级,消费意愿、消费形态、消费方式正在发生变化。中国服装消费市场迎来新的发展格局。2019年,中国服装协会产业部对2019年上半年我国服装消费特点进行了分析。分析指出,中国拥有"80后""90后"超过4亿人,占据中国近三分之一人口数量,再加上"00后"逐步进入市场,中国服装市场迎来新的消费主体力量。他们不仅消费支出能力强,而且接受良好的教育,对着装有自己的态度和理念,有自己的消费价值主张。比如,不随意消费,但遇到真正喜欢的产品,他们则会立即购买,不在乎价格。年轻女性消费不容忽视,是消费变革的引导性力量。中国新一代女性,注重通过微信公众号、新闻资讯平台关注时尚潮流,并借助短视频、网络直播等形式参与时尚信息的消费、传播与生产。

随着消费者知识水平和收入水平的提高,消费者的着装风格多样性不断提高,尤其是年青一代更为看重服装个性特征,通过个性来展示自我。随着科技进步所带来的时尚信息获取的便捷与丰富,消费者对品牌重视程度不断下降,对品牌忠诚度越来越低,而对品质生活理解更接近于真实,更追求品质本身。服装消费娱乐化成为消费者喜欢的一个重要因素,相比于价格,消费者更看重通过各类休闲娱乐活动满足自身更高层次的精神需求。随着消费价值观不断变化下,当下消费呈现新特点。场景式消费特征明显,人们根据自己工作、生活的具体场景进行服装搭配式购买,在不同时间、不同场合搭配不同的服装成为新的潮流。审美式消费日益突出。除"适应换季"需求外,服装外观的"身材修饰"及"颜值提升"成为人们购物的重要条件。自我取悦式消费比例增加,很多消费者不再关注炫耀式消费,而是转向自我满足,追求服装内涵的"精神诉求"。同时,随着互联网技术的发展,以及新零售的进步,消费方式也在深度调整与变革中,购物渠道、购物方式呈现更多新特征。熟人式社交电商愈加受欢迎,消费者喜欢熟人式电商模式,重视熟人社交关系链,通过熟人间深度沟通进行消费。线上消费愈加理性,消费者希望根据个人体型和喜好,提供相应的穿搭方案,定制个性化单品。同时,习惯浏览对比电商平台与实体店款式与价格,并在打折促销时统一购买。日常消费更加看重体验,越来越多的消费者重归线下消费,看重现场试穿的体验感。

学习目标:

1. 掌握影响服装市场消费者购买的主要因素;2. 了解消费者市场的概念和特点;3. 熟悉消费者购买决策的过程。

第一节　消费者服装市场

一、服装消费者市场的概念和特点

（一）服装消费者市场的概念

服装消费者市场，是指所有为了个人消费而购买服装产品或服务的个人和家庭所构成的市场。在消费者市场上，购买者购买产品或服务的目的是满足自身最终消费，而不是作为生产资料获取利润，因此，消费者市场也称为最终产品市场、最终消费市场。消费者需求是人类社会的原生需求，产业市场需求、中间商市场需求及政府市场需求都由此派生而来。消费者市场从根本上决定其他所有市场需求，因而是其他市场乃至整个经济活动为它服务的最终市场。

（二）服装消费者市场的特点

消费者的市场需求是随着政治文化、社会经济的发展而不断产生和发展的，尽管受到各种因素的影响而千变万化，但总是存在一定的趋向性和规律性。企业为了更好地满足市场需求，生产适销对路的产品，就必须了解和研究消费者需求的特点。

一般说来，消费者市场的特点主要表现在以下六个方面：

1. 购买者分布的广泛性与分散性

人们要生存、发展就必须消费。凡是有人生活的地方，就有消费行为存在。因此，消费品市场的购买者分布在社会的各个地方、各个层面，人多面广，极为分散。

2. 消费者需求的差异性与伸缩性

由于消费者在性别、年龄、职业、教育背景、收入、价值观念等方面存在不同程度的差异，因此，他们对消费品的需求及其购买行为也不可避免地存在较大差异。

就单个消费者而言，由于受到收入水平、生活方式、商品价格和储蓄利率的影响，在购买数量和品种选择上则表现出较大的需求伸缩性。收入多则增加购买，收入少则减少购买。商品价格高或储蓄利率高时减少消费，商品价格低或储蓄利率低时则增加消费。不同类型的商品，消费者需求的伸缩性也不同。一般说来，日常生活必需品的需求伸缩性较小，而非必需品的需求伸缩性较大。

3. 购买行为的经常性与重复性

由于购买目的以及家庭储藏地点、财力和习惯等的影响，消费者每次购买日常消费品的数额都不会太大。由于消费者每次购买的数量较少，而其消费又具有日常性和随意性的特点，消费者就需要经常购买，反复购买，购买频率非常高。

4.产品的替代性和需求的高弹性

市场竞争促进科技进步，科技的发明使产品推陈出新，消费者市场上的产品花色、品种、规格等繁多，且相互之间又往往具有较强的替代性，因此，消费者的需求受价格的影响较为明显，提价一旦超过消费者的心理底线或承受能力，需求就有可能大大减少，销量大幅下降；反之，若产品降价，需求一般会增加，销量也会上升。

5.购买行为的非专业性和可诱导性

大多数消费者缺乏专门的商品知识、价格知识和市场知识，对消费品本身的性能、特点、使用、保养与维修等少有研究，因而对消费品的购买表现出较强的情感性和可诱导性。消费者购物时很容易受广告、包装、品牌、降价、营销人员推销等促销因素的影响，从而产生冲动性购买。

6.需求的发展性和购买力的可变性

人类社会的生产力和科学技术不断进步，新产品不断出现，消费者收入水平也在不断提高，因而消费需求就会呈现出由少到多、由粗到精、由低级到高级的发展趋势。购买力相对于欲望来说总是有限的，因此消费者对需要的满足以及满足需要的产品必然慎重选择，货比三家，三思而后行，这样就不可避免地导致购买力经常在不同产品、不同品牌和不同企业之间变动。此外，由于消费品之间的替代性，使消费者在有限购买力的约束下对满足哪些需要以及选择哪些品牌必然慎重决策且经常变换，从而导致购买力在产品、品牌之间变动。

二、服装消费者的行为模式

所谓行为模式，是指一般人或大多数人如何行动的典型方式。消费者购买行为模式就是指一般人或大多数人如何购买商品的典型方式。现代行为科学中，在分析人类的行为时，建立了不少分析模式，其中最著名的是"刺激—反应"模式。营销研究者利用"刺激—反应"模式建立起表5-1所示的购买行为模式。

消费者的购买行为是一种受到某种刺激因素后做出的一种反应。刺激因素归为两种类型：营销因素由"4P"组成，即产品、价格、地点和促销；非营销因素即其他因素由经济、技术、政治以及文化因素构成。消费者在购买过程中做出的是产品、品牌、经销商、购买时间及数量选择，都是对刺激因素的"反应"。

现在的问题是，对于同样一个刺激因素，消费者做出的反应往往不一样。比如，同样一则广告，一个消费者可能立即去购买广告所言品牌的产品；而另一个消费者则完全无动于衷。这主要是因为对于相同的刺激或不同的刺激，不同行为个体的心理反应不同，导致行为上存在差异。这个心理反应，就是一种"心理转换过程"。因为对于特定个体的心理，观察者是不能完全了解的，因此，就将其称为"心理黑箱"。在消费者购买行为中，则将其称为"购买者黑箱"。

表5-1 消费者购买行为模式

购买者受到的外界刺激		购买者的心理黑箱		购买者的反应
市场营销刺激	宏观环境刺激			产品选择
产品	政治因素	购买者的个人特性	购买者的决策过程	品牌选择
定价	经济因素			经销商选择
地点	社会文化因素			购买时间选择
促销	技术因素			购买数量选择

虽然我们不可能对市场上成千上万消费者的这个"黑箱"完全了解，但是通过对行为中带有规律性的反应的观察和分析，就能够基本掌握行为规律性。对购买行为的研究也是这样，这正是建立"消费者购买行为模式"的意义。同时，通过建立这个行为模式，也得到了如何研究消费者购买行为的基本方法：通过分析"购买者黑箱"中的"购买者行为特征（影响因素）"和"购买者决策过程"这两个行为心理过程来掌握消费者购买行为的形成与变化规律。

扫码学习"刺激—反应"模式

第二节 影响服装消费者购买行为的因素

消费者不可能在真空里做出自己的购买决策，其购买决策在很大程度上受到文化、社会、个人和心理等因素的影响，如图 5-1 所示。

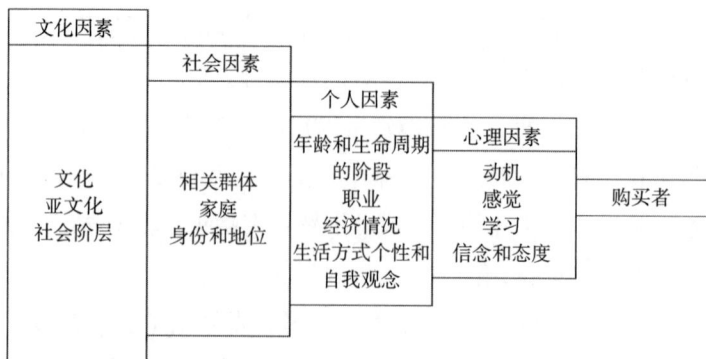

图5-1 影响消费者购买行为的因素

（一）影响消费者购买行为的外在因素

1. 文化因素

（1）文化。文化是根植在一定的物质、社会、历史传统基础上形成的特定的价值观念、信仰、思维方式、习俗的总称。是人类欲望和行为最基本的决定因素。文化的差异引起消费行为的差异，表现在饮食起居、服饰、建筑风格、节日、礼仪等物质和文化方面的不同特点。例如，标有"老年人专用"字样的服装商品在美国等西方国家并不深受老年人的欢迎，因为这种宣传违背了这些国家中人们忌讳衰老的价值观。

具体来说，主要包括：

①价值观。简言之，价值观是人们对社会生活中各种事物的态度和看法。不同的文化背景下，人们的价值观差异很大。例如，唯美价值观的人注重自己的内心感受，是一种独特者，他们崇尚自由，不在乎别人异样的眼光，更不会选择从众。所以这类人在选择服装的时候，永远不会与别人"撞衫"，在他们的价值观里是不能容忍"撞衫"的。在服装元素中追求不对称设计、不规则、拼接层叠设计，即便在过着朝九晚五的职场中，也不会让自己的工装看起来死板、毫无活力。他们会发挥自己的聪明才智创造出更加新颖、独特的细节来点缀工装。拥有社交价值观的人特别在乎他人的感受，注重人与人之间的协调性，充当着协调者的角色。所以，他们一定会将舒适度作为自己选择服装的标准，服装穿着是否舒适对于他们来讲是至关重要的。在选择服装的过程中，首先会从服装面料入手，那些柔软的棉麻、丝绸等是其首选。另外，质地以及款型上有无拘谨感，也是他们衡量服装是否舒适的一个重要因素。拥有社交价值观的人，还会选择比较低调的、不凸显自己的服装色彩和款式。如果服装的色彩特别张扬和高调，或者服装特别怪异，他们是绝对不会选择的。

②风俗习惯。风俗习惯是指人们根据自己的生活内容、生活方式和自然环境，在一定的社会物质生产条件下长期形成并世代相传，成为约束人们思想、行为的规范。它在饮食、服饰、家居、婚丧、信仰、节日、人际交往等各个方面，都表现出独特的心理特征，并且影响消费者的购买行为。例如，服装分开为衣服和装饰，从记载来看，我国最早对服饰进行分类研究可以追溯到三皇五帝时代，然后在夏商时期服饰制度初见端倪，到了周代渐趋完善。周王朝以"华夏"自居，古代"华""夏"通用，意味着自己继承了"诸夏"，是三皇五帝的真正后代，以区别于周边少数民族，并称四方为"夷蛮戎狄"。当时服饰的主要特征是"交领右衽"和"深衣"，"交领"是指衣服前襟左右相交；"右衽"是指衣襟向右掩。"深衣"的主要特征就是"上衣下裳相连"，宽袍大袖。和中原诸侯国服饰相对的是"胡服"，胡服一般由短衣、长裤和靴组成，衣身紧窄，便于游牧和射猎。到了汉朝，服饰制度成了后代近两千年服饰文化的

主要依据和圭臬。"汉族"就源自汉朝,"汉服"同样成了华夏服装的代名词。唐朝以后海外多称中国人为"唐人",服装则被称为"唐装",逐渐取代了"汉服",成为华夏服装的代名词。其实唐装是汉服的继承和发展,在形制上略有改变,然而在核心特征上依旧延续汉服的主要特点,即"交领右衽"和"深衣"形式,不过出现了"圆领袍"和"半臂装"以及"齐胸襦裙""交领襦裙"等新款式。唐装款式的特点继承了汉服,上衣下裳,宽衣大袖,颜色鲜明靓丽,显得更加时尚和飘逸。唐朝以后,历经两次少数民族入主中原统治,服饰制度曾经有过较大改变,然而,唯一不变的是"交领右衽"和"深衣"形式,这是华夏民族的服饰标志。

③审美观。它通常指人们对事物的好坏、美丑、善恶的评价。不同的消费者往往有不同的审美观。但审美观并非一成不变,往往受到社会舆论、社会观念等多种因素的影响,并制约着消费者的欲望和需求的取向。

(2)亚文化。每一种文化都包含着能为其成员提供更为具体的认同感和社会化的较小的文化群体,即亚文化群体。在同一文化的不同亚文化群体中,人们的价值观念、风俗习惯及审美观等表现出不同的特征,亚文化群体分为四种类型。

①民族亚文化群。一个国家或地区可能存在不同的民族,每个民族在漫长的历史发展过程中形成了独特的风俗习惯和文化传统。例如,在美国就有英格兰人、法兰西人、华人等不同的民族,他们从世界各地聚集到一处,但仍保留着各自民族的风俗习惯、生活方式和文化传统,这些因素影响着这些不同民族消费者的需求偏好和购买行为。例如,英国人讲究服饰穿戴,常以衣貌取人。在服装的面料、样式、颜色搭配上十分在意,力求体现一种绅士淑女的风度和气质。在重视传统服饰的同时,现代服装也趋向舒适和多样,在非正式场合,英国人的衣着还是比较随意的,夹克、牛仔裤、T恤、运动服等已逐渐成为日常服装。法国是一个时尚的国度,其国人对于衣饰的讲究在世界上是最为著名的。在正式场合,法国人通常穿西装、套裙或连衣裙,颜色多为蓝色、灰色或黑色,质地则多为纯毛。出席庆典仪式时,一般穿礼服。男士所穿的多为配以蝴蝶结的燕尾服,或是黑色西装套装;女士所穿的则多为连衣裙式的单色大礼服或小礼服。对于穿着打扮,法国人认为重在搭配是否得法。在选择发型、手袋、帽子、鞋子、手表、眼镜时,都十分强调和着装相协调、相一致。

②宗教亚文化群。一个国家或地区可能存在不同的宗教信仰,不同的宗教有不同的文化倾向和清规戒律,这些都会影响宗教亚文化群内消费者的购买决策和消费行为。

③种族亚文化群。一个国家或地区还有不同的种族,不同的种族有不同的生活习惯和文化传统。例如,美国的黑人与白人相比,其购买的衣服、个人用品、家具和香

水较多，食品、运输和娱乐较少。相比白人，他们更重视商品的品牌，更具有品牌忠诚度。美国的许多大公司如西尔斯公司、麦当劳公司、宝洁公司和可口可乐公司等都非常重视通过多种途径开发黑人市场，有的公司还专门为黑人开发特殊的产品和包装。再如，斗牛，是西班牙的传统习俗活动。斗牛士一般具有专门风格的传统服饰，就好像蒙古摔跤服一样，也是在华丽之中塑造出一位闪光的勇士。斗牛士一般头戴三角帽，身穿白衬衣，外罩长及腰际的坎肩或带袖上衣。下身穿紧腿裤，裹着的长绑腿是用钢片折叠而编成的。脚下穿矮靿软牛皮马靴。斗牛士身上的斗篷红里黑面，肥而长。这些既可以起到保护躯体的作用，又可以使斗牛士显得精明强干。这是一套华丽的服装，无论是短上衣，还是裤子，上面都有精致的刺绣。刺绣大多是用金线绣成图案，里面还镶缀着珍珠，再飘散出五彩的穗带。当出现在斗牛场上时，斗牛士手里还要拿着激怒公牛的红布和利剑。这是一套民族色彩十分浓郁的运动兼表演装。

④地理亚文化群。由于受地理自然环境的影响，不同地理范围内的人有不同地方特色的生活方式。例如，自古以来，埃及人主要用亚麻纤维织布、做成衣服；有时也披块兽皮当外衣显示高贵的地位。他们早就知道染色的技巧。尼罗河谷常年酷热，根本不下雪，所以一般埃及人的服装单薄，透气就行。古埃及人的基本服饰叫作"努格白"，就是一块亚麻布缠在身上，又遮羞又凉快。普通男子只穿一件白色短裙，腰部以上裸露；女子则穿一白色连身裙，或长或短，不过也只及于胸部以下，加上一条或两条宽的肩带。在正式场合，会加上一件外套。

除此之外，还可以将消费者分为年龄亚文化群、性别亚文化群、职业亚文化群等。

同属一个亚文化群的消费者往往具有相同或相似的价值观念、生活习俗和态度倾向，营销人员可以将这些亚文化群作为细分标准来细分市场，确定有效的目标市场，制定恰当的营销策略。尤其是进入国际市场的企业，特别要关注东西方文化存在的差异，更要重视研究文化因素对消费者购买行为的影响。

（3）社会阶层。事实上，一切人类社会都存在社会阶层。在一个社会中，社会阶层是具有相对同质性和持久性的群体，它们是按等级排列的，每一阶层的成员具有类似的价值观、兴趣爱好和行为方式。

社会阶层有四个特点：第一，同一社会阶层的人，其行为要比来自两个社会阶层的人的行为更相似。第二，人们以自己所处的社会阶层来判断各自在社会中占有地位的高低。第三，社会阶层受到职业、财富、收入、教育和价值观等多种变量的制约。第四，一个人在其一生能够改变自己所处的社会阶层。在诸如服装、家具、娱乐、汽车等领域，各社会阶层表示出对不同产品和品牌的偏好，一些企业把注意力集中于某一阶层，原因就在于此。社会阶层是客观存在的，但在不同的社会形态下其表现形式可能有所不同。

在现代社会中，人们所处的社会阶层不同，常常使他们的生活方式、消费特征以及价值观念都产生很大的差别，这些差别必然影响其购买行为。例如，处在高收入阶层的人士，由于经济宽裕，生活悠闲，他们是各种高档商品、娱乐设施的主要购买者。而处于低收入阶层的人们，由于生活节奏紧张，收入较低，因而是各种廉价商品的主要购买者。

在现阶段的研究中，我们划分消费者的社会阶层主要考虑其职业、收入来源、居住地区、财产状况及其受教育程度 5 项指标。美国市场营销学家毕沃纳曾按照这五项标准，把美国社会分为六个阶层。其中，上上层占总人口不到 1%，上下层为 2%，中上层为 10% 以上，中下层约 30%，下上层占 35%，下下层约有 20%，他们在购买行为和消费习惯方面均有很大差别。企业应重视对这些差别的研究，根据消费者的不同社会阶层采取针对性营销策略。我国学者结合中国的实际，从不同角度对中国各个阶层进行了划分。其中的一个典型划分为中国社科院"当代中国社会结构变迁研究"课题组（2001 年）的中国社会阶层划分。

扫码学习美国社会阶层的划分及各阶层消费特点等

2. 社会因素

（1）参照群体。作为具有社会性的人，任何个人行为都受别人的影响，也就是说，一个人周围的那些人是一个行为的影响群体。所谓参照群体，是指对一个人的行为产生直接或间接影响别的人组成的群体。它分为直接参照群体（称为成员群体）和间接参照群体。

凡是直接影响一个人的态度和行为的群体就称为成员群体，这个人直接属于这个群体，并且相互影响和作用。成员群体还可以具体分为首要群体和次要群体。首要群体是指对一个人经常产生直接影响和相互影响的群体，如家庭、朋友、邻居和同事，但这种影响是非正式的。次要群体是指对一个人的影响较少或正式群体，如宗教组织、专业协会、啦啦队等。间接参照群体是指某人的非成员群体，即此人不属于其中的成员，但又受其影响的一群人。这种参照群体又分为向往群体和厌恶群体。向往群体是指某人推崇的一些人或希望加入的集团。厌恶群体是指某人讨厌或反对的一群人。一个人总是不愿意与厌恶群体发生任何联系，在各方面都希望与其保持一定距离，甚至经常反其道而行之。

参照群体对消费者购买行为的影响，表现在三个方面：①参照群体为消费者展示出新的行为模式和生活方式；②由于消费者有效仿其参照群体的愿望，因而消费者对某些事物的看法和对某些产品的态度也会受到参照群体的影响；③参照群体促使人们的行为趋于某种"一致化"，从而影响消费者对某些产品和品牌的选择。参照群体的影响力取决于产品、品牌以及产品生命周期。企业应善于运用参照群体对消费者施加影响，扩大产品销售。

（2）家庭。家庭是社会组织的一个基本单位，也是消费者的首要参照群体之一，对消费者购买行为产生重要影响。一个人在其一生中一般要经历两个家庭。第一个是父母的家庭，在父母的养育下逐渐长大成人，然后又组成了自己的家庭，即第二个家庭。当消费者做出购买决策时，必然要受到这两个家庭的影响，其中，受原生家庭的影响比较间接，受现有家庭的影响比较直接。家庭购买决策大致可分为三种类型：一人独自做主；全家参与意见，一人做主；全家共同决定。这里的"全家"虽然包括子女，但主要还是夫妻二人。夫妻二人购买决策权的大小取决于多种因素，如各地的生活习惯、女性就业状况、双方工资及教育水平、家庭内部的劳动分工以及产品种类等。孩子在家庭购买决策中的影响力也不容忽视，尤其中国的独生子女在家庭中受重视的程度越来越高。随着孩子的成长、知识的增加和经济上的独立，他们在家庭购买决策中的权力逐渐加大。

据 2004 年国家统计局资料表明，中国城镇家庭每户平均 3.02 人。随着家庭小型化，家庭购买决策权越来越集中。主要是夫妻二人。一般说来，在购买价格昂贵的耐用消费品或高档商品时，丈夫的影响较大；在购买生活必需品方面，妻子的影响较大。丈夫通常在决定是否购买以及何时何地购买方面有较大影响，妻子则在决定所购买商品的颜色等外观特征方面有较大影响。另外，孩子在家庭购买决策中的影响力也不容忽视。现在中国的城镇家庭，孩子都是"小皇帝"，他们在食物、玩具、服装、娱乐以及汽车的购买选择上有一定影响力，尽管他们通常并不是这些商品的实际购买者，但却是购买决策的影响者。

（3）角色和地位。角色是指个人在群体、组织及社会中的地位和作用。一个人在一生中会参加许多群体，如家庭、班级、俱乐部及其他多种社团组织。每个人在各个群体中的位置可用角色身份来确定，并随着不同阶层和地理区域而发生变化，在不同的环境中扮演着不同的社会角色，塑造不同的自我，具有不同的行为。例如，一个人在父母面前是儿子，在子女面前是父亲，对于妻子他是丈夫，在工作单位他又是总经理……每一种身份都对应一种社会地位，反映社会对他的评价和尊重程度。消费者往往结合考虑自己的身份和社会地位做出购买选择，许多产品和品牌由此成为一种身份和地位的标志或象征。因此，角色身份的不同会在很大程度上影响消费者的购买行为。

3. 个人因素

影响消费者购买行为的个人因素主要有：消费者的年龄及生命周期阶段，经济状况，生活方式，个性与自我观念等。

（1）年龄和家庭生命周期。不同年龄消费者的欲望、兴趣和爱好有所不同，他们购买或消费商品的种类和式样也有一定的区别。例如，儿童是糖果和玩具的主要消费者，青少年是文教体育用品和时装的重要消费者，成年人是家居用品的主要购买者和使用者，老年人则是保健用品的主要购买者和消费者。同时不同年龄消费者的购买方式也各有特点。青年人缺少经验，容易受各种信息影响而做出冲动购买行为；中老年人则经验丰富，常根据习惯和经验购买。

家庭生命周期，是指消费者从年轻时离开父母家庭独立生活，到年老后并入子女家庭或独居进而死亡的家庭生活全过程。根据消费者的年龄、婚姻和子女等状况，可以把家庭生命周期分为单身、新婚、满巢、空巢和鳏寡等阶段，每个阶段的主要特点及相应需求和产品如表 5-2 所示。

表5-2 家庭生命周期阶段及其主要需要产品

家庭生命周期阶段	各阶段主要特点	主要需要以及相应产品
单身阶段	刚参加工作不久，单身，收入不高，但可随意支配的收入较多，具有一定的购买能力。求新意识强，消费观念时尚，注重追求自我价值	社交需要、感情需要、娱乐需要；新潮服装、电子通信产品、化妆品、度假休闲等
新婚阶段	新婚夫妻一般具有双份收入，有因建立家庭而产生的很强的购买欲望，购买观念时尚	住房需要、家庭耐用消费品需要；商品房、各类保险、各类家具和家用电器等
满巢阶段一	最小的孩子不到 6 周岁，家庭收入可能因夫妻一方照顾孩子而减少，支出费用增加。家庭生活方式和消费方式也因孩子而发生很大变化，购买倾向于理性	婴幼儿的生活和学前教育支出；儿童用品、玩具、托儿服务、学前服务及保姆服务、家务助理等
满巢阶段二	子女已经入学，家庭收入因家长全职工作而较前一阶段有所增加，购买倾向仍以孩子为中心	学龄子女生活以及教育支出；学龄子女的吃、穿、教育、户外活动
满巢阶段三	子女成年尚未独立，由于有的子女已经工作，家庭经济负担减轻，购买较为理性	子女教育、文化娱乐、装修住房、置换家具家电、出外旅游活动等
空巢阶段	年长的夫妇无子女同住，仍在工作或退休。经济收入较以前减少，但可支配收入比较宽裕，闲暇时间多，消费注重健康和娱乐	健康需要、娱乐与消遣需要；医药、保健品、家政服务、读书看报、出外活动等
鳏寡阶段	年长的夫妇一方已经离世，家庭进入解体阶段，另一方退休或仍在工作，经济收入相对减少，需求减少	社交需要、情感需要、保健需要；医疗保健、社会服务、读书看报、适度活动等

不同阶段的家庭有不同的需求特点，营销者只有明确自己的目标市场处于家庭生命周期的哪个阶段，并据以发展适销对路的产品和拟订适当的营销计划，才能获得成功。

除了自然年龄的不同阶段之外，还要注意消费者生理生命周期的阶段，即心理年龄和实际年龄的差别。

（2）职业。一个人的职业也影响其消费模式。职业的不同对商品的需要和爱好往往有所不同。企业应该识别不同的职业群体，甚至专门为某一特定的职业群体生产其所需的产品。例如，"白领丽人"会购买与其身份和工作环境相协调的服装、手袋、化妆品等，而公司经理则购买昂贵西服、俱乐部会员证和进行度假消遣。营销人员应找出对自己产品或服务感兴趣的职业群体，并根据其职业特点制定恰当的营销组合策略。

（3）经济状况。经济状况决定着个人和家庭的购买能力。因此，营销者必须研究个人可支配收入的变化情况，以及人们对消费开支和储蓄的态度等。例如，对经济前景预测不佳，则有必要重新设计产品、制定价格，或采取其他的应变措施。

（4）生活方式。生活方式是指人们的生活格局和格调，集中表现在他们的思想见解、兴趣爱好和活动方式上。不同生活方式的人对商品和品牌有不同的需求。

（5）个性和自我形象。"个性"是指个人的性格特征，如外向、内向、开放、保守等。个体不同的个性决定了他们购买不同的产品。比如，喜欢冒险的消费者容易受广告的影响，成为新产品的早期使用者。有的学者认为，按照个性的不同，可将购买者分为六种类型：

①习惯型。忠于某一种品牌或某几种品牌，有固定的消费习惯和偏好，购买时心中有数，目标明确。

②理智型。在做出购买决策之前经过仔细比较和考虑，胸有成竹，不容易被打动，不轻率做决定，决定后也不轻易反悔。

③冲动型。易受产品外观、广告宣传或相关群体的影响，决定轻率，易于动摇和反悔。

④经济型。特别重视价格，一心寻求最经济合算的商品，并由此得到心理上的满足。

⑤情感型。对产品的象征意义特别重视，联想力较强。这类购买者对产品设计、外观和装潢要求较高。

⑥年轻型。易于接受新的东西，消费习惯和消费心理正在形成之中，尚不稳定。

营销者应了解自己目标市场的消费者属于哪种类型，然后有针对性地开展促销活动。

"自我形象"亦称自我观念，是对我们如何看待自己，或别人如何看待自己的一种描述。营销者所设计的品牌形象，应当符合目标消费者的个性及自我形象。

（二）影响消费者购买行为的内在因素

1.动机

动机是一种驱使人满足需要、实现目标的内在驱策力，它能够及时引导人们去探求满足需要的目标。行为科学认为，动机是人行为的直接原因，并规定了行为的方向。因此，营销者研究消费者购买行为必须研究其动机。最流行和著名的需要—动机理论有三个：弗洛伊德的动机理论、马斯洛的需要动机理论和赫茨伯格的动机理论。

（1）弗洛伊德的动机理论。弗洛伊德认为，形成人们行为的真正心理因素大多是无意识的。在人的成长过程中，会不断产生大量的需要和欲望，而这些需要和欲望又会受到社会和周围环境的压制，因此不能得到满足。但是这些尚未被满足的需要和欲望并不因为没有被满足就消失，而是被压抑在内心中潜伏起来，于是成为一种心理的"无意识"。这些"无意识"的东西，有一个最好的能表现它的地方，即人的梦中（所以，弗洛伊德发明了解析人的梦来推断一个人的行为动机理论）。除了梦以外，在人的其他行动中，也会"无意识"地表现出他曾受到的压制的需要和欲望。因此，弗洛伊德认为，一个人的行动，是由于受到了多种因素刺激后产生的一种"无意识"或是"下意识"的结果。用弗洛伊德的理论来解释消费者的购买行为，就是消费者在购买某种产品的时候，可能是受到了多种因素的刺激，唤起了"无意识"或"潜意识"的结果。比如，购买电视机的消费者看到了电视机的颜色、听到了它的声音或是被某个节目中的事件所唤起的购买欲望。根据弗洛伊德的理论，营销人员需要采用多种因素来刺激消费者的购买欲望。特别是需要采取各种带有情感色彩的因素来刺激消费者的购买欲望。

（2）马斯洛的需要动机理论。马斯洛认为，人的需要是分层次的，首先寻求满足是没有得到满足的需要，由此产生人的行为动机。人的需要可分为五个层次，按其重要程度，由低级向高级逐级发展，依次为生理、安全、社会、受人尊重和自我实现的需要，即需要有等级之分；人们总是在较低的需要得到满足以后，才会寻求高级的需要满足，只有低层次的需要被满足后，较高层次的需要才会出现并要求得到满足，也就是说，需要的满足是从低到高而有秩序排列的，如图5-2所示。

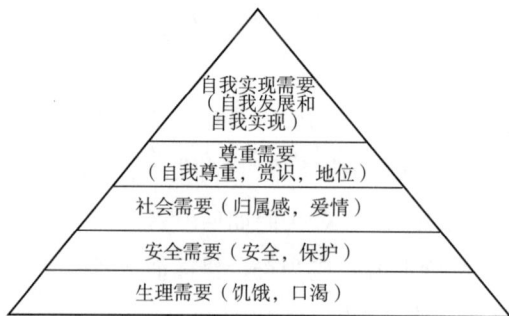

图5-2　马斯洛的需要等级分类

①生理需要。生理需要是指人类维持和延续个体生命所必需的一种最基本需要。

诸如满足解除饥饿、抵御寒冷和睡眠等所需的吃、穿、住等方面的需要；维持生命所需的对水、阳光、空气的需要等。生理的需要是人类最低层次的需要，也是最基本、最原始的需要。

②安全需要。生理需要获得满足以后，人们就会产生希望自己的肉体和精神没有危险，不受威胁，确保其平安的需要，即安全的需要。安全的需要是比生理的需要较高一级的需要，它包括安全操作，劳动保护，环境安定，财产保护，职业保障，免受战乱、社会解体的危害，摆脱瘟疫和病痛等需要。

③社会需要。安全需要得到保障以后，人们就会追求社会交往的需要，即在社会生活中，希望被各个群体承认、接纳和重视。社交的需要包括愿意参加社会交往，希望给予或接受感情，寻求关怀、爱护和归属感等。当社交的需要特别强烈时，人们就会致力于与他人培养感情，并建立各种社会关系。

④尊重需要。社会交往需要得到满足后，一个人就会期望在社会上取得荣誉，受到敬重和好评，得到相应的社会地位。一般来说，尊重的需要是与人们接受教育程度和社会地位密切联系的。人们接受的教育程度和社会地位越高，尊重的需要就越强烈；反之，就相对弱一些。尊重的需要得到满足，可以增强人们的自尊、自信；反之，会失去信心，产生自卑感。与前三层次的需要不同，尊重的需要是人类高层次的发展需要。

⑤自我实现需要。自我实现需要是人的最高层次需要，即一个人在其他较低层次的需要得到满足以后，会产生为了实现自己的理想和抱负，充分发挥个人潜能，尽可能地自我开发和自我成长，以取得一定成就和完成一定事业的心理追求。马斯洛指出，如果一个人要从根本上愉快的话，音乐家必须做音乐，画家必须画画，诗人必须写诗，这样才能发挥他的最大潜能，从而完全实现自我。

根据马斯洛的需要理论，掌握消费者的购买动机是满足什么样的需要，这样就可以根据消费者的需要确定恰当的营销策略。现在，许多营销企业都注意自己的产品能满足购买者什么类型的需要，以便为产品确定恰当的市场定位和营销方向。

（3）赫茨伯格的动机理论。赫茨伯格的动机理论在现代管理学科中是比较流行的。赫茨伯格的需要动机理论指出人的行为受到两种因素的影响，一种叫"保健因素"，另一种叫"激励因素"。因此，赫茨伯格的需要动机理论被称为"双因素"论。所谓保健因素，是指凡是这类需要没有得到满足，人就会产生"不满意"。比如，一个工人只要上了班，就要求得到工资报酬，如果没有给他工资，他就会不满意。如果给了工资，只是消除了这种"不满意"。因为他认为干了活得到工资是应该的。但是，如果老板因为他工作出色再发给他一笔奖金，他就会非常感激，因而就会更努力地工作。所以，奖金对于一位工人来说，并不是他认为其必须拿到的，而得到了，就会成为一种对某种行为的"刺激"因素。所以，奖金对于他来说是一个"激励因素"。所谓激励因素，是指这类需要如果得到了满足，就会"满意"；没有得到满足，只是没有"满意"。即保健因素的对立面是"没有不满意"，"激励因素"的对立面是"没有满意"，如图5-3所示。

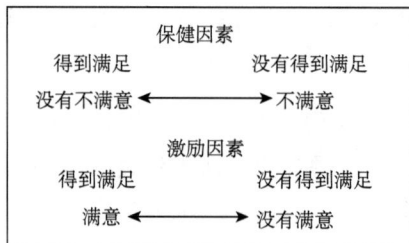

```
┌─────────────────────────────────────┐
│            保健因素                    │
│  得到满足              没有得到满足       │
│  没有不满意  ◄───────►  不满意          │
│                                       │
│            激励因素                    │
│  得到满足              没有得到满足       │
│  满意       ◄───────►  没有满意         │
└─────────────────────────────────────┘
```

图5-3 赫茨伯格的"双因素"论

根据赫茨伯格的"双因素"论，如果一个人的"保健因素"得不到满足，会产生破坏性结果；如果一个人的"激励因素"得不到满足，不会产生破坏性结果。但是，"保健因素"得到满足，并不会使人更为积极地行动，只有激励因素得到满足才会使人更积极行动。在消费者的购买活动中，某些因素是看成属于"保健因素"的。比如，产品的一般性能质量是消费者购买产品最起码要求得到的。因此，如果企业表现出对质量非常负责，提出各种相应的质量保证措施，消费者就会放心地购买。但是，一个质量有所保证的产品，不一定会促使消费者积极购买，如果企业对这样的产品再提供更多的附加服务或刺激（促销）措施，比如，免费送货，给予购买奖励，价格折扣等，就会使消费者更愿意立即实现购买。如果像质量这类购物中的"保健因素"得不到满足，消费者会因为不满意而采取反对企业的行动。激励因素没有的话，消费者的行动只是缓慢些，不会产生破坏性结果。所以，营销企业需要慎重地对待购买活动中的"保健因素"，以免对企业形象和产品形象造成难以挽回的恶果；企业需要灵活地运用购买活动中的"激励因素"，以争取到消费者更快的行动或在竞争中得到一个有利的地位。

2. 感觉和知觉

消费者有了购买动机之后，就要采取行动。至于怎样采取行动，则受到认识过程的影响。消费者的认识过程，是对商品等刺激物的反映过程。它由感性认识和理性认识两个阶段组成。感觉和知觉属于感性认识，是指消费者的感官直接接触刺激物和情境所获得的直观、形象的反映。

心理学认为，知觉过程是一个有选择性的心理过程：选择性注意、选择性曲解、选择性记忆。

（1）选择性注意。注意是人的心埋对一定事物的指向和集中。选择性注意是指这样一种心理现象，人们对感觉到的事物，只有少数可能引起注意、形成知觉，多数则会有选择地被忽略。例如，一个准备购买冰箱的消费者，特别留意冰箱的有关广告或其他来源的相关信息，那他对所看到的彩电、音响等广告没有深刻印象。因此，企业必须善于突破选择性注意的屏障，制造出引起受众强"注意力"的信息，尽可能有效地对消费者的购买行为施加影响。一般来说，与最近的需要有关的事物，或是正在等待的信息，以及非常规的变动，出乎预料的情况，都容易引起人们的注意并形成知觉。

（2）选择性曲解。人们对于注意到的事物，往往容易按照自己的意愿、逻辑做出解释。具体怎样理解，通常取决于他或她的个人经历、主观偏好、当时的情绪、情境等因素。

（3）选择性记忆。记忆是人的心理活动中的重要心理现象，它是人们在感知过程中形成的对客观事物的反映，并在脑神经组织中留下的痕迹。在现实生活中，人们容易忘掉大多数信息，如表5-3所示。随着时间的推移，人们的记忆保持率逐渐降低。但却能够记住与自己态度、信念一致的东西，这就是选择性记忆。

表5-3 视听记忆保持率

视听	3小时后（%）	3天后（%）
听	70	10
视	72	20
视听结合	85	65

掌握选择性注意的规律，可以使信息更有效地避免被消费者选择性忽视，为促进其认识过程奠定基础。选择性曲解和选择性记忆都提醒企业，必须注意到消费者的知觉所形成的"过滤网"，对其认识过程有重大影响。营销人员还应注意和了解知觉的选择性特点，善于采用多种方法，使本企业的产品和品牌被消费者注意、理解并记住。

扫码学习知觉要素对当代服装消费行为的影响

3.思维和学习

思维是消费者在感性认识的基础上，对某些刺激物和情境进行分析、综合、判断、推理，从而获得对它们的本质反映的理性认识过程。消费者经过思维，形成购买意向，做出购买决定。

学习是在行动中由于经验而引起的个人行为的变化，即消费者在购买和使用过程中，逐步获得积累经验并根据经验调整购买行为的过程。

人类的学习过程是包含驱动力、刺激物、诱因（提示物）、反应和强化等一系列因素相互作用的过程，如图 5-4 所示。

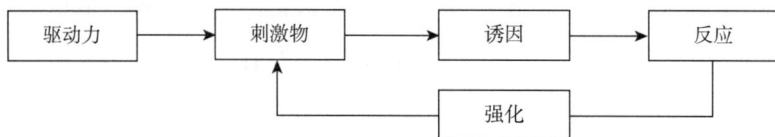

图5-4　人类的学习过程

例如，一个人走在路上感到饥饿，这就是购买食物的"驱动力"；看到了卖面包、方便面的广告或快餐店等，这就是"刺激物"；经过考虑决定购买面包，边走边吃，既节约时间又省钱，这里的"金钱"和"时间"就是做出反应的"诱因"；"反应"则是对刺激物和诱因所做出的反射行为；如果反应是成功的，以后在同样条件下还会做出同样的反应，这就是反应的"强化"。

4. 信念和态度

消费者在购买和使用商品过程中形成了信念和态度，这些信念和态度反过来又影响人们的购买行为。

信念是指人们对事物所持有的认识。人们对商品的信念可以建立在不同的基础上，有的建立在科学的基础上，有的建立在某种见解的基础上，有的建立在信任的基础上，有的建立在偏见、讹传的基础上。

不同的信念可导致人们不同的态度、不同的倾向，消费者的态度一旦形成则很难改变，企业应设法适应消费者持有的态度，而不要勉强去改变消费者的态度。当然也可以通过各种广告宣传手段，改变人们的信念和态度。例如，日本本田公司的摩托车最初进军美国市场时，曾面临以下情况：公众对摩托车持否定态度，把它同流氓犯罪活动联系起来，本田公司想要扩大市场，就必须设法改变公众的态度。该公司以"你可以在本田车上发现最温雅的人"为题大力开展促销活动，广告画面上的骑车人都是神父、教授、美女等，于是逐渐改变了公众对摩托车的态度。

第三节　消费者服装购买行为与决策

一、参与购买的角色

市场营销者在分析了影响购买者行为的主要因素之后，还需要了解消费者如何真正做出购买决策，即了解谁做出购买决策，购买决策的类型以及购买过程的具体步骤。

人们在购买决策过程中扮演不同的角色，包括发起者，即先提出或有意向购买某一产品或服务的人；影响者，即其看法或建议对最终决策产生一定影响的人；决策者，即对是否买、为何买、如何买、何处买等方面的购买决策做出完全或最后决定的人；购买者，即实际采购人；使用者，即实际消费或使用产品或服务的人。

例如，某饭店正在大力吸引消费者来举办婚宴，这就应该研究一下购买决策过程的参与者。参与选择婚宴场所的通常包括新郎、新娘、双方的家长和亲朋好友等。最初可能由新娘的某位亲友倡议在某饭店举办，然后新娘和新郎还要征求许多人的意见，再由二人共同决定在某饭店举行，由新郎的父母与饭店签约预订，而使用者则是新郎、新娘及婚礼的所有参加者。饭店的营销人员应弄清各种不同身份的参与者所起的作用，尽量将广告宣传集中在主要决策者身上。一般来说，新娘有最大的决策力，饭店应当充分研究新娘选择饭店的标准，而新郎和新郎的家人可能对费用特别关心。如果饭店的促销方案能针对上述参与者的不同情况，选择恰当的广告媒体和广告语言，将会获得良好的效果。

二、购买行为类型

消费者购买决策随其购买决策类型的不同而发生变化。较为复杂和花钱的决策往往凝结着购买者的反复权衡和众多人的参与决策。根据参与者的介入程度和品牌间的差异程度，可将消费者购买行为分为习惯型购买行为、多变型购买行为、化解不协调购买行为和复杂型购买行为，如表5-4所示。

表5-4　四种不同类型的购买行为

介入程度品牌差异	高度介入	低度介入
品牌差异大	复杂型购买行为	多变型购买行为
品牌差异小	减少不协调型购买行为	习惯性购买行为

（一）复杂型购买行为

即品牌差异大，消费者介入程度高的购买行为。当消费者初次选购价格昂贵、购买次数较少的、冒风险的和高度自我表现的商品时，则属于高度介入购买。由于对这些产品的性能缺乏了解，为慎重起见，他们往往需要广泛地收集有关信息，并经过认真的学习，产生对这一产品的信念，形成对品牌的态度，慎重地做出购买决策。

当消费者购买一件贵重的、不常买的、有风险的又非常有意义的产品时，由于产品品牌差异大，消费者对产品缺乏了解，因而需要一个学习过程，广泛了解产品性能、特点，从而对产品产生某种看法，最后决定购买。对于这种复杂购买行为，市场营销者应采取有效措施帮助消费者了解产品性能及其相对重要性，并介绍产品优势及其给购买者带来的利益，从而影响购买者的最终选择。

对这种类型的购买行为，企业应设法帮助消费者了解与该产品有关的知识，并让他们知道和确信本产品在比较重要的性能方面的特征及优势，使他们树立对本产品的信任感。这期间，企业要特别注意针对购买决定者做介绍本产品特性的多种形式的广告。

（二）减少不协调型购买行为

即品牌差异小，消费者介入程度高的购买行为。当消费者购买一些品牌差异不大，但价格高的商品时，虽然他们对购买行为持谨慎的态度，但他们的注意力更多地集中在品牌价格是否优惠，购买时间、地点是否便利，而不是花很多精力去收集不同品牌间的信息并进行比较，而且从产生购买动机到决定购买之间的时间较短，因而这种购买行为容易产生购后的不协调感，即消费者购买某一产品后，或因产品自身的某些方面不称心，或得到了其他产品更好的信息，从而产生不该购买这一产品的后悔心理或心理不平衡。为了改变这样的心理，追求心理平衡，消费者广泛地收集各种对已购产品的有利信息，以证明自己购买决定的正确性。

经过由不协调到协调的过程，消费者会有一系列的心理变化。因此，针对这种购买行为类型，企业应通过调整价格和售货网点的选择，并向消费者提供有利的信息，帮助消费者消除不平衡心理，坚定其对所购产品的信心。市场营销者应注意运用价格战略、人员推销战略，选择最佳销售地点，并向消费者提供有关产品评价的信息，使其在购买后相信自己做了正确决定。

（三）多变型购买行为

多变型购买行为又叫作寻求多样化购买行为，即品牌差异大，消费者介入程度低的购买行为。如果消费者购买的商品品牌间差异大，但价格低，可供选择的品牌很多，他们并不花太多时间选择品牌，专注于某一产品，而是经常变换品种。如购买饼干，他们上次买的是巧克力夹心，而这次想购买奶油夹心。这种品种的更换并非是对上次购买饼干的不满意，而是想换换口味。

有些产品品牌差异明显，但消费者并不愿花太多时间来选择和估价，而是不断变换所购产品的品牌。这样做并不是因为对产品不满意，而是为了寻求多样化。面对这种广泛选择的购买行为，当企业处于市场优势地位时，应注意以充足的货源占据货架的有利位置，并通过提醒性的广告促成消费者建立习惯性购买行为；而当企业处于非市场优势地位时，则应以降低产品价格、免费试用、介绍新产品的独特优势等方式，鼓励消费者进行多品种的选择和新产品的试用。

（四）习惯性购买行为

即品牌差异小，消费者介入程度低的购买行为。消费者有时购买某一商品，并不是因为特别偏爱某一品牌，而是出于习惯。比如醋是一种价格低廉、品牌间差异不大的商品，消费者购买它时，大多不会关心品牌，而是靠多次购买和多次使用形成的习惯去选定某一品牌。

对于价格低廉、经常购买、品牌差异小的产品，消费者不需要花太多时间进行选择，也不需要经过搜集信息、评价产品特点等复杂过程，因而，其购买行为最为简单，消费者只是被动地接收信息，出于熟悉而购买，也不一定进行购后评价。

针对这种购买行为，企业要特别注意给消费者留下深刻印象，企业的广告要强调本产品的主要特点，要以鲜明的视觉标志、巧妙的形象构思赢得消费者对本企业产品的青睐。因此，这类产品的市场营销者可以采用价格优惠、电视广告、独特包装、销售促进等方式鼓励消费者试用、购买和续购其产品。企业的广告要加强重复性、反复性，以加深消费者对产品的熟悉程度。

三、购买决策过程

在复杂型购买行为中，购买者的购买决策过程由引起需要、收集信息、评价方案、决定购买和买后行为五个阶段构成。购买者的需要往往由两种刺激引起，即内部刺激和外部刺激。营销人员应注意识别引起消费者某种需要和兴趣的环境，并充分注意到两方面问题，一是注意了解那些与本企业的产品实际上或潜在地有关联的驱使力；二是消费者对某种产品的需求强度，会随着时间的推移而变动，并且被一些诱因所触发。在此基础上，企业还要善于安排诱因，促使消费者对企业产品产生强烈的需求，并立即采取购买行动。

一般来讲，引起的需要不是马上就能满足的，消费者需要寻找某些信息。消费者信息来源主要包括个人来源（家庭、朋友、邻居、熟人）、商业来源（广告、推销员、经销商、包装、展览）、公共来源（大众传播媒体、消费者评审组织等）、经验来源（处理、检查和使用产品）等。营销人员应对消费者使用的信息来源认真识别，并评价其各自的重要程度，以及询问消费者最初接收到品牌信息时有何感觉等。

（一）确认需要

当消费者意识到对某种商品有需要时，购买过程就开始了。消费者需要可以由内在因素引起，也可以由外在因素引起。确认需求是消费者在决定购买某种商品之前的行为，它主要解决"我需要什么"这一问题，有需求才会有购买。当然，有的时候，这种需求可能是被促销人员或商品本身临时激发起来的，比如看到某件衣服时，突然产生了购买欲望。此阶段企业必须通过市场调研，认定促使消费者认识到需要的具体因素。营销者组织的营销活动应做到发掘消费驱策力，规划刺激，强化需要。

（二）寻求信息

在多数情况下，消费者还要考虑买什么品牌的商品，花多少钱到哪里去买等问题，需要寻求信息，了解商品信息。不同的是，购买大宗商品，信息收集工作很深入；而购买小商品，则可能不必过于深入。比如，购买一辆汽车，就需要一个较长时间的信息收集过程，包括不同品牌的品质比较、车价升降趋势、购买相关手续等，甚至会请有丰富驾驶经验的人现场咨询。而购买一只牙刷，信息收集就简单得多，通常是从广告中得到信息，这种信息可能在多次购买中重复使用，比如，某人认准了高露洁是好牙膏，他每次都可能使用"高露洁是好牙膏"这一信息。

寻求的信息一般包括：产品质量、功能、价格、品牌、已经购买者的评价等。消费者的信息来源通常包括以下四个方面：①商业来源；②个人来源；③大众来源；④经验来源。企业营销任务是设计适当的市场营销组合，尤其是产品品牌广告策略，宣传产品的质量、功能、价格等，以便消费者最终选择本企业的品牌。

（三）比较评价

消费者进行比较评价的目的是能够识别哪一种品牌、类型的商品最适合自己的需要。消费者对商品的比较评价，是根据收集的资料，对商品属性做出的价值判断。在掌握了较全面的信息后，消费者就会根据这些信息来对比不同品牌的商品，对商品本身做出一个好与不好、有用与无用的评价。如果做出了肯定的回答，这种品牌就可能进入消费者下一个决策阶段，如果作出了否定的回答，那么这种品牌就被淘汰。

消费者对商品属性的评价，因人因时因地而异，有的评价注重价格，有的评价注重质量，有的评价注重品牌或式样等。企业营销首先要了解并努力提高本企业产品的知名度，使其列入消费者比较评价的范围内，才可能被选为购买目标。同时，还要调查研究人们比较评价某类商品时所考虑的主要方面，并突出对这些方面进行宣传，对消费者购买选择产生最大影响。

消费者对产品的判断大都建立在自觉和理性基础之上。消费者的评价行为一般涉及以下五个问题。

1.产品属性

即产品能够满足消费者需要的特性。消费者不一定对产品的所有属性都视为同等重要。营销人员应分析本企业产品具备哪些属性，以及不同类型的消费者分别对哪些属性感兴趣，以

扫码学习服装产品属性

便进行市场细分，为不同需求的消费者提供具有不同属性的产品，既满足顾客的需求，又最大限度地减少因生产不必要的属性所造成的资金、劳动力和时间的耗费。

2. 属性权重

即消费者对产品有关属性所赋予的不同的重要性权数。消费者被问及如何考虑某一产品属性时立刻想到的属性，叫作产品的特色属性。但特色属性不一定是最重要的属性。在非特色属性中，有些可能被消费者遗忘，一旦被提及，消费者就会认识到它的重要性。营销人员应更多地关心属性权重，而不是属性特色。

3. 品牌信念

即消费者对某品牌优劣程度的总的看法。由于消费者个人经验、选择性注意、选择性扭曲以及选择性记忆的影响，其品牌信念可能与产品的真实属性并不一致。

4. 效用函数

即描述消费者所期望的产品满足感随产品属性的不同而有所变化的函数关系。它与品牌信念的联系是，品牌信念是指消费者对某品牌的某一属性已达到何种水平的评价，而效用函数则表明消费者要求该属性达到何种水平他才会接受。

5. 评价模型

即消费者对不同品牌进行评价和选择的程序和方法。评价行为会使消费者对可供选择的品牌形成某种偏好，从而形成购买意图，进而购买所偏好的品牌。

例5-1　服装比较评价

某消费者想购买服装，且已将选择对象缩小到四种品牌（A、B、C、D）；又假定他对服装的下述四种属性感兴趣：颜色、风格、成分、价格；然后他列出表格，如表5-5所示，并在表格中填上他考察每一品牌后得出的信念（通过打分的形式）。然后采用某种评估方法，对四种品牌的服装进行综合评判。

表5-5　某消费者对服装品牌的评估

品牌选择	最关注的属性			
	颜色	风格	成分	价格
品牌A	10	8	7	5
品牌B	8	9	8	4
品牌C	6	8	10	6
品牌D	4	4	7	9

最简单的方法是该消费者认定所有属性中某一属性最为重要，如风格，他就会选择此项属性得分最高的品牌，而不管其他。但在现实中，大多数消费者都会权衡各种属性的重要性，再做出判断。比较常用的方法有期望价值法、理想品牌法、结合法

等。在本例中，我们试采用期望价值法进行评估。具体做法是，消费者依次赋予服装四种属性不同的重要性权数（权数之和为1），如颜色0.4，风格0.2，成分0.3，价格0.1，然后将权数与每种品牌的每种属性的信念值（打分）相乘并求和，从而得出对每种品牌的总评分。例如，品牌 A=0.4×10+0.2×8+0.3×7+0.1×5=8.2。用同样的方法计算出其他品牌的总评分，得分最高者即是该消费者最中意的品牌。在本例中，得分最高的是品牌 A，因此，品牌 A 是该消费者的最佳选择。

（四）决定购买

消费者通过对可供选择的商品进行评价并做出选择后，就形成购买意图。在正常情况下，消费者通常会购买他们最喜欢的品牌。但有时也会受到两个因素的影响而改变购买决定。

1. 他人态度

其他人对某个商品的褒贬，评价积极或者消极，对消费者是否购买该商品都有影响。

2. 意外事件

消费者修改、推迟或取消某个购买决定，往往受已经察觉的风险的影响。"察觉风险"的大小，由购买金额大小、产品性能优劣程度，以及购买者自信心强弱决定。企业营销应尽可能设法减少这种风险，以推动消费者购买。有时候，还需要促销人员采取适当的方法，激起消费者的购买冲动。

（五）购后评价

消费者购买商品后，购买决策过程还在继续，他要评价已购买的商品。企业营销须给予充分的重视，因为它关系到产品今后的市场和企业的信誉。

消费者在购买产品后会产生某种程度的满意感或不满意感，进而采取一些使营销人员感兴趣的购后行为。所以，产品在被购买之后，就进入了购后阶段，此时，营销人员的工作并没有结束。购买者对其购买活动的满意感（S）是其产品期望（E）和该产品可觉察性能（P）的函数，即 $J=F（E，P）$。若 $E=P$，则消费者满意；若 $E>P$，则消费者不满意；若 $E<P$，则消费者非常满意。消费者根据自己从卖主、朋友以及其他来源所获得的信息来形成产品期望。如果卖主夸大其产品的优点，消费者将会感受到不能证实的期望。这种不能证实的期望会导致消费者的不满意感。E 与 P 之间的差距越大，消费者的不满意感就越强烈。所以，卖主应使其产品真正体现出可觉察性能，以使购买者感到满意。事实上，那些有保留地宣传其产品优点的企业，反而使消费者产生了高于期望的满意感，并树立起良好的产品形象和企业形象。

消费者对其购买的产品是否满意，将影响其以后的购买行为。如果对产品满意，则在下一次购买中可能继续采购该产品，并向其他人宣传该产品的优点。如果对产品不满意，则会尽量减少不和谐感，因为人的机制存在一种在自己的意见、知识和价值观之间建立协调性、一致性或和谐性的驱使力。具有不和谐感的消费者可以通过放弃或退货来减少不和谐，也可以通过寻求证实产品价值比其价格高的有关信息来减少不和谐感。营销人员应采取有效措施尽量减少消费者购后不满意的程度。

本章小结

消费者市场，是指所有为了个人消费而购买产品或服务的个人和家庭所构成的市场。在消费者市场上，购买者购买产品或服务的目的是满足自身最终消费，而不是作为生产资料获取利润，因此消费者市场也称最终产品市场、最终消费市场。消费者市场的特点是购买者多而分散，购买量少，多次购买，需求差异性大；消费者购买大多属于非专家购买，缺乏专业知识；购买的流动性大，购买的产品经常在不同品牌、企业和产地之间转换等。消费者购买行为模式是指一般人或大多数人如何购买商品的典型方式。现代行为科学中，在分析人类行为的时候，建立了不少分析模式，其中最著名的是"刺激—反应"模式。消费者的购买行为是一种受到某种刺激因素后做出的反应。

消费者不可能在真空里做出自己的购买决策，其购买决策在很大程度上受到文化、社会、个人和心理等因素的影响。文化是消费者的需要和行为的最基本决定因素，它包括价值观、感知、偏好和消费者向家庭或社会的其他机构习得的行为。亚文化是"文化中的文化"，有其独特的价值观和生活方式。有不同的文化或亚文化背景的人们对产品和品牌有不尽相同的偏好，营销者对特定人群的特殊需要应予以关注。社会因素对消费者的行为亦有影响。一个人的参考群体——家庭、朋友、社会组织和职业协会——会强烈影响其产品和品牌的选择。此外，消费者购买行为也受四个心理因素的影响，即动机、感知、学习和态度。每一个因素都从不同的角度反映了消费者购买心理活动过程。其中，购买动机是直接驱使消费者实行某种购买活动的一种内部动力，反映了消费者在心理、精神和感情上的需求，实质上是消费者为达到需求采取购买行为的推动力。国外动机理论包括内驱力理论、认知论、保健—激励理论和期望理论，这四个理论从不同的角度揭示了消费者购买动机。

一些购买决定仅涉及一个决策者，其他购买决定可能涉及若干参与者。参与者扮演的诸如此类的角色如发起者、影响者、决策者、购买者和使用者。营销者的工作就是识别这些购买决定的参与者，识别他们的采购标准以及他们对购买者的影响程度。参与者人数和他们的努力程度的增加使购买情形复杂性加强。根据购买者介入程度和品牌的不同购买决策行为分为四类：复杂型购买行为、减少不协调型购买行为、多变型购买行为、习惯性购买行为。消费者购买决策过程包括确认需要、寻求信息、比较评价、决定购买和购后评价。营销者要理解每个阶段消费者的行为以及对消费者的行为正在起作用的影响因素。

扫码获得本章习题及参考答案

第六章 服装组织市场与购买行为分析

　　我国经济目前处于快速发展阶段，人们的消费水平不断提高，服装行业各个层次的稳步协调发展是大势所趋。服装行业积极融入经济全球化发展的大潮中，国家对服装行业的支持使服装产业的发展成为必然。同时，服装行业的竞争日益加剧，这对服装企业来说既是新的机遇，也是挑战。

　　在服装市场上，大部分服装相关的生产企业不能把商品直接销售给消费者，而是先卖给组织购买者，然后由他们提供给消费者市场。除以个人和家庭为单位的消费外，服装企业的重要顾客也来源于组织市场，服装企业的营销对象不仅包括广大个人和家庭消费者，也包括生产企业、商业企业、政府机构、社会团体等各种类型的组织。这些组织构成了提供原材料、零部件、机器设备等的庞大市场。组织市场是巨大的，它涉及的价值和产品比消费市场多得多。服装企业必须了解组织市场的购买行为特点及购买决策过程，以便更好地满足这部分市场的需要。

　　学习目标：

　　1. 了解服装组织市场的含义、类型、特征和决策过程；2. 掌握服装中间商购买的内容、类型、决策过程、决策参与者和影响因素；3. 掌握服装产业市场购买的特点、类型、决策过程、决策参与者和影响因素；4. 掌握非营利组织购买的特点、购买方式、决策过程和影响因素。

第一节 服装组织市场

一、服装组织市场的含义

（一）组织的含义

组织是指为了实现共同目标而组成的协作体。切斯特·巴纳德指出，组织的形成需具备三个要素：一是共同的目标，二是相互合作的意愿，三是沟通的条件和手段。现实世界中有各种类型的组织，如工厂、商店、政府、社团等。这些组织的购买行为是为了完成经营活动或履行社会职能。它们不仅以生产者或供应者的角色出售或提供产品和服务，而且以购买者或需求者的身份购买大量的产品和服务。

（二）服装组织市场的含义

服装组织市场是指由各类组织为了生产、出售、租赁或者供应而购买服装及服装相关产品和服务而构成的顾客市场。这种购买行为的最终目的不是自身消费，这是组织市场和消费者市场的根本性区别。服装组织市场的参与者主要有两种类型：营利性组织和非营利性组织。营利性组织是以经济利益为导向，从事生产和经营活动的组织。它们提供各类服装相关的产品和服务，主要履行经济职能。非营利性组织以社会利益为导向，履行各种社会职能。它们是以维持社会秩序和促进社会发展为己任的组织。由营利性组织构成的市场，具体包括产业市场和中间商市场，其主体是各类工商企业。由非营利性组织构成的市场，具体包括政府、学校、医院、图书馆、军队和监狱等各类机构。

（三）服装组织市场的类型

服装行业产业链包括棉花种植、化纤生产、纺织印染以及辅料的生产，并将产品供应至服装生产企业，其下游产业提供的服装产品主要为消费者直接消费。服装制造业的主要原材料是布料，产品是服装。化纤、纺织、服装业依次是上下游关系，纺织产品是服装产品的主要上游产品。从服装的生产到服装被提供至最终的消费者，组织市场是重要环节。服装组织市场由产业市场、中间商市场和以政府为代表的非营利性组织市场三个部分共同组成。

服装产业市场又称服装生产者市场，它是为了获取利润进行再生产而购买服装相关产品和服务的市场，是由所有购买产品和服务并将其用于生产其他产品和服务的各类组织构成。产业市场是一个庞大的市场，交易内容主要包括生产资料和各项生产要素。产业市场上购买者数量少，但是购买规模大；买卖双方能够保持较长时间的业务关系。影响采购的主要因素包括价格、质量、服务、品牌、宣传、关系等。

服装中间商市场又称转卖者市场，它是由以盈利为目的，购进服装商品后再转卖给他人的所有组织构成的市场。服装中间商市场由各种形式的代理商、批发商和零售商构成，事实上，中间商可以被理解为是顾客的采购代理。中间商不提供产品形式效用，只提供产品的时间、地点和占有方面的效用。中间商经营的产品种类繁多。在服装市场上，大多数服装产品最终都是通过中间商才被卖到购买者手中的。供应商应把中间商看作其顾客的采购代理商，而不是代表供方的销售代理商。中间商的购买行为与产业市场购买行为有相似之处，其采购行为也受到价格、质量、服务、品牌等因素的影响。

以政府为代表的非营利性组织市场包括政府和其他非营利组织。服装政府市场是指由为履行政府各种职能而购买服装产品的各级政府机构和下属各部门构成的采购市场。政府通过税收、财政预算掌握了相当部分的国民收入，形成了潜力极大的政府采购市场，政府市场是非营利市场的典型代表。政府购买的基础是获取那些能实现公众目标所必需的产品。基于日常政务开展、社会经济发展、必要的物资储备等原因，政府机构经常采购大量的物资，其中包括服装产品。政府采购的目的不是盈利，而是执行政府职能，向社会提供公共产品，维护国家安全和社会公众利益。其他非营利组织还包括所有不以营利为目的而从事社会公益事业的机构、组织和团体，可以是事业单位、教育机构和注册的民办科技机构等，如学校、医院、博物馆、红十字会、环境保护和社会救济等专业性团体。非营利组织是组织市场内相当重要的一部分，这些组织对服装相关产品的需求不容忽视。

二、构成服装组织市场的宏观和微观环境因素

（一）宏观环境因素

影响服装组织市场的宏观环境因素主要包括人口环境、经济环境、自然环境、政治法律环境、科技环境、社会文化环境六大因素。

（1）人口环境：服装作为人们生存和某种象征的生活资料，其生产和经营活动与人口环境有着密切的关系，对服装产品的需求结构、消费习惯等方面都有很大的影响，直接关系到服装组织市场营销活动的变化。人口规模是影响基本生活消费品需求的一个决定性因素，一般来说，人口规模越大，市场规模就越大。

（2）经济环境：是指服装组织市场所面临的外部经济条件，主要有社会购买力、

消费者收入与支出，以及物价水平、消费信贷和居民储蓄等因素。经济运行状况和发展趋势会直接或间接地对服装组织市场的营销活动产生影响。

（3）自然环境：是指服装组织市场所面对的地理、气候、资源等方面的种种状况。服装组织市场在营销过程中需要重视自然环境方面的变化趋势，正确把握它带来的威胁和机会。

（4）政治法律环境：在任何社会制度下，营销活动都要受政治与法律环境的规范、强制和约束，服装的生产与穿着也不例外。

（5）科技环境：科学技术是社会生产力中最为活跃的因素，对科学技术的考察主要涉及科学技术的发展现状、新的科学技术成果、科学技术发展动向、科学技术环境的变化对社会经济生活的影响等方面。

（6）社会文化环境：服装市场营销所面临的社会文化环境，是指那些能够影响人们消费方式、购买行为的价值观、审美观、风俗习惯，以及宗教信仰、民族文化、地域文化。

（二）微观环境因素

影响服装组织市场的微观环境因素主要包括组织市场购买者的内部环境、顾客、竞争者、社会公众。

（1）组织市场购买者的内部环境：是生产者、中间商和非营利组织内部对市场营销产生影响的决策部门和职能部门，如财务部门、采购部门、人力资源部门、研究与开发部门、生产部门、市场营销部门等。

（2）顾客：是服装组织市场为之服务的目标市场。

（3）竞争者：从广义上说，是指向企业所服务的目标市场提供服务的其他企业和个人。

（4）社会公众：是指所有实际或潜在地关注组织成员的生产经营活动，并对其实现目标能力有一定影响的组织或个人。

三、服装组织市场的特征

总体上看，服装组织市场是个非常庞大的市场。该市场上的购买者不仅购买与消费者市场相同的大量的服装产品，而且购买许多消费者市场不需要的产品，如生产服装所需的机器、耗材等。组织市场的购买目标要比消费者市场复杂。后者的购买是为了满足个人及其家庭消费需要，而前者的购买往往有多重目标：制造产品，降低成本，创造利润，满足员工需要，或履行社会和法律的责任与义务。其中产业市场和中间商市场的购买有特别明确的盈利目标。因此，其购买更符合经济学家描述的那种

"经济人"式的理性购买。

（一）服装组织市场的结构特征

1. 购买者少、购买规模大

在消费者市场上，购买者是消费者个人或家庭，购买者必然为数众多，但购买规模很小。而在组织市场上，情形正好相反，尽管组织市场的客户数量少，但客户的购买量很大。组织市场购买量大，主要表现在组织市场在总交易量、每笔交易的当事人数、客户经营活动的规模和多样性、生产阶段的数量和持续的时间等方面。组织市场还会按照一定的周期重复购买。例如，学校对校服的需求量远比一般家庭的需求量大得多。有时一位买主就能买下一个企业较长时间内的全部产量，有时一张订单的金额就能达到数百万元。

2. 服装组织市场的地理分布相对集中

服装生产行业主要建立在纺织产业发达的地区。服装作为直接进入消费市场的重要产品，区域经济实力和地区消费能力直接决定纺织服装行业的市场需求和利润水平，进而影响纺织行业的发展。因此，服装行业在地区消费能力较强的东部沿海区域普遍发展较快，如广东、浙江、山东、福建等地区。这种地理分布上的集中有助于购买者辨认、比较和顺利开展其购买活动。对供应商来说，可以吸引更多客户。很多服装批发市场都体现了这些特征。因此，市场的容量大、客户数量少、购买规模大以及购买者在地理区域上相对集中就构成了组织市场的结构特征。

（二）服装组织市场的需求特征

1. 服装组织市场的需求具有派生性

没有服装消费者市场的相应需求，就没有服装组织市场的需求。服装组织市场的需求是随着消费者市场相应需求的变化而变化的。服装组织市场的派生需求往往是多层次的，形成环环相扣的链条。消费者市场的相应需求是这一链条的起点，是组织市场需求的动力和源泉。例如，消费者市场对真丝服装的需求会带来服装制造商对真丝面料的需求，而这些需求又带来了对生产真丝面料的设备以及蚕丝的需求。

2. 服装组织市场的需求波动大

服装组织市场对工业性产品的需求，特别是新工厂对原材料和设备的需求，通常不如消费产品的需求稳定。消费者需求只要有一点增加或减少，就会引起生产服装产品的工厂和设备需求的很大变动。例如，当消费者的需求增加时，零售商为了满足消费者增加的需求，就会增加其对产品的需求，从而批发商或经销商也增加对产品的需求，最后制造商也会受其影响而增加产品的需求。因此，消费者需求增加，可能会引发幅度相当大的组织需求的增加；反之，消费者需求减少，也会引发较大幅度的组织需求的减少，所以组织购买者的需求波动要比消费者的需求波动大。

（三）服装组织市场购买的特征

1. 专家采购

服装组织市场上的购买者成分复杂，并多为受过专门训练的采购人员。经过专业训练的采购人员，具有丰富的服装相关产品知识和购买知识，他们不仅要对购买的服装相关产品在性能、规格以及技术细节上的要求较为熟悉，而且要灵活运用谈判技巧。在涉及较为复杂的购买决策时，会涉及更多的人甚至公司高管或政府高官。可见，为了应对具有专门知识、经过专业训练的采购人员，供应商应十分重视对推销人员的挑选和培训，使之具有良好的专业知识和销售知识和较强的人际交往能力。技术性较强的产品，其推销人员更应具有完备的技术知识。

此外，影响服装组织市场决策购买的人比消费者购买中影响决策的人数多得多，尤其是一些重要项目的购买。而且，这些参与者多是在某方面受过专门训练的专家，并担负着自己所在部门的责任，受组织制定的各种政策、制度的限制和指导。购买决策要严格执行相应的采购制度和规范程序，决策过程透明度更高。大多数组织设有专门的采购中心，重要的购买决策往往由技术专家和高级管理人员共同作出，其他人也直接或者间接地参与。

2. 决策复杂

服装组织市场的购买决策，通常比消费者的决策更为复杂，涉及更大数额款项、更为复杂的技术和经济问题，因此往往需要花费更多的时间反复论证。组织购买者的决策行为比消费者更为规范，对大额购买通常要求详细的产品规格、文字购买清单、对供应商的调查和真实的审批程序。为了节省经费，保证供货质量和减少营销道德问题，购买者往往采取招标的方式选择供应商。组织市场的购买过程更加复杂，购买决策更加规范。

3. 长期的客户关系

在服装组织市场上，买卖双方往往倾向于建立长期的客户关系，保持密切往来。在购买决策的各个阶段，从帮助客户确定需求，寻找能满足这些需求的产品和劳务，直至售后服务，卖方始终参与并同客户密切合作，甚至还经常按客户要求的品种、规格定期提供产品和劳务。

四、服装组织市场购买决策过程

服装组织市场购买决策过程分为八个阶段，即认识需要、确认需要、产品描述、物色供应商、征求意见、选择供应商、选择订货程序和评价合同履行情况。

（1）认识需要是购买决策过程的起点。它是指组织购买者在生产过程中觉察到有利于提高企业效率的潜在机会，认识到亟待解决的问题。

（2）认识需要之后就要确定需要。组织购买者必须明确地知道自身的需求问题应当如何解决，即要进一步明确所需产品的一般性能和数量。相对而言，标准化产品的需求较易确定，而复杂产品的购买则应由采购人员、技术人员和实际使用者共同确定产品的一般特征。

（3）确定商品的需要以后要明确产品的描述。产品描述包括对所需产品更详细、更精确的说明，并可立刻将其传达给买卖双方。其内容主要包括产品的价值分析和技术要求。

（4）组织购买者一旦确定了要购买的具体产品，就会挑选合适的供应商。对供应商的评估一般是随着购买情况的变化而变化的。如果所建议的产品对组织客户的业绩产生重大影响，组织成员会花大量时间和精力评估供应商。

（5）对一些复杂产品，组织购买者通常在听取许多建议之后才决定是否购买，也就是征求意见环节。

（6）购买方对潜在供应商提交的供货建议书加以分析、评价，然后确定理想的供应商。评价内容包括供应商的产品性能、价格合理与否、服务满意程度、交货能力等。购买者最后会同时选择几个供应商，以免过分依赖某一个供应商。

（7）在选择订货程序阶段，供求双方要正式签订合同或订单，并在其中详细规定交货数量、技术规格、交货时间、退款保证等具体细节。

（8）完成以上步骤以后，要进行评价合同履行情况。采购者对特定供应商的合同履行情况进行检查和评估。织织购买者可以直接向实际使用者了解其对所购产品的满意度，并在此基础上设计不同的评估标准，再通过加权计算方法评价供应商。

五、服装组织市场购买决策的影响因素

服装组织市场购买者在制定决策时会受到四类因素的影响，即环境因素、组织因素、人际因素和个人因素。

（1）环境因素。经济因素对组织购买的影响通常最为直接，因而是最重要的因子。当前和预期的经济因素对组织购买行为的影响非常明显。例如，在经济萧条时，组织购买者通常会降低对厂房、设备、存货的投资。此外，组织购买者还受资源供应、技术进步、政策法规、竞争环境、文化习俗等其他外在因素的影响。

（2）组织因素。每一个组织都有自身的目标、政策、程序、结构；组织中的每一位购买者都有自己的特点。营销者需要掌握的信息有：购买决策参与人员的组成，组

织对采购人员的政策和限制，主要用户的管理结构变化及其对未来购买可能产生的影响等。例如，在设有多个事业部的产业组织里，通常既可以由各事业部分别行使采购权，也可以由总部统一集中采购，但是这两种做法对供应商营销策略的影响程度有所不同。

（3）人际因素。组织购买中心一般是由相互影响的众多成员组成的。由于这些成员在组织中的地位、职权及相互关系并不相同，因而对购买决策的影响力存在差异。有时，地位最高的购买中心成员并非组织中最有决策影响力的人。组织中的人际关系因素非常微妙，营销人员必须认真对待。

（4）个人因素。个人因素对组织购买行为的影响也不可低估。由于购买中心是由多个感性的人组成的，因此，个人情感将不可避免地体现在购买决策和行为中。每位参与购买决策的组织成员都带有一定的个人动机、理解和偏好，他们又受自身年龄、收入、受教育程度、专业、个性特征和风险态度的影响，当多个供应商的供货条件较为接近时，采购人员的个人情感因素对组织购买的影响尤其显著。

第二节　中间商购买行为

服装行业的中间商是指那些通过购买服装商品以转售给第三方获取利润为目的的个人私营组织，亦称转卖者。它不提供产品形式效用，而是提供时间效用、地点效用和占有效用。中间商也属于组织市场的购买者。中间商处于生产者和消费者之间，专门促进商品流通，由各种批发商和零售商组成。在中间商看来，利润来自消费者，但要为消费者提供产品并从中获取利润，必须选择适合消费者的来自供应商的产品，因此，供应商应当把中间商视为共同面对消费者的合作者，并帮助中间商为顾客提供尽可能好的服务。

一、服装中间商在市场中的作用

服装中间商的作用主要表现在以下两个方面。

（一）服装中间商是联结生产者和消费者的重要环节

在市场竞争体制形成初期，中间商就已经成为生产供应商拓展产品销售、占据有利竞争优势的不可或缺的一部分，随着生产者的不断发展壮大和市场日益完善，中间商已成为销售渠道中独立的市场组成元素。市场多元化发展过程中逐渐产了更多的中间商参与竞争，形成了中间商市场。中间商市场的活跃丰富了以销售为目的的营销活动的各种策略。中间商充当着供应商的销售代理和顾客的采购代理的双重身份。

（二）服装中间商在客观上为生产者剥离了部分销售风险

每一个处在生产者市场的服装生产企业都在做专业化生产，以期达到自身产品竞争优势。即便形成了产销实力的集团企业也都将销售从生产中剥离出来，再将服务从销售中剥离出来，这些企业战略行为的最终目标就是专业化。对于服装生产企业来说，中间商在客观上确实分担着一部分销售能力，包括销售促进和售后服务等，并承担着对应的风险。一个优秀的中间商不但在竞争中壮大了自身，而且稳固了自己的供应商资源。中间商还起到了缓解供销矛盾的作用。一方面，中间商为生产者提供充分的市场信息，了解购买力情况，便于生产者生产适销对路的产品；另一方面，中间商为顾客提供尽可能多的选择方案。发挥中间商的作用，部分地降低了信息不对称现象所带来的社会资源的浪费。

二、服装中间商购买的特点

中间商是处于服装生产者和消费者之间专门促进商品流通的组织或个人。中间商市场的购买行为与组织市场上的其他类型的购买行为大同小异，但也有自身的特点。服装行业中间商在社会再生产过程中所处的位置和职能决定了它的购买行为有如下特点：

1. 派生需求

由于服装中间商市场比服装生产者市场更接近消费者，使得派生需求的反应更直接。中间商得到消费者对于服装产品的反馈信息，由此派生出相应需求，并将此需求信息传递给服装生产者市场。

2. 富有弹性的需求

服装中间商所采购产品价格的上升和下降直接影响最终消费者的购买，即中间商对购买价格敏感。

3. 经营产品的品种多样

经营齐全周到是中间商成功的关键，因此，中间商需要购进大量的产品。例如，一个服装批发商可以经营很多品牌、很多系列的服装产品，这样能够吸引更多不同顾客的订购和重复订购。

4. 供需双方关系密切

服装中间商市场的购买者需要源源不断的货源，供应商需要长期稳定的销路。供应商应该经常与中间商沟通，详细了解其具体需求，并就其特殊要求给予满足，以此来保持双方稳固的购销关系。

5. 消费者影响购买决策

中间商比生产者更接近消费者，中间商经营的目的是获取利润，而利润是由消费者创造的，因此，销路好、利润高的服装产品，中间商会优先考虑购买。

6. 专业人员采购

大型零售商、批发商一般都有自己专业人员实施采购计划，小型零售商、批发商店主可能就是采购者。

7. 服装生产企业协助促销

中间商由于财力有限，一般需要生产厂家协助做产品广告，这样既提升了自身的知名度，扩大了消费群体，又节约了资金。

8. 服装生产企业提供售后服务

中间商不擅长技术，因此，需要服装生产企业提供返修服装产品的修整、退货等服务。

三、服装中间商产品采购决策的内容

第一，选择购买的时间和数量。

第二，选择供应商。服装中间商根据供应商提供的产品销售前景、广告宣传等促销手段措施以及提供的优惠条件来选择供应商，具有很强的理智性。

第三，选择购买货色。在服装行业，从中间商提供的效用形式来看，中间商是依附于供应商而存在的经营机构类别，其购买决策也是针对供应商而言的。中间商采购商品的目的是将所购商品转卖给其顾客，为此，中间商必须按照顾客的要求来制订采购计划。在购买活动中，中间商要做的决策是：经营范围及花色品种的决定、卖主选择、交易价格与条件的选择。其中，商品搭配是最主要的决策内容，它决定了中间商的市场地位。批发商和零售商可从以下三种品种组合策略中做出选择。

（1）独家搭配，即只经销一家服装制造商的产品品种，以求得较好的供货条件。一般只是规模较小的少数企业采用这种策略。

（2）深度搭配，即经销一个产品族，产品来自多个服装制造商的多个品牌，这为顾客在购买某种商品时提供较大的选择余地，从而增强对顾客的吸引力。这种策略目前较具竞争力。

（3）广泛搭配，经营多个厂家生产的不同系列、不同品种的产品。例如，经营多个厂家、多个品牌、不同系列、不同类别的服装。这种策略使中间商的经营范围广泛，也使顾客方便购得相关商品。

四、服装中间商的购买决策类型

在服装采购业务中，中间商要根据不同的购买类型做出相应的决策。中间商市场的购买类型有四种。

（一）新产品采购

即中间商对供应商提供的新产品做出"是否购买""向谁购买"的决策情况。这与生产者的新购不同，生产者对某种新产品如有需要，非买不可；中间商对某种新产品则需要分析其进价、销价、市场需求、市场风险等因素之后再做出决定。中间商根据某种新产品销路的好坏决定是否进货以及如何进货。

（二）最佳供应商选择

若中间商需要经营的产品已经确定，有可能经常进行最佳供应商的重新选择。导致中间商做出此类购买决策的原因有：一是由于各种局限，中间商不能经营目前所有供应商的产品，只能从中选择一部分供应商的产品以供经营。二是中间商打算提供自有品牌商品，选择为自己生产品牌产品的最佳生产企业。如果各种品牌的货源充裕，但中间商的铺面或资金有限时，必然会选择对他们最有利的、最合适的供应商和供应条件；反之，则不能随意挑选供应商。当中间商打算自创品牌销售产品时，就需要寻找既有一定水平，又愿意使用中间商品牌的合作者。

（三）寻求较好的供应条件

中间商并不热衷于更换供应商，但当其他供应商对同种服装产品提出更有诱惑力的价格和供货条件时，中间商就会对原有的供应商施压，以得到更多服务、较大的价格折扣和更多的促销支持等，使自己获益更多。对于这类决策，中间商并不想更换供货商，只是试图从原有供应商那里获得更为有利条件的购买类型。当同类产品的供应商增多或其他供应商提出了更有吸引力的价格和供货条件时，中间商希望原有供货商更改供货条件，如更为合适的信贷条件、更为优惠的价格折扣等。

（四）直接重购

当服装产品的库存低于规定水平时，中间商的采购部门就会按照过去的订货目录和交易条件继续向原先的供应商购买产品。

五、服装中间商市场购买决策的参与者

服装行业中间商主要包括零售商、批发商、经销商、代理商等。零售业又可划分为多种类型，如百货公司、连锁店、超级市场、折扣店、仓储商店、购物中心、零售店。不同的零售或批发业态，中间商的采购方式不完全一致。

服装中间商市场购买决策参与者的多少取决于中间商的经营规模和采购项目的规模与重要程度。对小批发商和零售组织而言，采购往往由一个或几个兼做其他工作的雇员担任，或者由业主亲自从事服装的选择和采购业务。但较大规模的中间商通常会设立一个采购中心。采购工作由专职的采购部门执行。不同类型的中间商有不同的购采决策及决策参与者。中间商市场参与购买决策的人员或机构主要有下述三种。

（一）专职采购员

为了降低成本，提高效率，一般大型连锁店或连锁超市都采取集中进货的采购方式，总部设立专门的采购部门，由专职采购人员分别负责各类服装的信息采集、品牌筛选、采购和购后评估。采购人员对拟购商品决策权力大小取决于公司组织结构、授权大小和购买商品的种类及数量。

专职采购员负责决定商品搭配，接待推出新品牌的企业的推销人员，并有权决定是否接受新品牌产品，多数公司的做法是，授权专职采购员对那些明显不能接受或明显可以接受的项目做出决定，而一些重要项目则提交采购委员会审议，并由采购委员会做出决定。

（二）采购委员会

采购委员会不仅包括公司总部的专职采购经理，还包括公司总部的其他各个部门经理。采购委员会主要负责审查由采购人员或各商品经理提出的采购建议，并做出购买与否的决策。由于专职采购人员对信息了解更多，在采购决策上起决定性作用，采购委员会只起平衡各种意见的作用，在新产品评估和购买决策方面产生重要影响，并代替采购人员向供应商提出拒绝购买的理由，充当二者之间的调解人。采购委员会通常由公司总部的各部门经理和商品经理组成，主要负责审查商品经理提出的新产品采购建议，做出是否购买的决策。

（三）分店经理

分店经理是各分店的负责人，通常负责分店一级的采购决策。分店经理可以自行决定采购分店的部分货源。他们是连锁店下属各分店的负责人，掌握分店一级的采购决策权。分店经理可以选择自行采购的商品，也可以接受公司总部的统一送货。具体采用何种方式，取决于分店经理对商品的质量性能、进价高低和销售情况的判断。

六、影响服装中间商购买的因素

正如本章第一节的分析，服装组织市场的购买受环境因素、组织因素、人际关系因素、个人因素的影响，中间商也不例外。除此以外，中间商的购买决策还受到以下因素的影响。供应商必须了解中间商购买决策过程中的影响因素，以便采取应对措施。

（一）销售业绩是中间商生存的根本

服装中间商对服装产品的采购是否恰当，直接影响利润收益。尤其是新产品，由于没有销售业绩作参考，中间商在采购时更加谨慎，采取代销或者试销的方式，直到确信该产品确实有销路，再大批量购买。

（二）市场预测

市场需求千变万化，良好的销售业绩需要依靠准确的市场预测，这使服装中间商在购买决策中需要具有独到、准确的眼光。同时，由于中间商是顾客的采购代理，采购计划在一定程度上需要按照顾客的需求来制订。例如，服装中间商要充分了解季节的更替、流行的趋势、顾客的喜好等。

（三）供应商的交易条件

中间商在签订购买协议时，最希望争取的是优惠的交易条件，如优惠价、折扣价、信贷付款、良好的售后服务等。供应商提供的条件越优厚，就越有可能吸引更多的中间商订货。

（四）订货数量与库存状况

假如每次订货量较大，可以减少订货工作量和订货费用，并取得较大折扣，但商品库存会相应增加，会耗费较多资源，资金流动缓慢；假如每次订货量较小，减少了商品库存，会加速资金周转，降低经营费用，但订货工作量和订货费会相应增加，进货价格会较高。而服装供应商采用的"无库存采购"则吸引了众多中间商。

（五）采购者个人的购买风格

采购者的个人风格也影响服装中间商的购买决策。不同的采购者个人的购买风格对供应商的要求不同，供应商应根据不同的采购者个人的购买风格采取相应的营销对策。通常采购者个人的购买风格有以下种类：

忠实采购者：这种采购者忠于同一供应者，不轻易更换，长期固定地从某一供应商处采购商品。采购者忠实于某一供应商的原因有多种。首先是利益因素。中间商对现有供应商的产品质量、价格、服务和交易条件感到满意；暂时还未发现更理想的替代者；转换供应商的成本很高。其次是情感因素。供需双方在长期业务合作过程中建立起良好的信用和人际关系。供应商要善于发现使采购者保持忠诚的原因，采取有效的措施使现有的采购者保持忠诚，将其他采购者转变为忠诚的采购者。

机会采购者：这种采购者善于从备选的几个符合其长期发展利益的供应者中选择对自己有利的，而不是固定于某一个供应商。这类采购者习惯于从若干符合采购要求、能满足自己长期利益的供应商中随机地确定供应对象并经常更换。这类中间商不会认为某一供应商的产品和交易条件绝对优于他人，不会与某一供应商保持长期的合作关系。对于这类中间商，供应商应在保证产品质量的前提下提供采购者满意的交易条件，加强沟通，使之转变为忠诚的采购者。

最佳交易采购者：这种采购者专门选择在一定时间内能提供最佳交易条件的供应者。这类采购者在与某一供应商保持业务关系的同时，还会不断地收集其他供应商的信息，总在试图寻找能够提供更好的产品或交易条件的供应商。一旦发现，他们会立刻选择新的供应商。要想继续保持与采购者的供应关系，供应商就必须密切关注竞争者的动向和市场需求的变化，随时调整营销策略和交易条件，不断增加自己的竞争优势。

创造型采购者：这种采购者向卖方提出他所要求的产品、服务和价格，希望以他的条件成交。在不更换供应商的前提下，采购者经常向对方提出一些改善产品的设计、质量、交易条件等富有创造性的建议。供应商要善于听取采购者的建议，对于合理的部分要及时采纳；对于无法接受的或者无法实现的，则要努力减少冲突，尽量避免中间商作出更换供应商的决策。

广告型采购者：这种采购者在每一笔交易中都要求供应者补贴广告费用。他们把是否能获得广告补贴作为选择供应商的重要标准。这类采购者重视产品购进后的销售状况，希望供应商能给予广告支持，以扩大影响，刺激需求。供应商对于这种符合供求双方利益的要求，可以考虑在合理的限度内予以满足。

吝啬型采购者：这种采购者在交易中特别重视供应商所给的折扣，只与能给予最大折扣的供应商成交。这类采购者对价格十分敏感，对每笔交易都要反复地讨价还价，总是希望得到最大的折扣，往往只选择报价最低或折扣最大的供应商。供应商在与这类采购者谈判时要有耐心和忍让的态度，善于用事实和数据说服对方。

精明干练采购者：这种采购者选择的都是最物美价廉的、最适销的商品。中间商市场的营销者如果了解这类采购者的特点，就可以因人制宜，促成交易。这类采购者每次购买的总量不大，但品种繁杂，重视不同品种的相互搭配，力图实现最佳产品组合。供应商应当尽量提供周到、细致的服务。

扫码学习服装买手采购决策的影响因素分析

七、服装中间商购买决策过程

正如在本章第一节中的描述，服装组织市场的购买决策过程分为八个阶段，即认识需要、确认需要、产品描述、物色供应商、征求意见、选择供应商、选择订货程序和评价合同履行情况。服装中间商购买的阶段基本与上述吻合，但实际运行过程有独特之处。服装中间商的购买决策过程主要概括为以下四步：

（一）确认需求

由于服装中间商市场与服装产业市场的需求不同（前者的需求是服装成品，后者的需求是原材料、消耗品、零配件、设备等），因而确认需求时所考虑的因素也不同。例如，服装产业市场没有把价格作为一项重要的参考依据，而服装中间商市场对此则重点考虑，因为价格高低直接影响到产品的销售。

（二）分析需求

在确认需求的基础上，对采购的服装产品做出详细的分析说明，包括风险和收益说明。在这一阶段需要考虑时间因素，是立即购进以追赶服装消费潮流，还是拖延时间以审视消费趋势。还需要考虑产品的订购量，一般根据预计的需求水平和当前库存水平来确定。

（三）评估选择供应商

根据供应商提交的材料分析确定选择。对于供应商来说，无论是口头说明、书面陈述，还是其他细节，任何一点儿疏忽都有可能被淘汰出局。此外，供应商应通过各种营销方法吸引中间商。包括：提供可靠的产品质量并适销对路；提供特惠价、折扣价或允许推迟付款、信贷付款方式；提供合作广告或广告协助或全部广告费用；在服装产品上加标签，标明价格、制造商、规格、编号及颜色等，有助于中间商订货；交货及时；提供无库存采购方式和自动再订购系统；提供退货与换货的特殊待遇及完善的售后服务；等等。

（四）检查合同履行情况

服装中间商对各供应商的绩效、信誉、合作诚意等因素进行综合评价，以此决定是否继续同某个供应商合作。因此，供应商要保质保量地按时交货；交货之后，仍需密切关注购买者的所有情况，以确保向买方提供满意的服装产品。

八、服装中间商的竞争

随着科技的发展和市场竞争日益激烈，商品流通的环节被缩短，更多的企业偏向于选择短渠道策略以便更多地让利给顾客，从而吸引更多顾客购买和建立顾客的忠诚度。中间商在这种情况下必须预测到市场的发展方向，及时找准自己的位置。服装中间商市场的变化使服装中间商面对以下竞争压力。

（一）销售渠道缩短带来市场机会的竞争压力

在激烈的市场竞争条件下，企业不再局限于选择固有的销售渠道来销售自己的产品。为了获取更多的利润，企业考虑的是怎样把商品更多地销售给顾客；顾客的理性选择也加速了企业销售过程中以顾客为中心的市场观念，多级批发商和零售商的长渠道渐渐被缩短，具有一定实力的中间商往往选择更简捷的供货来源。基于这两点原因，许多销售能力不足的中间商的市场机会被其他拥有雄厚资金、占有销售网络的中间商所挤占。为了赢得市场机会，中间商市场的竞争压力越来越大。

（二）零售终端快速膨胀产生的同业竞争压力

服装零售终端在近几年内发生了巨大变化，服装市场上的零售业商店有：百货店、超级市场、大型综合超市、仓储式服装商场、服装专业店、服装专场店和购物中心等。一方面，各类服装零售业态在繁荣中间商市场的经营活动中不可避免地形成了销售竞争；另一方面，供货商对中间商的业绩评估促使中间商为了争取更多销售份额而竞争。

（三）网络营销模式下企业转型过程中的压力

网络营销是网络时代科技带给人们的重要生活变化，它将传统的营销活动移植到虚拟网络空间，缩短了企业与消费者之间的距离。在提高顾客满意度方面，网络营销模式具有传统营销不可比拟的时效性和便捷性。很多服装生产企业和中间商都相继建立了自己的电子商务网站，顾客足不出户就可以选购到自己心仪的商品。

从长远来看，中间商如果仅仅秉承一贯的增加销售网点的做法，则必将被这种新的营销模式所替代，失去生存能力。服装中间商市场的发展给中间商带来了巨大压力，有可能从自由竞争过渡到以数家为主导的垄断竞争的格局。

第三节　服装产业市场购买行为

服装产业购买者指的是服装生产者，即为满足生产服装的需要而购买服装相关产品或劳务的个人和企业团体。一般把用于满足生产需要的产品或劳务称为产业市场对象，把为满足生产需要而产生购买行为的购买者称为产业购买者。

一、服装产业市场的购买对象

服装产业链主要由核心的服装企业、上游的面料或辅料供应商、下游的营销渠道组成；相关企业还包括生产辅助企业与服务性组织。这样的生产网络是购买者驱动类型的，大型的服装零售商、品牌营销商、品牌制造商是整个服装生产网络的领导者。服装产品制造过程从面料采购、裁剪缝纫到整烫包装，涉及较多的原材料和半成品。由于产品品种多，更新快，款式、颜色、尺码多样，涉及的辅料多而杂。服装产业市场的购买对象是服装制造企业为了生产服装而需要的生产装备、附属设备、原材料、辅料、消耗品、服务等。

（一）生产装备

生产装备包括重型机械、设备、厂房建筑、大中型的电子计算机等。生产装备大多价格昂贵，体积庞大，结构复杂，技术性能要求高，对企业生产效率及产品质量至关重要。购买此类产品所需资金往往是借入资金，需分期折旧收回。对客户来说，生产装备的购置是一项重大决策。对销售者来说，向客户提供直接、专门的推销（如介绍产品性能）和服务（如安装、调试、培训人员、保修、交货等），甚至专门的设计和制造，较定价更加重要。

（二）轻型（或附属）设备

轻型（或附属）设备的特点是价格较低，对生产的重要性相对较小，通常有统一的规格，属于标准化产品，使用寿命也较短，如电动和手动工具、微型电机等。其购买可从一般经营资金中支付，通常由少数几个人即可做出决策，也很容易从几家相互竞争的厂家选择购买，价格竞争起一定作用。

（三）原材料

原材料是指那些处于服装生产过程起点的材料，如面料。这类产品大多有规定的标准和等级，供货方有多次供货能力，价格折扣及向不同供货方采购产品的运费和成本在竞争中起较大作用。

（四）辅料

这里所说的服装辅料是构成服装整体的组成部分，包括里料、衬料、填料、拉链、纽扣、垫肩、织带等。这些辅料是已完工的产品。此类产品重要的是按规定要求生产并及时交货，因为延迟交货可能造成购买厂家的损失。购买厂家经常鼓励两家以上的供应商进行竞争，以便从中选择供应来源并获得有利价格。当然，建立了厂牌声誉的配件生产者将占据优势地位。价格折扣也起一定作用。

（五）消耗品

维护、修理用品和办公用品是维持企业日常经营所需要的，但又不参与构成制成品的实体，如清洁用品、办公用品、润滑油等。一般来说，消耗品多是标准品，可卖给各种不同类型的客户，客户也可以从不同厂家购买同种商品，即一种品牌的产品很容易为另一种品牌的同类产品替代，因此，卖方之间的竞争更为激烈。这类产品的单价较低，购买批量也小，通常按年需要量签订合同，根据规定期限依次进货，其购买计划完全可通过计算机实现自动订货。在销售上，价格优惠，数量折扣，按期交货均起作用，其分销特点是多渠道供应，有广泛的可获性。

（六）服务

服装产业市场购买的服务项目通常包括仓储、运输、金融、财产保险、维修服务、广告、人员培训、市场调研、审计及各种咨询服务等。对不少服装企业来说，服务购买金额也是一个很可观的数字，尤其在现代社会。因此，经营者对服务产品的经营与有形产品的经营应同样重视。服务的无形特点增加了服务销售与购买的复杂性。服务的规格和质量很难确定，特别是服务质量，不仅取决于服务人员的技术熟练程度，还取决于他们的服务态度和个性特点。因此，满足服务需求，最重要的是健全管理制度，包括培训、激励、监督和控制的制度。

综上所述，服装产业客户购买不同类型产品时的购买需求、购买方式、注重的条件，甚至购买程序都不同，如果企业营销人员对此没有准确的判断，将很难进行卓有成效的推销。

二、服装产业市场的特点

营利性组织是组织市场中数量最为庞大的群体，而产业市场又是这一群体中最为典型的类型。在本章第一节里讨论过服装组织市场的特点，服装组织市场的特点也是服装产业市场的特点。生产者为了满足生产需要而产生的购买行为又和中间商购买或者政府购买不完全相同。服装产业市场具有以下特点。

（一）在需求方面

1. 服装产业市场的需求具有联合性

大多数产业用品都不是依靠单一的原料生产出来的，生产服装需要多种产品共同完成，这就是需求的联合性。当一种原料供应不足时，最终产品的产量会相应下降，同时也会影响对其他原料需求的降低。例如，生产某种服装除了面料以外，还需要里料、扣子、拉锁和其他各种配饰等。当其中一种缺货时，产品生产就会受到限制，生产数量随之降低，这就使其他原材料的需求呈下降趋势。

2. 服装产业市场需求具有派生性

服装产业市场是"非最终用户"市场，即这个市场上的客户对服装产品和服务的需求是从消费者对最终产品的需求中派生出来的。如果服装产品在消费者市场上的需求增加，服装生产者市场的需求也会随之上升。消费者对服装产品的需求是服装的价格、消费者收入以及消费者的生理、心理等需求的直接反应，而服装企业对先进的流水线、优秀的技术人才、相关原料的需求则是消费者对服装产品的需求派生出来的。因此，当消费者的收入大幅度增加或预期将相对减少时，受影响的不仅是消费者市场的需求，还有生产者市场对原料、设备、辅料、动力、零配件的需求。

服装产业市场派生需求的特点要求服装生产者既要了解自己的直接顾客即产业用户的需求水平、特点及竞争情况，还要了解自己的客户所服务的市场的客户需求、特点及竞争状况，直至自己的客户到最终消费者之间所有环节的市场情况。例如，一家化纤厂，不仅要了解纺织厂购买的棉纺、毛纺、化纤之间的竞争，还应了解服装业的需求，以及消费者对不同纺织面料的需求倾向。服装产业市场的这一特点使生产厂家可通过广告等刺激消费者对最终产品的需求来促进自己产品的销售。

3. 服装产业市场的需求价格弹性小

相对于消费市场，服装产业市场产品价格的上升或下降，对产品需求不会产生太大的影响。产业市场的需求具有派生性。它对原材料的需求主要来自顾客对产品的需求。只要最终服装产品的消费者有需求，生产者就会组织生产。如果顾客的需求没有增加，即使原材料价格下跌，组织市场的需求也不会出现。此外，生产者市场本身的需求还受限于有效产能与仓库固定容量，因此，原料价格下降还受产能的消化能力与仓储的容量状况影响，所以需求弹性较小。

此外，服装生产者不可能像消费者改变他们的需求偏好那样经常变动它们的生产工艺，即使原材料、生产设备、附属设备等涨价，服装制造企业也很难在短时间之内找到其他替代品。而且那些在总成本中所占比重较小的原材料价格上涨，对最终产成品的价格影响程度有限，生产者也不会因此而大幅度地提高产品价格。在生产者的购买行为中，往往对产品规格、质量、性能、交货期、服务及技术指导方面有较高要求，相比之下，单位价格往往不是决定购买的主要因素，也影响产品的需求价格弹性。

4. 服装产业市场的需求波动大

如果消费者对服装产品的需求增加某一百分比，为满足这一增加的需求，服装生产厂家的投资会以更大的百分比增长。经济学家将这种现象称为加速原理或乘数效应。有时产品需求仅上升20%，就可导致生产企业投资规模扩大超过20%；而消费品需求有10%的下落，制造企业的生产就可能全面收缩，对设备和原材料的需求下跌。宏观经济形势的周期性变化，亦会导致产业市场需求较大的波动。经济形势对生产者市场需求的影响由于其购销总额巨大和涉及范围广，远远大于对消费者市场需求的影响；技术上发展可能使生产者市场的需求构成发生较大波动。此外，某些不可预测事件如自然灾害的发生也会影响生产者市场的需求变动。

（二）在市场结构方面

在商品经济条件下，消费者的购买只是社会再生产过程中一连串购买活动的最后一个环节，经过这个环节，产品离开生产领域进入消费领域。在这之前，从原材料到制成品之间，必须经过多次的购进销出。商品经济越发达，加工制成品结构越复杂，产业市场的购买额将越大。从单个产业用户的购买量来看，许多产业都有用户高度集中的特点。也就是说，几家用户占有了大部分的购买。产业用户并不均匀地分布于整个国家。由于各地资源、交通和历史沿革情况不同，竞争将促使某产业在地域分布上趋于集中，即便是那些规模分散的产业也比消费市场在地域分布上更为集中。所以，在市场结构方面，服装产业市场的购买者数量较少，购买规模较大，地域分布较为集中。

此外，服装产业市场的分销相对直接。消费者市场的分销系统较复杂，服装消费品需要经过生产商、一个或多个批发商、零售商等环节的分销渠道。而生产者市场中的分销渠道相对较短，不通过或很少通过中间商，尤其是在所购商品技术含量较高并且（或者）价格昂贵的时候，采用直接采购的形式在一定程度上降低了购买成本和销售成本，但同时也增加了程序的复杂性，如准备报价单、建议提案、购买合同等必要条件。

三、服装产业市场购买行为的特点

（一）购买的目的性

服装生产者购买的目的是生产出市场需要的服装产品。要根据市场的需求量，确定生产量，进而决定所需购买的数量。采购的物资既不能多，也不能少，否则都会影响生产者的经济效益。

（二）购买的理智性

服装生产者所购买的工业品必须考虑质量、品种、规格、价格、供货期及售后服务。如果某几种产品的质量与功能相似，生产者会购买价格低的产品；在质量上，则需购买符合技术特性要求的生产设备和原材料。生产者的购买是技术性很强的理智性业务活动，涉及由生产者的产品质量而引起的人身安全、假冒伪劣产品等法律问题。

（三）购买的组织性

购买的组织性是指企业内部的组织体系。服装生产者的购买要根据每个购买组织的目标、政策、程序、组织结构及组织系统的要求而进行。营销者应当了解服装生产者（购买者）企业组织体系结构，了解有多少人参加购买决策，哪些人参加购买决策，购买标准是什么，购买者企业有哪些政策会影响购买行为。

（四）购买的集团性

一项重大工业品如生产服装所用的机器设备的购买，往往由一个集团来决定，它通常由许多具有不同地位、权力、职能的人组成，如质量管理者、采购申请者、使用者、财务主管、工程技术人员及经理等。他们购买心理与期望的不同，往往会导致决策的矛盾及决策过程复杂化。

（五）个人动机性

因为参加购买决策的每一个人的年龄、收入、受教育程度、职业、个性及对风险的态度不同，导致每个人的购买动机不同。营销者要善于抓住和引导正确动机，使营销获得成功。

（六）购买的环境性

服装生产者购买时受当时的经济、技术、政治、文化以及竞争环境的影响。其中最主要的是经济、技术、文化环境。服装产品季节性强、更新换代快，服装的发展潮流受到经济和文化发展的影响。同时，在科技越来越发达的今天，服装行业朝着专业化、标准化的方向发展。在行业不断发展的同时，服装产业链上的各个环节也逐渐细节化。

四、服装产业市场购买过程的特点

（一）供求谈判时间长，购买次数较少

服装产业市场的购买涉及厂房、能源、机器、设备、工具、各种规格型号的原材料、各种辅助设备等，投入的资金大。有的设备使用时间长，购买者不仅要考虑设备的物质寿命，而且要考虑技术寿命和经济寿命，使谈判协商时间长。比如，有些设备一次购入，使用多年；原材料、标准件按企业预先制定的经济订购批量和采购次数进行采购或一次合同分批分期交货；生产者客户比消费者客户要少。

（二）工业品的供应有一定的要求，需要提供产品服务

服装生产者购买的工业品如生产设备的质量直接影响着生产者产品的质量，工业品的质量要符合化学的、物理的性能要求。供应时间是保证生产者进行正常生产经营的条件，既不能推迟，也不能过早。有部分工业产品的购买需要提供技术服务，为购买者提供安装、维修、操作培训等多方面服务，才能激发购买者的购买动机。此外，高尖技术设备和定制设备的购买，一般是供需直接见面，因为需要根据购买者提出的技术要求进行设计和制造。

（三）购买决策参与者人数多

服装产业市场的购买所涉及的购买决策参与者人数多，其购买活动涉及许多专业知识。大多数企业通过购买部门来缩小成本和提供竞争优势，这就依赖专家去明智地处理购买行为。这些专家在不同企业有不同职务（如购买代理商、采购官员或者买入者），他们都是为雇主服务的购买专家。他们受过专业训练，时刻关心新商品和新服务的动态，重视潜在的价格变化、供应的短缺和市场的其他变化，依靠准确的信息帮

助他们明智地购买。

产业用户内参与购买决策过程的所有成员形成一个采购中心。不同企业采购中心的规模大小差异很大。小企业购买中心的成员可能只有一两个人，大企业则可能由一位高级主管率领一批人组成采购部门。另外，根据所购产品的不同，购买中心的组成也不同。如果购买消耗品，即便是一家大企业，购买中心只需一个人；如果购买的是服装生产装备，涉及技术问题和大笔投资，那么，除了专业的采购人员以外，购买中心的成员还须包括技术员、工程师，甚至最高主管，以做出投资上的重大决策。

服装产业的工业品的购买不是由采购人员一人决定的，通常要根据计划提出的品种、规格、型号、材质、数量和期限购买，有关技术要求、货款的支付还要同主管领导、工程技术人员、财会人员和厂长商榷之后才能决定。

（四）购买决策复杂

服装产业市场购买者的决策通常更为复杂，决策过程更加规范化，决策的速度受与供应方合作关系紧密程度的影响。由于生产者市场上产品的购买直接影响企业生产的效果，尤其是大宗产品交易，因此，购销双方的谈判时间较长，购买决策更慎重，往往需要集体讨论，共同商定，很少由单独一人做出。即使是采购经理甚至总裁，在做出购买决策前也要听取多方意见。

（五）购买形式多样

生产者市场购买者可以以租赁代替完全购买，如生产用的机器和工具等。以租代购可以减少公司资本流出，取得销售者的最新产品，获得更好的服务。出租方可以抓住向没有能力完全购买产品的客户出租设备的市场机会，获得更多收益。

扫码学习有关案例

五、服装产业市场的购买类型

服装流行周期短，这不仅表现在服装季节的更迭，也表现在流行元素的不断变化上。这种快速变化给服装行业带来了无限机会，也给企业的经营带来不确定性。服装制造企业为了生产服装而需要购买生产装备、附属设备、原材料、配件、消耗品、服务等的类型可分为三种：直接再购买、修正再购买和新任务购买。

（一）直接再购买

这是一种在供应者、购买对象、购买方式、供货条件都变化不大的情况下而按照惯例购买曾经购买过的产品的购买类型。这种类型的购买最为简单，购买者所做的决策也最少。采购部门根据以往采购的满意程度，从认可的名单中选择供应商。被选中的供应商将尽力保证产品服务质量，并采取相应措施提高产业购买者的满意度。这种购买类型所购买的商品可能是维持服装制造企业生产所需的低值易耗品，也可能是追加相同服装产品的产量时所需的原材料。这种直接再购买花费的人力较少，无须联合采购。面对这种采购类型，原有的供应者不必重复推销，而应努力使产品的质量和服务保持一定的水平，减少购买者时间，争取稳定的关系。

（二）修正再购买

修正再购买是指采购部门为更好地完成组织购买任务，对产品规格、价格、发货条件及其他方面的要求做出适当调整的一种购买情形。这需要调整或修订采购方案，包括增加或调整决策人数。购买者有可能继续与原先的供应商联系并就供货协议加以协商和修订，也有可能从新的供应商那里购买同样的产品或服务。被认可的供应商会产生危机感并全力保护自己的份额，未被认可的供应商则努力推出新产品或改进买方不满意的环节，以争取组织购买者。

发生修正再购买的原因有：客户对现有的供货质量、服务水平、采购数量、交付期限的需求发生变化；供应商在供应价格和产品开发上发生变化等。对于这样的购买类型，原有的供应者要清醒地认识面临的挑战，积极改进产品规格和服务质量，大力提高生产率，降低成本，以保持现有的客户；新的供应者要抓住机遇，积极开拓，争取更多的业务。

（三）新任务购买

全新采购是指组织购买者的采购部门首次购买某种产品或服务的一种购买类型。服装制造企业购买新的生产设备，或者为开发新的服装产品而采购全新的原材料等属于新任务购买。这是生产者购买行为中最复杂的一种。由于是第一次购买，买方对新购产品心中无数，因而生产者在购买决策前需要做大量的准备工作，要收集大量的信息，如产品的规格、购买数量、价格范围、交货时间与条件、付款方式等，因而，制定决策所花时间较长。首次购买的成本越大，风险就越大，参加购买决策人员就越多。"新购"是营销人员的机会，他们要采取措施影响决策的中心人物，要通过实事求是的广告宣传使购买者了解本产品。为了实现这一目标，企业应将最优秀的推销人员组成一支强大的营销队伍，以赢得采购者信任和采取行动。

六、服装产业市场购买过程

服装产业市场购买过程与中间商以及政府的购买过程有相似之处，但又不完全相同。可以说，没有一个统一的流程支配各产业客户的实际购买过程。由于购买产品、购买量、购买金额等存在差异，产业购买过程某些情况下可能更为复杂，在这里有必要更详细地讨论。服装产业市场的购买过程一般分为以下几个阶段，如表6-1所示。

表6-1 不同购买类型的采购决策过程

购买类型	采购决策过程的阶段							
	认识需要	确定需要	产品描述	寻找供应商	征询建议	选择供应商	正式订购	绩效评价
新任务购买	是	是	是	是	是	是	是	是
修正再重购	可能	可能	是	可能	可能	可能	可能	是
直接再购买	否	否	是	否	否	否	否	是

（一）认识需要

认识需要是生产者购买决策过程的起点。它是指生产者在生产过程中觉察到有利于提高企业效率的潜在机会，认识到亟待解决的问题。它可能由企业的内在刺激引起，也可能由外部刺激引起。就内在刺激而言，或因企业决定推出某种新的服装，需要添置设备或原材料；或因机器发生故障，需要更换零部件；或因对已经购进的产品质量、价格、服务感到不尽如人意，需要加以改善；或因企业经理层更迭后认为有需要更换供应商。就外部刺激而言，采购人员可能通过某个广告、商品展销会或卖方推销人员的介绍等途径了解到还有其他能够提供质量更优、价格更低的产品的渠道，从而引发购买需要。

生产者购买的成员必须明确地知道自身的需求问题应当如何解决，即要进一步明确所需产品的一般性能和数量。相对而言，标准化产品的需求较易确定，而复杂产品的购买则应由采购人员、技术人员和实际使用者共同确定产品的一般特征。

在新任务购买情况下，供应方应该充分了解购买方目前问题和需要所在，利用广告和强有力的营销人员向客户充分展示自己具有解决问题的能力，及时提供合理的信息和解决方案。在修正再购买和直接再购买情况下，已有的供应商应该努力保持与购买方使用者和购买者等利益相关者的良好关系，互通信息，提高产品质量和服务水准；暂时未被列入购买方选择范围的供应商应该抓住供应商考虑对购买作出修正的机会展示自己的实力，使对方认为自己是合适的替代者。

（二）确定需要

在认识了某项需要后，购买方需要拟出一份需求说明书，确定所需产品或服务的主要项目。具体包括产品或服务的种类、性能、特征、数量内容。确定标准化的产品的要素相对比较容易，而非标准化的复杂产品的需求要素则必须经过采购人员、使用者、技术人员乃至高层购买决策人员共同协商才能确定。

在新任务购买和修正再购买情况下，供应商要重点介绍产品属性等技术特征，提供有关产品或服务特点等所有具有价值的信息，协助购买方确定购买需求；建立公司和个人在客户心目中的良好信誉，证明自己有能力提供购买方所需要的技术协助，设法使自己能参与到对方解决问题的过程中。在直接再购买情况下，供应方需要经常与客户交流信息，适时介绍新产品开发情况，定期访问客户、了解客户对使用本企业产品是否感到满意，尽早发现问题，及时解决问题。

（三）产品描述

产品描述是指由专业技术人员对所需产品的规格、型号、功能等技术规格提出要求，并写出详细的技术说明书。说明书要列明拟购产品和服务在品种、数量、售后保证等方面的具体要求。

购买方通常会安排一个专家小组对计划购买的产品或服务进行价值工程分析。价值工程分析是为了降低成本而仔细研究每一个步骤或流程，看看是否需要重新设计，或者找出是否还有成本更低的生产方法。专家小组经过分析后确定产品的最佳性能要求，作为采购取舍的依据。

在新任务购买和修正再购买情况下，生产者购买决策的主要依据在于供应方的产品及其后续支持是否具有竞争优势。因此，供应方应该向客户详尽描述自己产品、生产过程和售后服务的优势所在，并使之尽量符合购买方的具体要求。在直接再购买情况下，现有供应商应该保持同购买方良好的合作关系；未被列入购买方选择范围的供应商可通过展示制造某种产品或提供服务的更好方法，把直接再购买转变为新任务购买，争取打入市场的机会。

（四）寻找供应商

在确定并详尽描述产品技术规格和可行性采购办法之后，购买方开始物色供应商。购买方获取供应商信息的渠道很多，如采购指南、推销员的电话访问和上门访问、产品质量调查、同业公司的采购信息、媒体报道、分类广告、企业名录、产品目录、电话黄页、商品展览等。企业既可以直接从现有的合作伙伴中选择供应商，也可以通过信息查询、网上查询和背景调查物色新的供应商，一般来说，购买任务越新，购买产品越复杂和经费支出越高，采购者在挑选和考验供应商上花费的时间就越多。

买方企业采购中心的成员们将对各供应商进行比较，做出选择。他们通常特别重视以下因素：①交货能力；②产品质量、规格；③企业信誉及历来履行合同情况；④维修服务能力；⑤技术和生产能力；⑥财务状况；⑦对顾客态度；⑧地理位置。

采购中心成员可以通过对每位供应商在上述诸方面的表现评分，从中选出最具吸引力的供应商。此外，多数企业不愿仅依靠单一的供应商，而是选取若干供货方，然后将其中较大的份额给予它们中间的一个厂家，这样，买方企业不会仅依赖一个供应源，卖方企业为争得较大份额，不得不竞相提供优惠条件。

（五）征询建议

购买方根据对供应商的调查结果，筛选出若干符合供货条件的供应商，并邀请他们提交供货建议书。不同购买任务所要求的供货建议内容会有所不同。对复杂和昂贵的大项目，购买者要求供应者提供详细的书面建议。直接再购买情况下，购买方往往只要求供应商提供有关价格、交货时间和方式等方面的最新信息；在新任务和修正再购买情况下，潜在供应商提出的供货建议则应该更加正式和详尽。

在新任务购买和修正再购买情况下，供应方在编写供货建议书前必须准确把握购买方客户遇到的问题是什么，了解生产者最为关心的产品性能究竟有哪些，自己的产品在解决购买方的问题时效果如何。直接再购买情况下，供应商在回复购买方提出的报价和供货预案要求时，应该做到及时、真实和有的放矢。

（六）选择供应商

购买方对潜在供应商提交的供货建议书加以分析、评价，然后确定理想的供应商。评价内容包括供应商的财务状况、产品性能、质量标准、技术可行性、价格合理与否、信誉和历史业绩好坏、服务满意程度、交货能力等。购买方在作出决择前，可能会与较为中意的供应商谈判，以争取较低的价格和较好的供应条件。双方营销人员在成本分析、产品测试、性能评估等方面要相互合作，力求客观公正。购买者最后会同时选择几个供应商，以免过分依赖某一个供应商。

（七）正式订购

一旦选定供应商，生产购买者就会向供应商发出订单。订单内容包括所购产品的技术说明书、需要数量、质量、价格、交货期限、退货条件、售后服务、信誉担保等。许多生产购买者有可能会放弃依靠多个供应商之间相互竞争获得最佳条件的方式，而是减少供应商的数量，使总成本更低。购买方采用"一揽子"订货的形式，通过单一货源采购更多品种的商品，有利于供需双方建立密切的长期关系。购买方在条件允许的情况下希望采取实时供货方式，要求供应商在需要产品的时候随时按照条件供货，以便实现"零库存采购计划"，达到降低或免除库存成本的目的。

（八）绩效评价

订单的签订并不意味着购买决策过程的终止。生产者将在产品的安装、使用和售后服务过程中随时对各个供应商的绩效加以评价，作为决定维持、修正或终止供货关系的依据。供应商必须及时了解用户的评价意见，加强同购买方的信息沟通和交流。购买方对所购产品进行绩效评价时，应该尽量做到客观、公正和准确。

七、服装产业市场购买决策的参与者

由于服装生产者购买服装生产所需的相关产品或服务的价值高，技术复杂，除了专职的采购人员需要参与购买决策以外，还有很多其他相关者也要参与决策，这些人员一起组成企业的采购中心或是决策单位。所谓采购中心，是指"所有参与购买决策过程的个人和集体，他们具有某种共同目标并一起承担由决策所引起的各种风险"（韦伯斯特与温德尔）。参加采购中心的所有人员具有同一采购目标，并分担决策的风险，其中每种角色又有不同，这些角色可概括为以下几种。

1. 使用者

服装产业市场购买决策的参与者中有直接使用所购买的产品或服务的成员。比如服装制造企业的一线生产工人可以对服装面料的采购提出建议，维修工程师可以对机器的采购提出建议。使用者往往最先提出购买建议，并协助确定拟购产品的规格、型号。如果某些员工对某种产品或服务有过不愉快的使用经历，他们就会拒绝再次使用此类产品或服务。这类使用者对购买决策影响很大。

2. 影响者

服装产业市场购买决策的参与者中有直接或间接对采购决策产生影响的人员，如服装生产的工程师、设计师、研发人员。他们协助确定产品规格和购买条件，通过正式或非正式的渠道提供与采购相关信息，采取建议、批评等方式对企业采购需求施加影响或予以确认。

3. 信息控制者

信息控制者是指生产者内部能够控制信息流入采购中心的人员。如采购代理人或技术人员可以拒绝或阻止某些供应商和产品的信息流入，而接待员、电话接线员、秘书、门卫等可以阻止推销者与使用者或决策者接触。

4. 信息评估者

并非所有的信息对生产者购买决策都有用，很多信息在被采购中心人员使用前要经过分析、评估、筛选和加工。外部咨询机构、质检人员和样品实验人员都可以承担信息评估的职责。

5. 决策者

决策者是指有权决定产品规格、购买数量和供应商，或作出最后批准决定的人员。决策者可以是企业的高层管理人员，如总经理、首席执行官、采购总监；也可以是获得授权的中级甚至是初级管理人员。

6. 购买者

购买者是指被赋予权力进行常规采购洽谈、执行采购协议、管理与供应商关系的人员，如采购代理人、质量管理人员；如果采购活动较为重要，购买者中还可能增加高层管理人员。另外，由于购买者与供应商接触频繁，对其可靠性、声誉和竞争优势最有发言权，是企业购买决策的重要影响者。

八、服装产业市场购买决策的影响因素

影响服装产业用户购买决策的因素有很多，主要因素有环境因素、人际因素、个人因素和组织因素。

（一）环境因素

环境因素是指服装生产者无法控制的宏观环境因素，包括国家的经济前景、市场需求水平、技术发展、竞争态势、政治法律状况等。其中，经济环境是最主要的。假如国家经济前景良好或国家扶持某产业的发展，有关服装生产者用户就会增加投资，增加原材料采购和库存，以备生产扩大之用。如果经济萧条，用户会减少甚至停止购买。在这种情况下，供应商的营销人员试图增加生产者需求量的行为往往是徒劳的，只能通过努力来保持或扩大自己的市场占有率。此外，生产者还受资源供应、技术进步、政策法规、竞争环境、文化习俗等其他外在因素的影响。国家的政策法规对行业的发展也有深远影响，为行业发展指明方向。我国的服装产业相关政策多集中在轻工纺织、制造业等大行业方面。

（二）人际因素

人际因素是指生产者内部参与购买过程的各种角色（使用者、影响者、决策者、采购者和信息控制者）的职务、地位、态度和相互关系对购买行为的影响。这些成员的地位不同，权力各异，说服力也有区别，他们对服装相关产品的采购作用不同，因而在购买决策上呈现出纷繁复杂的人际关系。有时，地位最高的购买中心成员并非组织中最有决策影响力的人。供应商的营销者应当了解每一位参与者在购买决策中扮演的角色是什么、相互之间的关系如何等，利用这些信息促成交易。

（三）个人因素

个人因素对生产者购买行为的影响也不可低估。由于购买中心是由多个感性的人组成的，因此，个人情感将不可避免地体现在购买决策和行为中。个人因素是指生产者用户内部参与购买过程的有关人员的年龄、教育、个性、爱好、风险意识等因素对购买行为的影响，它与影响消费者购买行为的个人因素相似。这些因素深刻地影响生产者的购买决策。如果采购人员受过良好教育，选择供应商之前经过周密的竞争性方案的比较，他属于理智型的购买者。有些采购人员个性强硬，总是同供应商在价格、质量、采购数量等方面反复切磋。他们有的关心技术标准，有的关心成本与价格。在多个供应商的供货条件较为接近时，采购人员的个人情感因素对生产者购买的影响尤其显著。

（四）组织因素

组织因素是指生产者用户自身的有关因素，包括经营目标、战略、政策、程序、

组织结构和制度体系等。企业营销人员必须了解的问题有：服装生产者用户的经营目标和战略是什么；为了实现这些目标和战略，他们需要什么产品；他们的采购程序是什么；他们的评价标准是什么；该公司对采购人员有哪些政策限制等。那些追求总成本降低为目标的企业，会对低价产品更感兴趣；以追求市场为目标的企业会对优质高效的产品更感兴趣。有的服装生产者建立采购激励制度，奖励那些突出的采购人员，导致采购人员为争取最佳交易条件而对卖方施加压力。有的服装生产者实行采购制度，建立统一的采购部门，将原先由各事业部分别进行的采购工作集中起来，更好地保证采购质量和降低采购成本。这种改变意味着供应商将同人数更少但素质更高的采购人员打交道。有的服装生产者提高了采购部门的规格并起用高学历人员，供应商也应该在销售部门派出级别和学历高的销售人员，以便同买方的采购人员对应。

组织因素具有特殊地位。组织因素中最重要的是购买决策权限的集中或分散程度。这又受几方面因素影响：①采购部门在组织中的地位，即它是专业职能部门还是参谋部门。显然，如果采购部门是参谋部门，就只能向生产、设计等部门提出咨询建议。②采购部门在组织内的级别如何，如果采购部门是与生产、财务、技术等部门同级，直接向最高主管负责，那么权力就很大。③采购责任是在总厂和分厂之间进行分工的，还是完全由公司总部决定集中采购。④管理职权制度规定采购中心成员在购买过程中的职权范围。

客户企业的购买政策对其购买行为影响也很大。这些政策往往是客户在长期经营中逐渐形成的成文或不成文规定。常见的典型政策有：①尽可能地向当地供货者购买；②只购买本国产品，或倾向购买某一外国产品；③当购买金额超过一定范围时，要由上级部门决定；④需与客户公司达成互惠协议，或照顾老供应关系；⑤每种货物至少向两个供货方采购；等等。

第四节　非营利组织购买行为

非营利组织是指不以盈利为目的的向社会提供服务、从事社会公益事业的机构、组织和团体。非营利组织购买者与生产者和中间商一样，都属于组织顾客。但是，非营利组织从市场上购买服装产品不是为了获取利润，而是根据职责范围内的使用对象的需要进行采购。非营利组织是组织市场内不可忽视的一部分，非营利组织对服装产品的采购数额非常可观。世界任何一个国家的非营利组织都发挥着十分重要的作用。它们不仅构成一个重要的产业，还是活跃于现代生活的一支经济力量，是各国国民经济中一个重要组成部分。世界各国的非营利组织都是大买主，构成了一个潜力巨大的市场，对促进竞争、活跃市场、吸纳就业、扩大内需、稳定市场、促进经济增长以及倡导文明、推动人类社会的进步发挥着至关重要的作用。

一、非营利组织的购买特点

以政府组织为代表的非营利组织还包括学校、医院、新闻机构、文艺团体等社会服务机构，以及各种专业团体。这些组织、机构和团体在正常运转或经营过程中必不可少地对服装产品有需求，比如学校采购教师的服装和学生的校服，医院采购医生和病人的服装等。这些服装产品的购买不是为了盈利，而是为了满足职责范围内的使用对象的需要。服装产业市场上非营利组织的购买构成了一个巨大的市场。非营利组织的购买具有如下特点：

（一）经费预算受到限制

非营利组织不像生产组织或中间商，它的目的不是为所有者或管理者创造利润，其日常运转活动经费主要来自政府财政拨款和社会捐助，经费预算与支出受到严格控制。非营利组织对服装的采购必须按照量需而出、量入而出的原则进行，不能随意突破。

（二）采购程序更加规范和复杂

由于非营利组织提供的必要性公共服务享受公众资助和政府补贴，其日常活动必须服从或服务于公众利益。非营利组织的采购是为了满足其服务对象的需要，要受到公众的监督及许多规章制度的约束。为了使有限的资金发挥更大的效用，非营利组织必须制定规范的采购程序，采购人员只能严格按照规定的条件购买，缺乏自主性。非营利组织购买过程的参与者众多，程序更为复杂。

（三）高质量和低价格是影响购买决策的最关键因素

由于受到经费预算的限制，大多数非营利组织在采购时往往倾向于选择报价更低的供应商。但是，非营利组织购买商品是为了维持组织运行和履行组织职能的需要，所购商品的质量和性能既要保证这一目的的实现，又要使目标群体对使用该产品或服务感到满意。所以，非营利组织在采购时不能一味地强调价格低廉，对产品或服务的质量有很高的要求。

二、非营利组织的购买方式

非营利组织对于服装产品的采购是服装组织市场内相当重要的一部分，它构成了一个潜力巨大的市场，在国民经济中发挥着重要作用。非营利组织采购服装不是为了营利，同时，非营利组织的经费主要来自政府财政拨款和社会捐助，经费预算与支出受到严格控制。非营利组织的购买方式有以下三种：

（一）公开招标选购

非营利组织的采购部门通过传媒发布广告或发出信函，公布拟采购服装的规格、数量和有关具体要求，要求供应商在规定的期限内进行投标。通过招标，非营利组织会选择报价最低且符合要求的投标者来供货。

非营利组织通过招标方式选择供应商有利于在购买过程中掌握主动权。各供应商要想在激烈的竞争中胜出，在投标时首先应该详细了解招标单位对服装产品的品种、规格的具体要求，自己产品与对方要求是否相符；其次应该根据自身现状和长远利益，合理确定报价。

（二）合同谈判选购

非营利组织的采购部门可以同时和初选出来的若干供应商就某一服装采购项目的价格和有关交易条件进行谈判，从中选择符合要求的供应商签订采购合同。这种方式主要适用于复杂的服装产品的采购项目，因为它们需要产品开发费用和面临风险。

（三）日常性采购

日常性采购是指非营利组织为了维持日常组织的运行需要而进行的服装产品采购。这类采购所需资金较少，购买者对商品也比较熟悉。

三、非营利组织市场的购买决策过程

非营利组织市场对服装产品的购买决策过程同其他组织市场购买过程一样，也分为八个阶段，即认识需要、确定需要、产品描述、寻找供应商、征询建议、选择供应商、正式订购和绩效评价。但非营利组织市场的购买决策过程又有其独特之处，主要表现在以下三方面。

（一）认知阶段

非营利组织购买决策的认知同样也是由内部刺激和外部刺激引发的。内部刺激大同小异，比如对于工装的周期性的需要和采购。外部刺激则与其他组织市场有所不同，主要受国民经济的发展、国际形势的导向、公众的需求等因素的影响。

（二）确认申报

非营利组织对所购买服装产品的基本情况进行确认之后，需要书写申报材料，并填写大量表格，经由上级机关审批之后，再作具体安排。其他组织市场则无须这么烦琐的过程。

（三）确定供应商并签订合同

公开竞价一般以最低报价确定供应商，这就导致供应商以技术的强化来降低成本。在服装产品的特性被具体限定的情况下，差异化就不再是一个有效的营销要素，而且广告和人员推销对竞价的成功也不再产生重大影响。协议合同则需要综合考虑，或与最符合要求的供应商签订合同，或与多家共同签订。

四、影响非营利组织市场购买决策的主要因素

非营利组织对服装产品的购买决策也受环境、组织、人际和个体因素的影响，但由于受到公众的密切注视，使其与产业市场和中间商市场对服装的购买有所不同。非营利组织市场购买的影响因素如下：

（一）社会公众的监督

非营利组织的重要预算项目必须提交国家权力机关审议通过；由国家专门的行政管理和预算办公室审核，并提出改进意见；各种传播媒体密切关注政府经费的使用情况，起到舆论监督的作用；国家公民和各种民间团体也会通过各种途径对不合理之处予以揭发。非营利组织由于所提供的某些服务是享受公众资助和政府免税的，因此，其经营活动必须服从或服务于公众的利益，并受到相应的监督。

（二）政治形势的影响

国际国内的政治形势变化多端，当国家安全受到威胁、国内发生暴动或者发动对外战争时，政府的军备开支和军需品的购买需求就会相应增加，非营利组织所提供的产品也会相应增加，而和平时期的开支则主要用于经济建设和社会福利支出。

（三）经济形势的影响

国家的经济形势对非营利组织采购活动的影响巨大。当一国经济呈现高速发展的势头时，政府会增加支出用于国家建设，对服装产品的采购也会增加；相反，则会缩减开支。

（四）自然因素的影响

全球环境的恶化促使政府机构投入大量资金用以改善生态环境，各类自然灾害的发生会增加非营利组织赈灾、救灾的物资投入，等等。这些因素在很大程度上影响着非营利组织对产品的采购行为，也包括对服装的采购。

（五）经济因素的影响

一方面，非营利组织用于采购服装产品的资金支出总额是有限的，一般不能超出预算范围；另一方面，非营利组织购买服装的经费主要来自政府财政拨款和社会捐助，服装价格低廉就意味着可以向更多的人提供帮助，但同时要保证产品质量。所采

购的服装产品的质量关乎非营利组织的形象和信誉。

五、政府购买

政府采购者是指那些为执行政府主要职能而采购商品或租用劳务的各级政府单位，政府市场属于组织市场。构成一个国家政府市场的购买者是该国各级政府的采购机构，采购的商品应当直接用于政府的统筹分配。由于政府通过税收、财政预算等掌握了相当一部分国民收入，所以形成了一个庞大的政府市场，正因如此，政府市场的采购行为往往会对整个国家的经济发展产生深远影响。

（一）政府购买的目的

所谓政府市场，是指为执行政府的主要职能而购买、租用产品或服务的各级政府单位。一个国家的政府市场上的购买者是这个国家的各级政府的采购机构。政府采购是非营利性质的。政府购买行为是为了维护国家安全和社会公众的利益。政府购买的目的首先是履行政府职能的需要。在服装市场上，政府为了满足国家的国防、公用设施、日常办公等的需要，购买必需的服装产品。其次，政府购买的目的也是刺激国内需求，保护民族工业的发展，稳定市场。最后，政府购买还要满足节约财政开支，提高资金使用效率的目的。

（二）政府采购的基本原则

无论是对服装产品的采购，还是对其他产品和服务的采购，政府采购都要遵循以下基本原则：①公开、公平、公正和效益原则；②勤俭节约原则；③计划性原则。

（三）政府市场购买过程的参与者

各个国家、各级政府对于服装产品的采购要通过采购组织进行。采购组织一般分为两大类：行政部门的采购组织和军事部门的采购组织。

（1）行政部门的购买组织：如国务院各部、委、局；省、直辖市、自治区所属各厅、局；市、县所属各科、局等。他们采购的经费主要由财政部门拨款，分级政府机构的采购办公室负责经办采购事物。

（2）军事部门的购买组织：各国军队都有国防部和国防后勤部，国防部门主要采购军事装备，国防后勤部主要采购一般军需品。在我国，解放军总后勤部负责采购和分配一般军需品，如服装。各大军区、各兵种也设立后勤部门负责自己所需军需品的采购，其中就包括服装类的采购。

（四）政府采购的特点

政府是大宗产品和服务的主要购买者之一。与一般民间购买不同，政府采购的主要特点体现在以下五方面。

第一，政府采购一般是按照年度预算进行的，年度预算具有法律效力，不会轻易变更。也就是说，政府在一个财政年度内的采购规模基本上是固定不变的，这是政府市场相对稳定的一个重要原因。政府的有关部门对于有意进入政府采购市场的供应商要求提供规定的资料，用以说明其能够提供的产品类别、规格、企业的实力、资信等情况。只有经审定被列入政府采购准供应商名单中的企业，才有可能参加政府采购的竞标活动。

第二，政府购买决策程序复杂，技术要求高，采用招标与签订合同采购方式，对投标者或供应商选择极为严格。由于政府经费主要来源于财政拨款，而财政收入主要来自纳税人，为提高资金的使用效率，节约经费支出，保证国防、教育及公用基础设施的需要，政府机构购买决策过程更加复杂，对技术的要求更高。政府采购往往通过竞争性的招标采购、有限竞争性采购和竞争性谈判等方式来选择合适的供应商。对于服装产品，政府有关部门会制定详细的标准和细则，包括技术规范、运送货物的时间要求、保证书要求及其他采购要求。已经被列入政府采购准供应商名单的企业必须能够提供完全符合这些标准和细则的产品和服务才有资格进入竞标阶段。在竞标阶段，价格基本上是唯一的竞争因素，政府一般会选择竞标价最低的企业作为供应商，除非竞标价次低的企业能拿出有力的证据说明竞标价最低的企业所提供的产品和服务不符合要求。

第三，购买交易额大，重复购买频率高。一般而言，一个国家的政府支出占据了国民生产总值的相当份额。美国、法国、德国、意大利等发达国家的政府支出占据国民生产总值很大的份额，而政府支出中政府购买又占有较大的比例。我国虽然政府支出的比例低于发达国家，但是随着政府职能的加强，政府购买的比例将越来越大。此外，政府在服装市场上采购的商品具有易耗性的特点，所以虽然一次购买量有限，但是重复购买的频率非常高。

第四，进入政府市场困难大，但回报丰厚。政府市场中的需求稳定，信誉好，同时还可提高供应商的声誉及社会地位。服装供应商风险小，货款回收保障性高。在其他类型的市场上，采购主体是各类不同的工商企业或个人消费者，他们各自的财务状况、信誉不同，供应商往往要承受较大资金回笼风险，由于政府市场的采购主体是各级国家机关、团体，其采购数量一般严格控制在国家财政预算范围内，有较强的财力保障和较好的信誉，供应商遇到货款收不回来的风险相对要小得多。

第五，政府购买决策过程中非经济标准的作用较大。政府采购出于保护本国产业的目的，更倾向于采购本国供应商而非外国供应商产品。本着刺激国内需求，保护民族工业的目的，政府购买过程中往往优先选择本国供应商。有些要求政府采购时要照顾衰退的行业和不发达地区，照顾小企业和没有种族、年龄、性别歧视的企业。尽管价格和质量是政府机构选择供应商的重要标准，但是有时非经济标准的作用也很大。政府机构可能通过对准时交货、质量上乘和按期现行合同的供应商予以补贴的方式加以鼓励。

（五）影响政府购买行为的因素

政府购买服装并不是为了获取利润。与服装产业市场一样，影响政府购买行为的主要因素有环境因素、组织因素、人际因素和个人因素，同时，政府采购的独特之处还在于它受到社会公众的制约和法律的监督。

1. 政府采购受到社会公众的监督

政府采购服装要接受公众监督，政府采购的目的是履行社会职责，其原则是公平、公正、公开。在政府采购中，通行的营销手段的作用很小。由于采用公开竞标方式，削弱了广告、人员推销的影响。政府采购主要受到国家权力机关、行政管理和预算机构、大众传播媒体、公民和各类民间团体的共同监督。

政府的重大预算项目必须提交国家权力机关，即国会、议会或人民代表大会审查批准，使用过程中和使用后还要经常接受审查和评估。有的国家成立专门的行政管理和预算办公室，负责审核政府的各项支出是否合理、有效。大众传播媒体，如报刊、杂志、广播、电视等传播媒体密切关注政府经费的使用动向，对于不合理之处会及时予以披露，行使舆论监督的权利。公民和民间团体作为国家的纳税人，公民和各种民间团体要求了解和监督自己所缴纳的税赋的使用情况是法律赋予的权利。

2. 政府采购受到法律的监督

《中华人民共和国政府采购法》（以下简称《政府采购法》）被列入第九届全国人大常委会立法规划的第一类立法项目。《政府采购法》于1999年在搜集资料、调查研究的基础上起草出政府采购法草案的基本框架和基本草案大纲；2000年提出草案初稿并广泛征求意见；2001年修改完善草案；2002年6月29日，全国人大常委会审议通过了《政府采购法》，并于2003年1月1日起正式实施。政府采购制度自身的特点，使其在中国一经试行，就显示出极大的优越性。由于政府采购具有公平、公正、公开性，被人们称为"阳光工程"和"阳光下的交易"，规范政府采购的法律法规被称为"阳光法案"。

（六）政府采购的方式

政府采购者的决策过程通常是相当复杂的，这包括文书档案工作、政策的多变等。《政府采购法》中明确指出，政府采购主要通过公开招标、邀请招标、竞争性谈判、询价和单一来源采购等方式选择合适的供应商。《政府采购法》对每种方式的适用情况都做出了相应的规定。

（1）公开招标采购是政府采购服装产品的主要方式，具体含义是政府机构邀请那些有资格的服装供应商参加投标，然后按照物美价廉的原则与中标的服装供应商签约。政府采用公开招标的方式购买产品，一方面是为了防止采购过程中可能出现的腐败行为，另一方面也是为了通过公开招标，降低采购成本。在需要购买服装产品时，事先通过发布公告，将需要采购的服装数量、规格和其他条件公开招标，然后在公开透明的原则下对投标企业的标书评标，最后选定购买对象。由于产品的特征被加以详细的规定，所以产品差异不是营销因素，广告和个人推销对中标影响也很小。

（2）邀请招标采购，也称选择性招标，是指采购人根据服装供应商或承包商的资信和业绩，选择若干合格供应商（不得少于三家）向其发出招标邀请书，由被邀请的供应商投标竞争，从中选定中标者的招标方式。

（3）竞争性谈判采购，是指谈判小组（由采购人的代表和有关专家共三人以上的单数组成，其中专家的人数不得少于成员总数的2/3）从符合相应资格条件的服装供应商名单中确定不少于三家的服装供应商参加谈判的采购方式。

（4）询价采购是指询价小组（由采购人的代表和有关专家共三人以上的单数组成，其中专家的人数不得少于成员总数的2/3）根据采购需求，从符合相应资格条件的服装供应商名单中确定不少于三家的供应商向其发出询价单让其报价，由供应商一次报出不得更改的报价，然后询价小组在报价的基础上进行比较，并确定最优供应商的一种采购方式，也就是通常所说的货比三家。它是一种相对简单而又快速的采购方式。《政府采购法》规定实行询价采购方式的，应符合采购的货物规格、标准统一、现货货源充足且价格变化幅度小的政府采购项目。

（5）单一来源采购，也称直接采购，是指达到了限额标准和公开招标数额标准，但采购的服装的来源渠道单一，或属专利、首次创造、合同追加、原有采购项目的后续扩充和发生了不可预见紧急情况不能从其他供应商处采购等情况。

综上所述，服装供应商为了在政府采购这个巨大的市场上分一杯羹，需要密切关注政府采购服装的需求动向、发展趋势及相关的法律规定，答复政府提出的要求，并通过强大的信息网向政府显示公司实力，以争取更多的政府订货。由于政府采购容量巨大，越来越多的大公司为了获得政府的订单，建立了专门的采购营销部门。这些公司积极参与投标，不仅尽力满足政府提出的要求，还主动提出适合政府需要的多项建议，并通过强大的信息网向政府显示公司的实力，以争取更多的政府订货。

六、其他非营利性组织购买

其他非营利性组织包括学校、医院、新闻机构、文艺团体等社会服务机构，以及各种专业团体。通常情况下，这些组织为了履行各自承担的社会服务职能，需要购买一定数量的服装产品作为运营的基础条件。

（一）其他非营利组织市场的类型

其他非营利组织市场按照不同的划分标准，可分为不同的市场类型。这里主要介绍按照不同职能和不同经费来源划分的非营利组织市场类型。

按照职能不同，非营利组织可以分为三类。

1. 履行国家职能的非营利组织

即服务于国家和社会以实现社会整体利益为目标的有关组织，主要有各级政府、消防队、监狱等。

2. 促进群众交流的非营利组织

即一些群众性组织，主要是为了加强群体之间的思想和感情的交流，宣传某些知识和观念，或是为了维护群体利益，如宗教组织、协会等。

3. 提供社会服务的非营利组织

即为某些公众的特定需要提供特殊服务的非营利组织，如医院、学校、红十字会、慈善机构和福利机构等。

关于经费来源，非营利组织主要有三种类型。

1. 自给自足型

这些非营利组织在经费上完全自负盈亏。例如，大多数医院，必须为所提供的服务设置一个合适的收费标准，以便得到适当的收益来补偿全部开支，维持正常运营。

2. 部分收费型

这些非营利组织能得到政府财政拨款和有关方面的捐款。由此，所提供的服务或产品收费标准可以低于其平均成本。例如，我国高等教育所收取的学费仅占培养学生平均成本的很小部分，随着经济的发展，学费会逐步提高，但仍将低于其运行成本。

3. 无偿提供型

这些非营利组织完全依靠政府的财政拨款或捐助支持运行，无偿提供服务，这些无偿服务有消防、天气预报、地震报警等。

（二）其他非营利组织市场的特点

政府市场的特点在其他非营利组织市场同样存在，但也有不同之处，主要表现在以下几方面。

1. 采购资金的来源自愿

政府的采购资金是通过税收形式形成的，是强迫的；其他非营利组织市场的采购资金是通过各种形式使一些个人把他们的资源汇集起来形成的，是自愿的。按照资金来源的不同，非营利组织包括顾客支持型组织和公众支持型组织。前者的资金来源主要是服务收费，如医院向病人收取医疗费和药费，学校向学生收取学费等；后者的资金来源主要是捐助和政府的财政拨款，如果是捐助还可以获得一定程度的税收减免。

2. 目标与战略的选择受限

其他非营利组织不能随意改变自身的经营目标和战略，例如，医院不能因为某个医疗科室的服务收入偏低就撤销，虽然医院可以决定某个科室数量的多少，但却不能任意终止某些服务项目。而且，这些非营利组织所提供的服务很大程度上会受到外界的引导，例如学校的设立必须服从国家对于办学条件、范围的规定。此外，公众利益支持型组织的活动可能会受捐赠人的约束，他们会事先规定资金的用途。

3. 需求多目标性

其他非营利组织的目标具有多样性，它们会调配各目标之间的关系，使资源得到更有效的配置。例如，学校在追求服务收入的同时，还要注意提升学生的素质、提升自身的知名度、妥善处理与不同公众的关系（包括与学生、家长、教职员工、当地企业、政府的关系）等。

4. 服务专门化

很多情况下，其他非营利组织所提供的产品就是服务，但不同的组织提供的服务不同，环保组织提供的服务是提升公众环保意识的宣传服务；红十字组织提供的是无偿的医疗设备、药品和治疗服务；学校提供的是教育服务。这些服务是无形的，因此具有易变性、时间性等特征。例如，学校提供的教育，不同教师授课质量各不相同，随着时间的推移，课程的设计和内容也将随之变动。

（三）其他非营利组织市场的购买特点

1. 限定总额

这些非营利组织设立的目的不是创造利润，其正常运转的活动经费主要来自政府拨款或者社会捐助，因此经费的预算与支出都会受到严格的控制。因此，这些非营利组织的采购必须量入而出，不能随意突破。

2. 价格低廉

由于受到经费预算的限制，这些非营利组织在采购时往往倾向于选择报价更低的供应商。政府采购用的是纳税人的钱，要求仔细计算，用较少的钱办较多的事。

3. 保证质量

这些非营利组织购买商品不是为了转售，而是为了维持组织运行和履行组织职能的需要，对产品或者服务的质量有很高要求。比如，医院采购病人服装，以劣质服装供应病人就会损坏医院的声誉。

4. 受到控制

为了使有限的资金发挥更大的作用，这些非营利组织的采购人员受到较多的制约，只能按照规定的条件购买，缺乏自主性。

5. 团体采购

团体采购将成为这些非营利组织采购的一个重要发展趋势。所谓团体采购，就是指几家甚至几十家机构组成一个联合采购单位或委托专门的采购组织进行采购。通过团体采购，可以获得价低、质优的各类产品和服务的供给。同时，团体采购还具有削减各成员的管理费用、采购规范化及更富有竞争力等优点。

其他非营利组织市场购买类型、购买方式、影响其购买的因素与政府市场相似，在此不再赘述。

本章小结

服装组织市场是指由各类组织为了生产、出售、租赁或者供应而购买服装及服装相关产品和服务而构成的顾客市场，这种购买行为的最终目的不是自身消费。服装组织市场包括产业市场、中间商市场和以政府为代表的非营利组织市场三个部分。

服装中间商市场又称转卖者市场，它是由以营利为目的的、购进服装商品后再转卖给他人的所有组织和个人所组成的市场。服装中间商市场由各种形式的代理商、批发商和零售商构成。中间商的构买类型包括新产品采购、最佳供应商选择、寻求较好的供应条件和直接重购。采购参与者包括专职采购员、采购委员会、分店经理。销售业绩、市场预测、库存状况和采购者的个人风格等都会影响中间商的采购决策。

服装产业市场的购买类型包括直接再购买、修正再购买和新任务购买。服装生产者的购买决策参与者比较多，主要包括产品或服务的使用者、影响者、信息控制者、信息评估者、决策者和购买者。影响生产者购买决策过程的主要有环境因素、组织因素、人际关系因素及个人因素等。生产者购买决策过程包括八个阶段：认识需要、确定需要、产品描述、寻找供应商、征询建议、选择供应商、正式订购以及绩效评价。

非营利组织包括各级政府部门、专业团体、社会服务机构等为向目标顾客提供产品和服务的机构。这些市场的特征是经费预算受到严格限制，高质量和低价格成为选择供应商的最关键因素。政府市场是非营利组织市场的一个特殊部分。政府购买行为受到公众的广泛监督，购买过程更规范、程序更严格，大部分购买通过公开招标和谈判进行。其他非营利组织为了教育、公共福利和其他公共需要而购买服装产品，其购买类型、购买方式、影响其购买的因素与政府市场相似。

扫码获得本章习题及参考答案

第七章　服装市场营销战略

　　实际上，服装企业的竞争从营销战略的制定就开始了，或者可以说，从一开始竞争成败就确定了，这就是战略的重要性。有效的市场营销战略主要有目标市场战略、市场竞争战略、品牌战略和国际化战略。在服装市场营销环境分析的基础上，企业通过市场调研进一步掌握市场需求和消费者的购买心理，接着是市场细分和目标市场选择。市场细分帮助服装企业发现市场机会，企业可以通过地理、性别、年龄、收入等来细分市场，在细分市场的基础上，服装企业要确定目标市场，即细分市场、评价细分市场、确定目标市场、制定目标市场策略等步骤。

　　市场营销，不仅提供能满足顾客需要的产品或服务，还要求比竞争对手做得更好。因此，竞争是进行营销活动的前提条件。如何制定正确的竞争战略，如何战胜竞争对手来实现企业预定的营销目标，就是营销管理的最重要的内容之一。竞争者战略首先就是对竞争者的识别、评估，之后才是制定服装企业的竞争战略，服装企业必须结合环境与自身现状制定合适的竞争战略，包括服装企业市场营销通用竞争战略、服装企业市场营销差异竞争战略和服装企业市场营销目标集中战略。随着一个产品市场步入成熟，服装企业在行业中所占市场份额逐渐拉开并维持一个相对稳定的局面，不同市场份额者之间进行比较长久的竞争。因此，研究市场领先者、挑战者、追随者和补缺者的竞争战略，对于掌握一般的竞争方法有重要意义。

　　现代社会中，品牌是一个非常重要的经济和社会现象。消费者依赖品牌来辨别、选择产品和服务乃至依靠品牌体现自身的品位、价值观和情感取向；制造商或服务商则通过品牌来传达产品质量、情感乃至价值取向等诸多内容，以赢得顾客忠诚和随之而来的长远发展。不仅如此，越来越多的非营利机构也采取了品牌化的做法，积极塑造自身的品牌形象，以求利用强大的号召力实现自身的目标。服装品牌战略包括有无服装品牌战略、品牌使用者战略、品牌统分战略、品牌扩展战略等。

　　随着服装企业竞争能力的增强，进入国际市场成为必然选择，服装企业国际化战略就是关于服装企业国际化的一系列营销战略管理方法，包括如何对服装企业国际化经营的环境因素分析、如何选择合适的服装企业国际化战略，以及服装企业进入国际市场的方式选择等。

学习目标：

　　1. 理解服装市场定位的方法和步骤；2. 了解服装品牌战略的概念及内涵；3. 理解制定竞争战略的步骤；4. 掌握选择目标市场的程序、策略的特点及适用性；5. 掌握影响服装品牌定位的因素。

第一节　目标服装市场战略

在服装市场营销环境分析的基础上，企业通过市场调研进一步掌握了市场需求和消费者的购买心理，接着是市场细分和目标市场选择。在买方市场背景下，除极个别的产品外，大多数产品对顾客而言，都有多种选择。同时，任何服装企业不可能满足一种产品的所有市场需求，只能满足其中一部分消费者的需要。服装企业怎样把"这一部分顾客"筛选出来，确定为自己的主攻市场即目标市场，并充分利用企业资源，发挥企业优势，树立企业特色，有针对性地制定市场营销策略。

目标市场营销（STP 营销）是现代战略营销的核心，包括市场细分（Segmentation）、选择目标市场（Targeting）和市场定位（Positioning）三个环节，如图 7-1 所示。

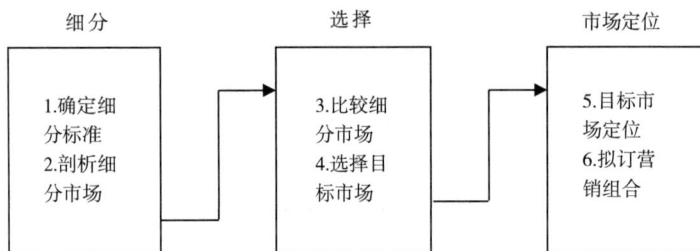

图7-1　目标市场营销（STP）

一、服装市场细分战略

（一）市场细分的概念与理论依据

"市场"一词对不同的人含义不同。如超级市场、股票市场、劳动力市场、鱼类市场、跳蚤市场这些词语人们都很熟悉。所有这些类型的市场都有一些共同之处：第一，它们由人（消费者市场）或组织（产业市场）构成；第二，这些人或组织具有可以由特定的产品范畴来满足的需求；第三，他们有能力购买他们想要的产品；第四，他们愿意用他们的资源（通常是货币或信用）来交换他们想要的产品。

在市场内，细分市场是具有一个或多个相同特征并由此产生类似产品需求的人或组织组成的亚群体。从一个极端来讲，如果世界上的每个人或组织对某种产品的需求与欲望是完全一致的，即无差异需求，我们可以把整个消费者市场定义为一个大的细分市场，把产业市场定义为另一个大的细分市场。从另一个极端来讲，如果世界上的每个人或组织的需求具有不同特点，则每个人或每个组织都可以定义为一个细分市场。企业应制订有针对性的营销方案来满足消费者或组织具有不同特色的需求。但这种情况在现阶段对企业营销是极其困难的。因为这需要受到许多营销因素（如企业预期利润目标）的制约和影响。在现实生活中，当顾客的某些因素比较接近时，顾客的需求与欲望也会有相似之处，如图7-2所示，营销管理人员会按照"求大同，存小异"的原则，进一步归纳这些不同需求。后文中结合市场细分的标准进一步说明。

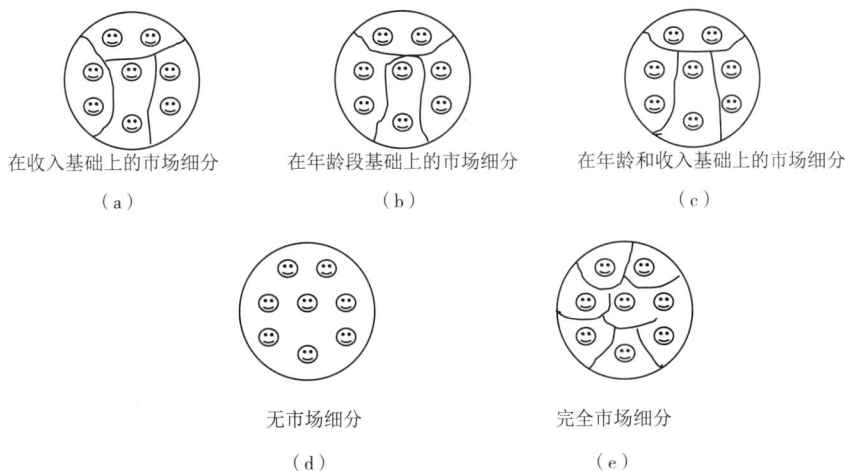

在收入基础上的市场细分	在年龄段基础上的市场细分	在年龄和收入基础上的市场细分
（a）	（b）	（c）

无市场细分　　　　　　完全市场细分

（d）　　　　　　　　（e）

图7-2　市场细分概念

服装市场细分（Marketing Segmentation）是指营销者利用一定需求差别因素（细分因素），把某服装整体市场消费者划分为若干具有不同需求差别的群体的过程或行为。值得注意的是，服装市场细分不是对自己的产品进行分类，也不是按企业的性质进行分类，服装市场细分是按照顾客的需要和欲望分类的。

（二）服装市场细分的要求

一般来说，服装企业在进行市场细分时应把握四个要求：①产品要有明显特征；②企业可以接受；③企业有适当的盈利；④服装市场要有发展潜力。

（三）服装产业市场细分的标准

服装产业市场的细分标准，有些与消费者市场的细分标准相同。如追求利益、使用者情况、地理因素等，但还有一些不同的标准。美国的波罗玛（Bouoma）和夏皮罗（Shapiro）两位学者，提出了一个产业市场细分变量表，较系统地列举了产业市场细分的主要变量，并提出了企业在选择目标市场时应考虑的主要问题。

扫码学习产业市场
主要细分标准

（四）服装市场细分的具体方法

按照选择市场细分标准的多少，服装市场细分有以下三种方法：

1. 单一变数法

单一变数法是指只选择一个细分标准进行细分服装市场的方法。

例如，玩具市场，不同年龄的消费者对玩具的需求不同，可按年龄标准把市场细分为：1～3岁玩具市场，4～5岁玩具市场，6～7岁玩具市场，8～12岁玩具市场，12岁以上玩具市场等细分市场。1～3岁的玩具应该具有启蒙功能，而12岁以上的玩具应具有智力或科技功能。

2. 综合变数法

综合变数法是指选择两个以上（少数几个）的细分标准进行细分服装市场的方法。例如，某公司对家具市场的细分采用了三个标准，如表7-1所示。

表7-1　某公司对家具市场的细分

细分标准	细分结果
户主年龄	65岁以上、50~64岁、35~49岁、18~34岁
家庭人口	1~2人、3~4人、5人以上
月收入水平	1000元以下、1000~3000元、3000元以上

3. 系列变数法（完全细分法）

系列变数法是指根据服装企业经营的需要，选择多个细分标准，由大到小、由粗到细进行系列细分市场的方法。例如，某服装公司选择多个标准对服装市场进行细分，如图7-3所示。

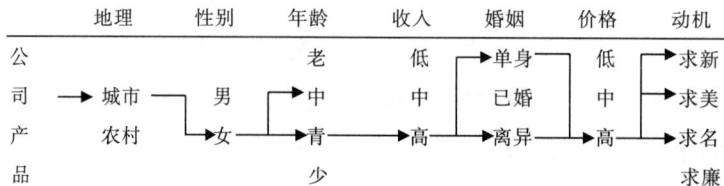

图7-3　某服装公司对服装的市场细分

二、确定目标服装市场

服装市场经过细分之后，摆在企业面前的是若干个细分市场，究竟哪个细分市场对本企业存在市场机会，哪个市场可以作为本企业的目标服装市场，企业可以集中自己有限的资源并发挥自己的优势为目标服装市场的消费者服务，同时也取得相应的经济回报。我们必须对细分服装市场进行分析和评价，确定本企业的目标市场。目标服装市场（Target Market），是指服装企业准备用产品或服务以及相应的一套营销组合为之服务或从事经营活动的特定市场。

（一）确定目标服装市场的步骤

确定目标服装市场的步骤，如图7-4所示。

细分市场 → 评价细分市场 → 确定目标市场 → 制定目标市场策略

图7-4 确定目标服装市场的步骤

（二）评价细分服装市场

评价细分服装市场，必须确定一套具体的评价标准，评价标准主要从细分市场本身的特性、市场结构的吸引力、本公司的目标及资源优势等方面来考虑。

1. 细分服装市场本身的特性

（1）服装市场有没有"适当"的规模。

（2）服装市场有没有预期的发展前景。

2. 细分服装市场结构的吸引力

有些细分服装市场虽然具备了企业所期望的规模和发展前景，但可能缺乏盈利能力。迈克尔·波特提出了决定某一细分市场长期利润吸引力的五种因素，常称为"波特五力模型"，具体包括：

①该市场同行竞争者的竞争力。②该市场进入的难易程度及潜在竞争的实力。③该市场有无现实或潜在的替代产品。④该市场购买者的议价能力高低，如购买者有无组织支持。⑤该市场供应商的议价能力的高低，如该市场的产品生产是否要严重依赖某种由供应商提供的零配件或原材料。

3. 服装企业的目标和资源

某细分服装市场具有适合服装企业的规模、良好的发展前景和富有吸引力的结构，能否作为企业的目标市场，企业仍需结合自己的目标和资源进行考虑。

服装企业有时会放弃一些有吸引力的细分市场，因为它们不符合企业的长远目标。当细分市场符合企业的目标时，企业还必须考虑自己是否拥有足够的资源，能保证在细分市场上取得成功。即使具备了必要的能力，公司还需要发展自己的独特优势。只有当企业能够提供具有高价值的产品和服务时，才可以进入这个目标市场。

（三）确定目标服装市场的范围

服装市场经过细分、评价后，可能得出若干可供进军的细分市场，企业是向某一个市场进军或向多个市场进军呢？这就需要确定目标市场的范围。企业可以在五种目标市场类型中进行选择，如图7-5所示。

1. 产品／市场集中

服装企业选择一个细分市场作为目标市场，企业只生产一种产品来满足这一市场消费者的需求。

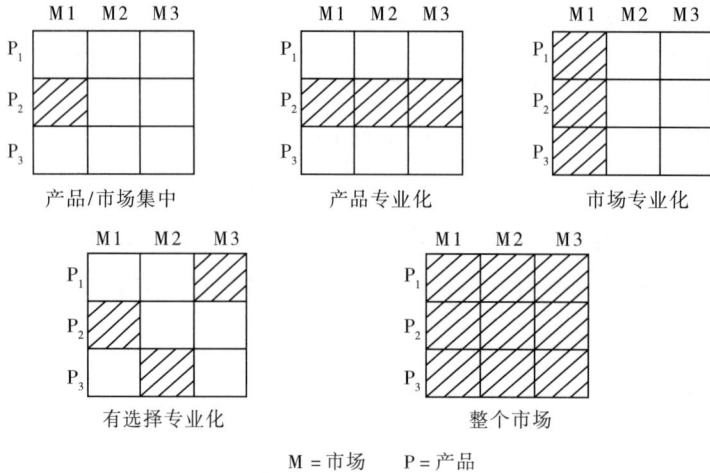

图7-5 五种目标市场选择类型

这种策略的优点主要能集中企业的有限资源，通过生产、销售和促销等专业化分工，能提高经济效益。一般适应实力较弱的小企业，与其在大（多）市场里平庸无奇，倒不如在小（少）市场里有一席之地。但存在较大的潜在风险，如消费者的爱好突然发生变化，或有强大的竞争对手进入这个细分市场，企业利益很容易受到损害。

2. 产品专业化

服装企业选择几个细分市场作为目标市场，企业只生产一种产品来分别满足不同目标市场消费者的需求。这种策略可使企业在某个产品树立起很高的声誉，扩大产品的销售，但如果这种产品被全新技术产品所取代，其销量就会大幅下降。

3. 市场专业化

服装企业选择一个细分市场作为目标市场，并生产多种产品来满足这一市场消费者的需求。企业提供一系列产品专门为这个目标市场服务，容易获得这些消费者的信赖，产生良好声誉，打开产品销路。但如果这个消费群体的购买力下降，就会减少购买产品的数量，企业就会面临滑坡的危险。

4. 有选择专业化

服装企业选择若干个互不相关的细分市场作为目标市场，并根据每个目标市场消费者的需求，向其提供相应的产品。这种策略的前提就是每个市场必须是最有前景、最具经济效益的市场。

5. 整个市场

服装企业把所有细分市场都作为目标市场，并生产不同的产品满足各种不同的目标市场消费者的需求。只有大型企业才能选用这种策略。

（四）确定目标服装市场策略

服装企业通过对市场进行细分，发现一些潜在需求或未被满足的需求，并结合企业自身的目标和资源，分析竞争的情况，寻找理想的市场机会，这就是目标市场的选择。服装企业决定选择哪些细分市场作为目标市场，有三种目标策略可供选择，如图7-6所示。

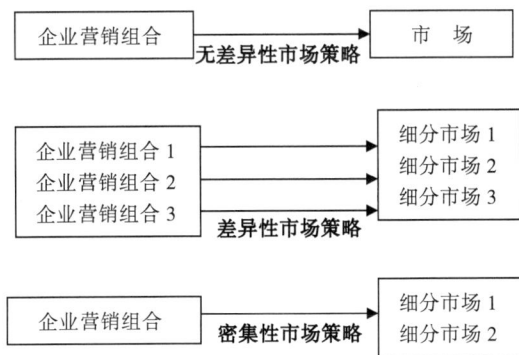

图7-6　三种目标市场策略

1. 无差异性市场策略

服装企业经过市场细分之后，虽然认识到同一类产品有不同的细分市场，但权衡利弊得失，不去考虑细分市场的特性，而注重细分市场的共性，决定只推出一种产品，或只用一套市场营销策略来满足市场所有顾客的需求，以求在一定程度上适合尽可能多的顾客需求。

由于只有一种产品，服装企业容易做到机械化、自动化、标准化生产，容易做到大批量生产，容易做到生产成本低、产品质量好；又由于仅采用一种营销策略，销售成本也最低，这样企业能以物美价廉的产品迎合消费者的需要。但这种策略也有其不足，首先，不能满足消费者的多种需求。因为市场上消费者的需求是千差万别的，企业只有一种产品难以满足所有消费者的需求和欲望。其次，容易引起竞争的过度。一旦企业的这种产品销路好，能获得丰厚的利润，必然招来许多竞争者。最后，不能长期使用。因为一种产品能长期为消费者所接受是罕见的，特别是现在，产品更新换代快，企业不断推出新产品，老产品容易被淘汰，企业不要高枕无忧，长期使用。

这一策略适用于产品初上市的情况，或产品获得专利权的，因为这样的市场环境没有竞争者或竞争者少。适合生产规模大、实力雄厚的服装企业。

2. 差异性市场策略

服装企业经过市场细分之后，认识到不同细分市场消费者存在不同的需求，企业决定推出多种产品，采用多种市场策略，分别满足多个目标市场消费者的需求。

由于构成整体市场消费者的需求是千差万别的，即使对同一种产品的需求，在型号、规格、款式、颜色等方面的需求也有明显差异。服装企业选择多个目标市场并根据每个细分市场消费者的需要，采用不同的产品、不同的市场策略满足各个目标市场消费者的需要。所以，这种策略的优点一是销售量大。目标市场越多，消费者的需求就越多，产品的销售量就越大；二是风险小。因为服装企业有多个市场，避免因为一个目标市场出现问题，威胁到整个企业的生存和发展。最大的不足是成本高。由于服装企业生产的产品多，需要多项研究费用，多套生产设备，多种熟练生产工艺的技术人员和生产工人，多种产品包装，加上产品需求批量小，生产成本必然高；且用多套分销渠道网络，多种促销措施，以至于分销费用、储存费用、广告宣传费用、人员推销费用都大幅增加，销售成本也相当高。

这一策略适应于产品生命周期的成长期后期和成熟期。因为这一时期竞争者多，服装企业采取这一策略可以获取市场竞争优势，增强企业的竞争力。

3. 密集性市场策略

密集性市场策略也称集中性市场策略，是指服装企业集中力量去满足一两个目标市场消费者需要。

由于服装企业认为自己的资源有限，企业应集中所有力量在这一两个目标市场上，争取在这市场上获取较高的市场占有率，不断取得竞争优势，逐渐扩充自己实力。这种策略的优点是投资少、见效快。因为服装企业只有一两个市场，资金的需要较少，同时由于这一两个市场是企业的命根，企业必然会竭尽全力对目标市场做深入的调查研究，及时收集顾客意见，反馈信息，按消费者的需求和欲望去改进产品，提供最佳服务，能迅速产生销售效果。但由于服装企业只有这一两个市场，一旦市场发生变化，就会导致企业经营失利，使企业难以翻身。风险大是这种策略的不足。

这一策略适应于资源薄弱的小型服装企业，或是处于产品生命周期衰退期的服装企业。

三、服装市场定位

服装企业进行市场细分，确定目标市场之后，紧接着应考虑目标市场各个方位的竞争情况。因为在企业准备进入的目标市场中往往存在一些捷足先登的竞争者，有些竞争者在市场中已占有一席之地，并树立了独特的形象。新进入的企业如何使自己的产品与现存的竞争者产品在市场形象上相区别，这就是服装市场定位的问题。

（一）服装市场定位的概念和作用

1. 服装市场定位的概念

服装市场定位（Market Positioning），是指为了适应消费者心目中某一特定的看法而设计的企业、产品、服务及营销组合的行为。

　　服装市场定位根据定位对象的不同，划分为企业（公司）定位、品牌定位、产品定位三个层面。产品定位就是将某个具体的产品定位于消费者心中，让消费者一产生类似需求就联想起这种产品。产品定位是其他定位的基础，因为企业最终向消费者提供的是产品，没有产品这一载体，品牌及企业在消费者心中的形象就难以维持。品牌原本是产品的一种特殊标志、标识。但品牌定位不同于产品定位，当一种知名品牌代表某一特定产品时，产品定位与品牌定位无大区别。如当消费者一看到"飘柔"，就自然而然把它与洗发水联系起来。当一种知名品牌代表多种产品时，产品定位就区别于品牌定位，如当你提起"三星"时，别人很难分辨出你指的是三星微波炉，还是手表，或是手机。尽管如此，人们脑海中仍会产生一种概念，即"三星＝高品质"。所以，品牌定位比产品定位内涵更宽，活动空间更广，应用价值更大。企业定位是企业组织形象的整体或其代表性的局部在公众心目中的形象定位，企业定位是最高层的定位，必须先定位它们的产品和品牌，但其内容和范围要广得多。

　　2. 服装市场定位的作用

　　（1）定位能创造差异，有利于塑造服装企业特有的形象。

　　（2）适应细分市场消费者或顾客的特定要求，更好地满足消费者的需求。

　　（3）定位能形成竞争优势。

　　（二）市场定位的策略

　　1. 产品定位策略

　　（1）根据属性定位。

　　（2）根据价格与质量定位。

　　（3）根据产品的功能和利益定位。

　　（4）根据使用者定位。

　　2. 品牌定位策略

　　（1）档次定位。

　　（2）类别定位。

　　（3）比附定位。

　　（4）情景定位。

扫码学习有关案例

　　3. 服装企业定位策略

　　（1）市场领导者策略。

　　（2）市场挑战者策略。

　　（3）市场追随者策略。

　　（4）市场补缺者策略。

第二节　服装市场竞争战略

人们常用"没有硝烟的战争"来比喻企业的市场营销活动，这是因为有竞争存在。除了没有流血外，市场竞争的激烈程度是可与任何流血战争相比的。无论一个企业经理人员如何看待竞争，他和他所领导的企业都必须面对竞争，在竞争中求得生存与发展。出色的营销管理者，必须具有高超的竞争技能和战略组织能力，这是营销管理的精髓所在。

市场营销，不仅提供能满足顾客需要的产品或服务，还要求比竞争对手做得更好。因此，竞争是进行营销活动的前提条件。如何制定正确的竞争战略，如何战胜竞争对手来实现企业预定的营销目标，就是营销管理的最重要内容之一。本章将围绕竞争市场营销与营销管理的关键问题展开。

一、竞争与竞争者识别

（一）竞争

竞争（Competition）或称为市场竞争，在同一市场上如果存在两个以上的企业生产同一性的或可替代产品，就会存在竞争。市场竞争的概念包含三层基本含义：

第一，市场竞争是指在同一目标市场范围内，能对其他企业的营销活动产生影响的一种市场行为。第二，指这些企业的产品相互具有替代性。第三，市场竞争是指所有参与方都在争取市场需求的变化，是朝有利于本企业的交换目标实现转化。即市场竞争指的是在同一个目标市场中，参与竞争的每一方都希望目标市场能为自己所有或所用，使本企业的产品能顺利交换出去。

（二）竞争者识别

公司的现实和潜在竞争者的范围是很广泛的，如果不能正确地识别竞争者，就会患上"竞争者近视症"。在动态的竞争环境中，目前不起眼的对手或者有进入本行业意愿的大公司，说不定就是未来强劲的竞争者。所以，公司被潜在竞争者击败的可能性往往大于现实的竞争者。公司应当从行业竞争和业务范围的角度来识别竞争者。

二、制定服装企业竞争战略

确定了竞争者，服装企业必须结合环境与自身现状制定适合的竞争战略。

（一）制定服装企业竞争战略的步骤

制定竞争战略有六个步骤，即分析竞争环境，确定竞争战略目标，确定竞争战略方案，确定竞争战术，战略总结，并通过反馈系统对整个战略制定和执行过程进行调控。

1.分析服装企业竞争环境

服装企业竞争环境分析是在营销环境分析的基础上，就竞争因素进行具体深入分析。分析内容包括四个方面，即服装行业情况、服装市场演进状况、服装市场结构和服装企业竞争对手。

（1）服装行业情况分析。服装行业情况分析的重点，是了解企业所在行业基本竞争情况和行业发展情况以及行业中潜在发展机会。具体分析内容包括：①服装行业的产品（或）服务当前满足顾客需要的情况。②服装行业总体需求情况、需求可能改变的方向及改变的可能性大小。③新技术的出现或技术变革对服装行业的影响。④服装行业的竞争密集度。⑤服装行业的资源短缺度。⑥其他。

（2）服装市场演进情况分析。无论企业属于哪种行业，除了需要制定市场竞争战略对行业的基本竞争情况进行分析外，还需要动态地观察和分析本行业所处的市场演进阶段。市场演进理论较好地揭示了一个行业可能的发展机会和竞争发展变化的规律性。对于企业制定有效的市场竞争战略具有重要指导意义。

（3）服装行业结构分析。服装企业在制定竞争战略时，需要考虑自己在产业中的影响力和对产业环境变化的控制能力。一个服装企业具有的优点与弱点是企业相对于所在行业，并与行业中其他企业相比较而言的。企业对自己在行业中拥有相对地位与竞争实力对比分析，才能制定有效的竞争战略。制定竞争战略时对行业结构分析的主要内容有：①定位。②对竞争均衡的影响。③服装市场（产业）演进阶段分析。

（4）服装企业竞争对手分析。分析竞争对手，是制定竞争战略的重要环节。军事上有所谓"知己知彼，百战不殆"之说，对于企业参与市场竞争也是适用的。市场竞争，就是竞争对手之间营销水平和实力的较量。只有了解竞争对手的情况，才能掌握竞争主动权、赢得竞争。

分析竞争对手一般包括分析其营销战略目标和实力、分析预见竞争对手的营销发展方向和未来的变化情况，可帮助企业更好地理解竞争对手当前所采取的竞争策略和发展意图，以便企业采取恰当的应对措施。

2.确定服装市场竞争战略目标

竞争战略目标是服装企业对市场竞争所规定的一个任务体系，在符合总体营销战略目标的要求下，对营销中各个环节为取得竞争胜利或削弱竞争对手的威胁制定的一系列目标。

（1）目标体系。服装企业的市场竞争战略目标应是营销战略目标的分目标，是以有利于实现营销战略目标为前提、用以对付竞争环境变化的一系列目标。包括总体营销战略目标、竞争战略总目标、营销组合目标以及各目标细分市场的目标等。

（2）制定服装市场竞争战略目标应遵循的原则。制定服装市场竞争战略目标时应遵循下列要求：①可行性。②有资源保证。③具有一定弹性。④易于理解。

3. 确定服装市场竞争战略方案

服装市场竞争战略方案，是如何执行和实现竞争战略目标方法的总称。同时，竞争战略方案的不同，服装企业在特定时间内的竞争行为也表现出不同特征。

一般有两类竞争战略，一类是按所涉及的营销组合因素分类的总成本领先战略、差异战略和目标集中战略（一般称为通用战略，在通用战略中详述）。另一类是根据与竞争对手的抗衡程度分类的打进、渗透、对抗和保持战略。这类战略一般按市场演进的时序变化顺序采用，即企业开始新进入一个行业，采用打进战略；之后，随着行业与市场的成长，采用渗透战略；行业进入成熟期后，采用对抗战略；最后，随着行业的衰退，采用保持战略直到最后退出。

4. 确定服装企业竞争战术

战术是战略的具体化，也是战略的实施。制定市场竞争战略，服装企业需要根据战略方案，逐项确定市场营销组合因素所涉及的产品、价格、渠道和促销（简称"4P"）因素以及行动方案。企业在确定竞争战术时容易犯的错误是：只对某一方面战术给予足够重视，而疏于其他需要相应配合的战术。这不仅会导致战术的失误，严重时还会导致整个战略崩溃。

5. 战略总结

战略总结包括对一项战略活动进行评审性总结和随机访问性总结与控制调节。战略总结时，主要考察三个基本问题并采取相应的行动：一是现在的情况和竞争战略实施前所估计的情况是否相符合？二是竞争对手的反应和行动是否符合预计？三是已制定的还未执行的战略方案的部分是否应予修改和调整？

6. 通过反馈系统调控整个过程

竞争战略的反馈系统是进行竞争战略的组织调控决策系统。一般应由服装企业最高决策者和各分系统主要决策人员组成。通过对竞争环境分析和竞争战略执行情况检查，及时做出修订战略的决策，并将新的决策贯彻到相应的竞争战略实施过程中。

（二）服装企业市场营销通用竞争战略

服装市场营销通用竞争战略，主要包括以下三种：

1.服装企业市场营销总成本领先战略

服装企业市场营销总成本领先战略是指服装企业尽可能降低自己的生产和经营成本，在同行业中取得最低的生产成本和营销成本的做法。

实现的途径主要是改进生产制造工艺技术、设计合理的产品结构、扩大生产规模、提高劳动生产率等。总成本领先战略可以说是比较传统的竞争做法，但仍是现代市场营销活动中比较常见的竞争做法。

要想实现总成本领先，一般要求取得一个比较大的市场占有份额，因此低成本和低价策略需要结合使用。服装企业在考虑采用这种竞争战略的时候，需考察行业的经验曲线，如果没有成本上的优势，那么，企业的利润将会受到很大伤害。

（1）服装企业市场营销总成本领先战略需要的基本条件。持续的资本投资和良好的融资能力；较高的工艺加工能力；对工人严格的监督与管理；产品的制造工艺设计领先，易于用经济的方法制造；有低成本的分销系统。

（2）服装企业市场营销总成本领先战略需要的基本组织条件。分明的组织结构与责任；满足严格的定量目标为基础的激励措施；严格的成本控制体系；详细的控制报告。

总成本领先战略有时可能造成产业技术基础改变，即可能引起产业革命。在这场革命中，那些不能采用或没有能力采用新技术的服装企业将被淘汰出局。

（3）服装企业市场营销总成本领先战略具有的风险。

①经过多年积累得到的降低成本的投资与方法、制度、技术等可能因为新技术的出现而变得毫无用处。②后来的加入者或竞争追随者可能通过模仿其他廉价的学习途径掌握降低成本的方法；或者没有经过挫折与风险就掌握降低成本的方法。因此，后来者可能具有更大的成本竞争力而抵消率先实行这种战略的企业的竞争优势。③过于注重成本的结果往往导致对市场需求变化反应迟钝，因而产品落后或不适合需求。④往往因为定价处于成本的最低界限边缘，因此当竞争对手发动进攻时，缺少回旋余地。

2.服装企业市场营销差异竞争战略

服装企业差异竞争战略是指从产品定位因素、价格因素、渠道因素、促销因素及其他营销因素上造就差异，形成服装企业对于整个行业或主要的竞争对手的"独特性"。

差异竞争是当前在市场营销活动中占主流的竞争做法。因为该种竞争战略不仅适应目标市场营销，更重要的是，它是最符合"营销观念"的做法。

（1）服装企业市场营销差异竞争战略的特点。

①构筑服装企业在市场竞争中的特定的进入障碍，有效地抵御其他竞争对手的攻击。②削弱顾客和供应商议价能力。③服装企业希望获取超额利润。

（2）服装企业市场营销差异竞争战略需要的一般条件。

①服装企业拥有强大的生产经营能力；②有独特的具有明显优势的产品加工技术；③对创新与创造有鉴别与敏感的接受能力；④有很强的基础研究能力；⑤有质量与技术领先的企业声誉；⑥拥有产业公认的独特的资源优势或能够创造这样的优势；⑦能得到渠道成员的高度合作。

（3）差异竞争战略需要的基本组织条件。

①营销部门、研究开发部门、生产部门之间能进行密切协作；②重视客观评价与激励，而不是采用制度式的定量指标进行评价与激励；③组织内具有轻松愉快的气氛，能够吸引高技能的工人、技术人员或科技人才大量加入和努力工作。

（4）服装企业市场营销差异竞争战略具有的主要风险。

①与低成本的竞争对手比较，甚至与普通的竞争对手比较，可能成本太高，以至于差异对顾客的吸引力丧失；②顾客偏好变化，导致差异对顾客不再有吸引力；③竞争对手对于顾客特别喜欢的差异的模仿。

3. 服装企业市场营销目标集中战略

服装企业市场营销目标集中战略是指主攻某个特定顾客群、产品系列的一个细分区段或某个地区市场。

服装企业市场营销目标集中战略可能涉及少数营销组合因素，也可能涉及多个营销组合因素。其主要特点是，所涉及的细分市场都是特定的或是专一的。也就是说，集中竞争战略是指针对一组特定顾客的。其战略意义是：企业集中力量，以更好的效果、更高的效率为某一特定的服务对象提供产品或服务。

服装企业市场营销目标集中战略需要的市场条件与组织条件，随集中的目标不同而变化。

服装企业市场营销目标集中战略的主要风险如下：

（1）当覆盖整个市场的那些竞争对手因为规模经济的好处大幅降低成本，或者积极细分市场增加产品组合或产品线长度，可能导致采用集中竞争战略的企业经营缺少特色或成本优势不再存在。

（2）集中目标指向的特定细分市场的需求变得太小，因为采用了集中的做法，因此转移产品到其他细分市场相当困难。

（3）在过度细分的市场上，因为市场容量很小，目标集中企业是没有明显好处的。问题是从一般细分到过度细分的时间是否会太短。

三、服装企业的战略地位与战略选择

随着一个产品的市场步入成熟，服装企业在行业中所占市场份额逐渐拉开并维持一个相对稳定的局面，不同市场份额者之间进行比较长期的竞争。因此，研究市场领先者、挑战者、追随者和补缺者的竞争战略，对于掌握一般的竞争方法有重要意义。

（一）服装市场领先者的竞争战略

服装市场领先者是在服装行业中处于领先地位的营销者，占有较大市场份额，一般是服装行业的领导者。这类企业更关心的是自己市场地位的稳固性和能否有效保持已有的市场份额。作为市场领先者，需要对自身的弱点经常进行检查，并正确地选择竞争战略。

服装市场领先者要保持自己的市场占有额和在行业中的经营优势，有三种主要战略可供选择，分别是扩大市场总需求战略、防御战略、扩大市场份额的战略。

1. 扩大市场总规模的战略

一般地，在同行业产品结构基本不变时，当市场总规模扩大，市场领先者得到的好处会大于同行业中其他企业。因此，市场领先者总是首先考虑扩大现有市场规模。

服装市场领先者可以通过以下途径扩大市场的总规模：

（1）寻找新用户。当产品具有吸引新购买者的潜力时，寻找新用户是扩大市场总规模最简便的途径。主要策略有：

①新市场战略。针对未用产品的群体用户（一个新的细分市场），说服他们采用产品。如说服男子使用化妆品。②市场渗透战略。这是针对现有细分市场中还未使用产品的顾客，或偶尔使用的顾客，说服他们使用产品或是增加使用量。如口服滋补品的营销者强调产品日常保健功能，使顾客认为不是只有患病才可使用。如果平时也使用，就可增加产品消费量。③地理扩展战略。即将产品销售到国外或是其他地区的市场。

（2）发现产品的新用途。企业可以通过发现产品新用途并推广这些新用途来扩大市场对产品的需求。例如，为小型普通录音机增添自动录音功能，并连接到电话线路上，使之成为电话录音器，这样顾客在音响产品进入市场导致小型录音机被大量替代以后，对小型录音机产生购买欲望。

2. 保持现有市场份额的战略

保持现有市场份额的战略是市场领导者经常实行的战略。一般有如下六种。

（1）阵地防御。采取阵地防御，是在现有市场四周构筑起相应的"防御工事"。典型的做法是服装企业向市场提供较多的产品品种和采用较大分销覆盖面，并尽可能

地在同行业中采用低定价策略。这是一种较为保守的竞争做法，因缺少主动进攻，长期实行，会使企业滋生不思进取的思想和习惯。美国的福特汽车公斯和克勒斯勒汽车公司曾经都由于采取过这种做法而先后从顶峰上跌下来；而美国可口可乐公司，在不同时期，都积极地向市场提供消费者喜欢的产品，而不是固守于单一品种的可乐饮料市场，公司不仅开发了各种非可乐饮料得以在软饮料市场上不断进取，而且在其他饮料市场上也大有发展，导致竞争对手毫无可乘之机。作为世界饮业的巨子，可口可乐公司的市场领先地位长期得以稳固。

（2）侧翼防御。侧翼防御是指市场领先者对在市场上最易受攻击处，设法建立较大的业务经营实力或是显示出更大的进取意向，借以向竞争对手表明：在这一方面或领域内，本企业是有所防备的。例如，20世纪80年代中期，当微软公司在美国连续丢失个人计算机市场和计算机软件市场份额后，对组织市场的用户所使用的小型计算机加强了营销力度，率先采用改良机型、降低产品销售价格的做法来抵抗日本和德国几家计算机公司在这一细分市场上的进攻。

（3）先发制人的防御。这是一种以进攻的姿态进行积极防御的做法，即在竞争对手欲发动进攻的领域内，或是在其可能的进攻方向上，首先挫伤它，使其无法进攻或不敢再轻举妄动。例如，日本精工公司在世界各地市场，分销达2300种钟表产品，使竞争对手很难找到其没有涉足的领域。日本本田公司，素以生产摩托车闻名，该公司从20世纪80年代中期开始进入轿车生产领域，但仍然保持每年推出几款新型摩托车产品。每当有竞争对手生产同款摩托车产品时，本田公司就采取首先降价的防御措施，因此该公司在摩托车市场的领先地位得以长久保持。

（4）反击式防御。当市场领先者已经受到竞争对手攻击时，采取主动的甚至是大规模的进攻策略，而不是仅采取单纯防御做法，就是反击式防御。如日本的松下公司，每当发现竞争对手意欲采取新促销措施或是降价销售时，总是采取增强广告力度或是更大幅度降价的做法，以保持该公司在电视、录像机、洗衣机等主要家电产品的市场领先地位。

（5）运动防御。运动防御是指市场领先者将其业务活动范围扩大到其他领域，一般是扩大到和现有业务相关的领域。如美国施乐公司为保持其在复印机产品市场的领先地位，从1994年开始，积极开发电脑复印技术和相应软件，并重新定义本公司是"文件处理公司"而不再是"文件复制公司"，以防止随着计算机技术对办公商业文件处理领域的渗入而使公司的市场地位被削弱。

（6）收缩防御。当市场领先者的市场地位已经受到来自多个方面的竞争对手的攻击时，服装企业可能受到短期资源不足与竞争能力限制，只好采取放弃较弱业务领域或业务范围。收缩到企业应该主要保持的市场范围或业务领域内，就是收缩防御。收缩防御并不放弃企业现有细分市场，只是在特定时期，集中企业优势，应对来自各方面竞争的威胁和压力。可口可乐公司在 20 世纪 80 年代放弃了公司曾经新进入的房地产业和电影娱乐业，以收缩公司力量对付饮料业越来越激烈的竞争。

3. 扩大市场份额的战略

市场领先者也可以在有需求增长潜力的市场中，通过进一步扩大市场占有额来寻求发展。对于市场领先者来说，实行扩大市场份额的战略能取得有效结果的条件是：一是具有较陡峭的行业经验曲线。这样，通过扩大市场占有额可以取得成本经济性。二是顾客对产品具有"质量响应"特点。所谓"质量响应"，是指随着产品质量的提高，顾客愿意为之支付更高的产品售价。这样，企业就可能为质量的提高而获取质量溢价。

（二）服装市场挑战者的竞争战略

服装市场挑战者是市场占有率位居市场领先者之后而在其他竞争对手之上的服装企业，并不能完全把它们看成是竞争实力一定次于市场领先者的。有时它们很可能是一些实力雄厚的企业，因为暂时对某项业务还没有投入更多精力或还没有将其作为主要业务来发展。市场挑战者可以采取两种竞争战略：一是向市场领先者发起进攻，夺取更多的市场份额；二是固守已有的市场地位，使自己成为不容易受到其他竞争者攻击的对象。

1. 服装市场挑战者的战略目标

服装市场挑战者有两类战略目标，即进攻目标和固守目标。

（1）进攻目标。市场挑战者在市场上发起进攻，或是攻击市场领先者较弱的细分市场，或是攻击比自己更小的企业。当市场挑战者具有如下条件时，就可以考虑选取进攻目标：

①当服装企业在行业中具有一定的市场声望，并且可以利用已有声望来扩大现有市场份额，而又难以寻找到新的市场时。②当服装企业财力较强，有充足的资金积累，却还没有更为适宜的新投资领域时。③当主要的竞争者——它们可能是一个市场领先者，也可能是一个和自己地位相差不多的挑战者，转换了战略目标，而竞争对手所实行的新的营销战略和本企业已经实行的营销战略很类似时。④主要竞争者正在犯某种营销错误，留下可乘之机时。

（2）固守目标。市场挑战者在下列情况或具备下列条件时，采取固守战略：

①当所在行业市场需求处于总体性缩小或衰退时。②估计竞争对手会对所遭受的进攻做出激烈反应，而本企业缺乏后继财力予以支撑可能出现的长期竞争消耗战时。

③服装企业虽找到了更好的新的投资发展领域，但对新领域的发展风险不能准确估计，因而需要在现有的市场中维持一段时间时。④主要竞争对手调整了竞争战略或采用了新的营销战略目标，在本企业还摸不清对手意图时。

2. 服装市场挑战者的进攻战略

服装市场挑战者在本行业中要寻求进一步发展，一般要采取进攻战略。因此，进攻战略是服装市场挑战者主要施行的竞争战略。

服装市场挑战者的进攻战略主要有五种：

（1）正面进攻。该战略是正面地向对手发起进攻，攻击对手真正实力所在，而不是其弱点。即便不能一役以毙之，也可极大消耗对手实力。进攻的结果，取决于谁的实力更强或更有持久力，即正面进攻采取的是实力原则。正面进攻的常见做法有：

①产品对比。②采用攻击性广告。③价格战。

（2）侧翼进攻。侧翼进攻采取的是"集中优势兵力攻击对方的弱点"的战略原则。当服装市场挑战者难以采取正面进攻时，或采用正面进攻风险太大时，往往会考虑采用侧翼进攻。侧翼进攻包括两个战略方向——地域市场或细分市场，来向一个对手发动攻击。

①地域市场战略方向。向同一地理区域市场范围竞争对手发起进攻。常用的做法主要有两种：一种是在竞争对手所经营的相同市场范围内，建立比竞争对手更强有力的分销网点，以"拦截"竞争对手的顾客；另一种是在同一地理区域内，寻找到竞争对手产品没有覆盖的市场片即"空白区"，占领这些区域并组织营销。

②细分服装市场的战略方向。是指利用竞争对手产品线的空缺或是营销组合定位的单一而留下的市场空间，冲入这些细分服装市场，迅速地用竞争对手所缺乏的产品品种加以填补。比尔·盖茨当年就是利用了各个大型计算机公司 DOS 操作系统互不兼容的特点，创立出通用性很好的个人计算机 DOS 操作系统。实际上，当年微软公司的 DOS 产品是向所有市场领先者发动攻击。但比尔·盖茨并没有专门针对任何特定竞争对手产品，攻击的是这些对手的共同弱点，致使这些各自为阵的大公司"束手无策"，微软公司"坐大"为世界电脑软件产品的领袖地位。

（3）包围进攻。包围进攻是在对方市场领域内，同时在两个或两个以上的方面发动进攻的做法。用来对付如果只在单一方面进攻，会迅速采取反应的竞争对手，使被攻击者首尾难顾。该战略要求具备如下条件：

①竞争对手留下的市场空白不止一处，因而提供比竞争对手更多的东西，使消费者愿意接受或是迅速采用。②本企业确实具有比竞争对手更大的资源优势。包围战略施行的是"速决速胜"原则，想尽快使攻击奏效，不陷入"持久战"的泥潭中。

日本的索尼公司在向原由美国几大公司控制的世界电视机市场进攻时采用了此类做法，即提供的产品品种比任何一个美国公司提供的产品品种都齐全，使当时这些老牌大公司节节败退。

（4）绕道进攻。绕道进攻如同采用军事上的"迂回进攻"的方法，即尽量避免正面冲突，在对方没有防备的地方或是不可能防备的地方发动进攻。对于市场挑战者来说，有三种可行方法：

①多样化，即经营相互无关联的产品。②用现有的产品进入新的地区，增强市场发展多样化。③以新技术为基础生产的产品来代替用老技术生产的产品。其中，尤其以新技术生产产品的做法最容易获得进攻成功。

（5）游击进攻。游击进攻是采用"骚扰对方""拖垮对方"的战略方法。适宜实力较弱、短期内没有足够财力的服装企业，在向较强实力对手发起攻击时采用。此做法的特点是：进攻不是在固定的地方、固定方向上展开，而是"打一枪换一个地方"。例如，采用短期促销、降价、不停变换广告进行"骚扰"等。

游击进攻不是企图取得直接胜利，服装企业不可能靠"游击方法"彻底地战胜竞争对手。所以，市场挑战者往往是在准备发动较大的进攻时，先依靠游击进攻作为全面进攻的战略准备，迷惑对手，干扰对手的战略决心，或是"火力侦察"。

（三）服装市场追随者的竞争战略

1.市场追随者竞争战略的特点

对于市场份额大大小于市场领先者的追随者来说，如果没有产品在技术上的真正进步或营销组合上的有效改进就需要在已经取得的市场份额内，不断改进营销，通过提高顾客的满意度来保持顾客。服装市场追随者如果主动细分市场、集中力量于最希望的顾客群，为他们提供比所有竞争对手都周到的营销服务，或进行有效市场与产品开发，着重实际的盈利水平而不是追求不实际的市场份额，并且采取有效的营销管理，也可成为非常成功的企业。

2.服装市场追随者的战略类型

服装市场追随者有以下三种战略类型：

（1）紧紧追随。紧紧追随是指在尽可能多的细分市场和营销组合中模仿市场领先者的做法。在这种情况下，服装市场追随者很像一个市场挑战者。但是市场追随者采取避免直接发生冲突的做法，使市场领先者的既有利益不受妨碍或威胁。例如，在产品功能上，市场追随者可以和市场领先者一致；但是在品牌声望上，和市场领先者保持一定差距。

（2）保持一定距离的追随。服装市场追随者总是和市场领先者保持一定的距离，如在产品的质量水平、功能、定价的性能价格比、促销力度、广告密度以及分销网点的密度等方面，都不使市场领先者和挑战者觉得市场追随者有入侵的态势。市场领先者往往不排斥这种追随者存在，并让它们保持相应的市场份额，这更利于促进市场良性竞争。采取这种策略的市场追随者一般靠兼并更小的企业来获得增长。

（3）有选择地追随。即采取在某些方面紧跟服装市场领先者，而在另外一些方面又走自己的路的做法。这类企业具有创新能力，但是它在整体实力不如对方的时候，需要采用完全避免直接发生冲突的做法，以便企业有时间悉心培养自己的市场和竞争实力，可望在以后成长为市场挑战者。

（四）服装市场补缺者的竞争战略

除了寡头竞争市场，其他市场中都存在一些数量众多的小企业，这些小企业几乎都是为一个更小的细分市场或者为一个细分市场中存在的市场空间提供产品或服务。例如，我国台湾就有不少照相器材产品制造商，专为世界大公司主流产品生产配套产品，如快门线、镜头盖用的连接线、脚架套等；我国台湾也是目前世界上最大的计算机配套产品生产地。再如，我国许多街道小厂，原来生产冰箱保护器之类的小产品等。由于这些企业对市场的补缺，可使许多大企业集中精力生产主要产品，也使这些小企业获得很好的生存空间。

作为服装市场补缺者，在竞争中最关键的是寻找一个或多个安全的和有利可图的补缺基点。理想的市场补缺基点应具备如下特点：

①有足够的市场需求量或购买量，从而可以获利。②有成长潜力。③大的竞争者不愿经营或者忽视的。④企业具有此方面的特长，或者可以很好地掌握补缺基点所需要的技术，为顾客提供合格的产品或服务。⑤企业可以靠建立顾客信誉保卫自己，对抗大企业攻击。

补缺战略的关键其实是"专业化"，即利用分工原理，专门生产和经营具有特色的或是拾遗补缺的、为市场需要的产品或服务。由于在一个较小的领域内追求较大市场份额，补缺也可以使那些较小的企业获得发展或者取得较高的投资盈利。一般而言，在以下六方面可以找到专业化的竞争发展方向：

①最终使用者的专业化。服装企业专门为最终使用者提供服务或配套产品。如定制服装的小公司。②纵向专业化。服装企业专门在营销链的某个环节提供产品或服务。如专业性的染料公司。③顾客类型专业化。市场补缺者可以集中力量专为某类顾客服务。如在产业用品市场上，存在许多为大企业所忽视的小客户，市场补缺企业专为这些小客户服务。某些小型服装公司，专门承接影视剧道具服装业务，这些是大型服装公司所不愿意做的。④地理区域专业化。服装企业将营销范围集中在比较小的地理区

域，这些地理区域往往具有交通不便的特点，为大企业所不愿经营。⑤产品或产品线专业化。服装企业专门生产一种产品或是一条产品线，而所涉及的这些产品，是被大企业看作市场需求不够、达不到经济生产批量要求而放弃的。这就为市场补缺者留下很好的发展空缺。如家用电器维修安装业务。⑥定制专业化。当服装市场领先者或是服装市场挑战者集中追求规模经济效益时，市场补缺者往往可以碰到许多希望接受定制业务的顾客。专门为这类客户提供服务，构成一个很有希望的市场。近年来，我国城市中的许多家庭，在住房装修、家具等产品和服务方面的选择越来越倾向于定制，就为许多小企业或个体业主提供了虽是分散，但是数量极大的营销机会。⑦服务专业化。专门为市场提供一项或有限的几项服务。近年来，我国城市中出现许多"搬家服务公司"；农村中的"农技服务公司""种子服务公司"等，就是小企业采用这类专业化发展的做法和实例。

扫码学习有关案例

第三节　服装品牌战略

现代社会中，品牌是一个非常重要的经济和社会现象。消费者依赖品牌来辨别、选择产品和服务乃至依靠品牌体现自身的品位、价值观和情感取向；制造商或服务商则通过品牌来传达产品质量、情感乃至价值取向等诸多内容，以赢得顾客忠诚和随之而来的长远发展。不仅如此，越来越多的非营利机构也采取了品牌化的做法，积极塑造自身的品牌形象，以求利用强大的号召力实现自身的目标。

一、服装品牌

（一）品牌的概念

有关研究表明，品牌是个多面性的概念，蕴含着丰富的内容。有学者提出了"品牌的冰山"理论，指出标志、名称等仅是品牌的可见特征，完整的品牌概念还包括价值观、智慧、文化等不可见部分。可见部分与不可见部分的关系可以用一个漂浮在水中的冰山来形容。其中标志、名称等可见部分仅占品牌内涵的15%，而价值观、智慧、文化等不可见部分则大约占品牌内涵的85%。

本书采用美国市场营销专家菲利普·科特勒的定义：品牌是用以标识一个或一群营销者的产品或劳务，并使其与竞争对手的产品或劳务区别开来的一种名称、标志、图案、符号、设计或者它们的组合运用。

还必须强调的是：品牌概念是一个集合概念，包括品牌名称、品牌标志和可注册的商标三大部分。

品牌名称是指品牌中能够发音，被读出的那一部分，如"可口可乐""长虹""联想"等。

品牌标志是指品牌中通过视觉辨别，能用语言描述，但不能用语言直接称呼的部分，如品牌的符号、图像、图案、色彩等。著名家电品牌"海尔"的那两个互相拥抱的儿童形象就是其品牌标志。

商标，从字面解释，是商品的标记，以示与其他生产者及经营者同类商品和劳务的区别。简言之，商标是区别验证商品及劳务的标志。

（二）服装品牌的内涵

服装品牌是用以标识一个或一群营销者的服装产品或劳务，并使之与竞争对手的服装产品或劳务区别开来的一种名称、标志、图案、符号、设计或者它们的组合运用。服装品牌的作用是使服装产品或劳务区别于竞争对手的产品及劳务。在营销活动中，品牌并非是符号、标记等的简单组合，而是服装产品的一个复杂识别系统。其内涵包括六个方面：

（1）属性，是指服装品牌所带来的、符合消费者需要的产品特征。例如，"奔驰"代表了高贵、精湛、耐用；"海尔"代表了适用、质量及服务等。属性是消费者判断品牌接受性的第一要素。因此，品牌带来的属性应当符合消费者的需要。

（2）利益。消费者购买某一服装品牌产品，购买的并不是该品牌所提供的属性，而是该产品属性转化而来的功能或利益。购买"耐用"这一属性，是因为产品可以使用更长时间；"昂贵"带给消费者的是受人羡慕的情感利益；"技术先进"带来的是超凡的舒适及便利性等。因而，营销人员应当注意，品牌带来的产品属性是否能够提供消费者需要的利益。

（3）价值。服装品牌提供的价值包括营销价值和顾客价值。营销价值，就是通常所说的"品牌效应"，即品牌若在市场上被广泛接受，可以为企业节省更多的广告促销费用，带来更多利润；顾客价值，主要指品牌的声誉及形象可满足的消费者的情感需求。

（4）文化。服装品牌中所蕴含的文化是使品牌得到市场高度认可的深层次因素。市场对品牌的偏好反映的恰恰是消费者对品牌中所蕴含的文化的认同。每个品牌都会从产品中提炼自己的文化。在生活中，文化深深地影响并渗透在品牌中的例子随处可见。

（5）个性。服装品牌个性的塑造是为了使消费者产生一种认同感和归属感。不同的品牌有不同的个性。如"可口可乐"追求的"尽情享乐"个性，就迎合了许多青年消费者追求自由和快乐的需要；"奔驰"车则追求"雍容华贵、沉稳"的个性。

（6）消费者。上述五个品牌层次的综合基本界定或暗示了购买使用该服装品牌产品的消费者类型。例如，"奔驰"车的消费者大多是事业成功人士；"娃哈哈"的消费者最早界定在少年儿童，现在该品牌的内涵有所扩展，对于其延伸和扩展学术界有争议，在此不赘述。消费者对品牌的选用，反过来恰恰反映出消费者对品牌文化、价值和个性的认同。

服装品牌的六个层次的内涵之间并不是一种并列关系，它们之间的关系可以归结为三个层次，如图7-7所示。

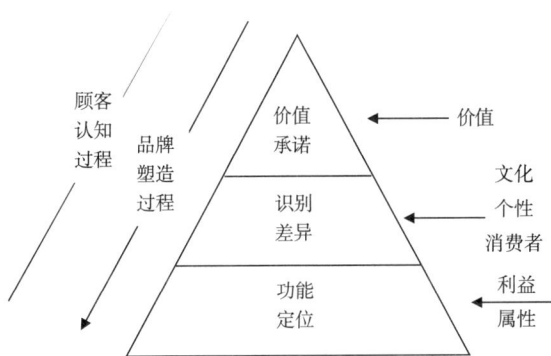

图7-7 品牌内涵的金字塔模型

从顾客认知的过程看，往往是从服装品牌的利益、属性体验到品牌的功能定位才意识到品牌在用户、文化、个性上的独特，最后才领悟到品牌的核心价值。比如，消费者总是先体会到奔驰车的高性能，之后才认同它的市场定位，对它产生文化和个性的联想，再通过长期大量的积累相信其做出的价值承诺——"世界上工艺最完美的汽车"。

从服装企业品牌塑造来看，则应该是以其做出的价值承诺为核心，建立品牌文化，树立品牌个性，定位目标市场，从这几个方面去设计和塑造品牌的属性和提供利益。以品牌的核心价值统率品牌的塑造过程，才能保证品牌管理的成功。

二、服装品牌定位

（一）服装品牌定位的概念

"定位"一词是由美国人艾尔·莱斯和杰克·特劳在1972首先提出并加以推广应用的。他们合写了一本关于定位的书，名为《心战》。莱斯和特劳认为，定位是针对现有产品的创造性的思维活动，是指要针对潜在顾客的心理采取行动。也就是说，要将产品定位在潜在顾客的心中。

根据上述定义，我们认为服装品牌定位是勾画品牌形象和所提供价值的行为，以此使细分市场上的消费者理解和正确认识某品牌有别于其他品牌的特征。品牌定位，是指建立一个与目标市场有关的品牌形象的过程与结果。

（二）品牌定位策略

品牌定位的核心是STP，即细分市场（Segmenting）、选择目标市场（Targeting）和具体定位（Positioning）。核心步骤如图7-8所示。

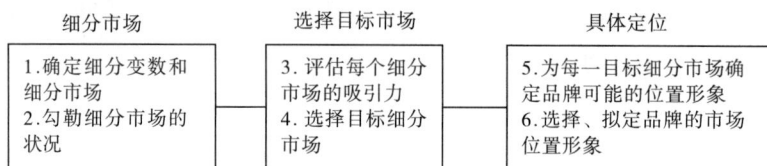

细分市场	选择目标市场	具体定位
1.确定细分变数和细分市场 2.勾勒细分市场的状况	3.评估每个细分市场的吸引力 4.选择目标细分市场	5.为每一目标细分市场确定品牌可能的位置形象 6.选择、拟定品牌的市场位置形象

图7-8　品牌定位的核心步骤

市场上的顾客需求是复杂多样的，可以从许多不同角度加以划分，每个顾客群都是根据地理、人口、心理和行为等方面的不同需求特征形成的。按照不同的需求特征把顾客分成若干部分，即把市场分成若干部分，称为"市场细分化"，或译"市场区隔化""市场分割"等。市场的每一个细分部分或称细分市场，都是由那些对一定的营销刺激具有相似反应的顾客群构成，每个市场都可分为若干细分市场。一般地说，一个企业不可能为所有细分市场提供最佳服务，而应该根据自己的目标和资源，集中力量为一个或几个细分市场提供服务。

服装企业在对市场进行细分的基础上，选择一个或几个细分部分作为自己的服务对象，这些被选中的细分部分被称为"目标市场"，企业根据自己的营销目标和资源条件对一定的目标市场进行经营，就叫作"目标市场营销"。

服装企业选定了自己的目标市场后，就实行市场定位，采取适当的定位战略。

所谓市场定位，就是勾画企业产品在目标市场上即在顾客心目中的形象，使服装企业所提供的产品或劳务具有一定特色，适应顾客的一定需要和偏好，并与竞争者的产品或劳务相区别。

许多同类产品在市场上品牌繁多，各有特色，广大顾客都有自己的价值取向和认同标准，服装企业要想在目标市场上取得竞争优势和更大效益，就必须在了解购买者和竞争者两方面情况的基础上，确定本企业的市场位置，即为企业树立形象或是心理方面的位置，或二者兼而取之，如质优、价廉、豪华、名牌、服务周到、技术超群等，都可作为定位概念。

（三）服装品牌定位的步骤

服装企业的市场定位工作一般包括三个步骤：一是调查研究影响市场定位的各种因素，确认目标市场的竞争优势；二是选择自己的竞争优势和适当的定位战略；三是准确地传播企业的定位概念。

（四）影响服装品牌定位的因素

适当的市场定位必须建立在营销调研的基础上，了解有关影响市场定位的各种因素。主要包括：

1. 竞争者的定位状况

要了解竞争者在提供何种产品，在顾客心目中的形象如何，并估测其产品成本和经营情况。在市场上，顾客最关心的是产品本身的属性（质量、性质、花色、规格等）和价格。因此，服装企业一方面要确认竞争者在目标市场上的定位；另一方面要正确衡量部分竞争者的潜力，判断其有无潜在的竞争优势，据此进行自己的市场定位。

2. 目标顾客对产品的评价标准

即要了解购买者对其所要购买产品的最大偏好和愿望以及他们对产品优劣的评价标准是什么。例如，关于服装，目标顾客关心的是式样、颜色，还是质地、价格；关于饮料，是重视口味、价格，还是营养疗效。企业应努力弄清顾客最关心的问题，然后将其作为定位决策的依据。

3. 目标市场潜在的竞争优势

服装企业要确认自己在目标市场的潜在竞争优势是什么，然后才能准确地选择竞争优势。竞争优势有两种基本类型：一是在同样条件下比竞争者定价低；二是提供更多的特色以满足顾客的特定需要，从而抵销价格高的不利影响。在前一种情况下，企业应千方百计地寻求降低单位成本的途径；在后一种情况下，企业则应努力发展特色产品，提供有特色的服务项目。

（五）服装品牌定位的方式

服装品牌定位战略正确与否，是市场竞争成败的关键，一般有以下三种定位战略可供选择：

（1）"针锋相对式"定位。把服装产品定位在与竞争者相似的位置上，以便同竞争者争夺同一细分市场。

（2）"填空补缺"式定位。寻找新的尚未被占领的、但为许多消费者所需求的市场进行定位。

（3）"另辟蹊径"式定位。当服装企业意识到自己无力与同行业强大的竞争者相抗衡从而获得绝对优势地位时，可根据自己的条件取得相对优势，即突出宣传自己与众不同的的特色，在某些有价值的产品属性上取得领先地位。

三、服装品牌战略

（一）服装品牌有无战略

新成立的服装公司首先遇到的品牌决策问题就是公司是否要给出品标上品牌名称。

在早期的经营活动中，许多产品不用品牌。现在，使用品牌已经成为趋势，时至今日，很少有产品不使用品牌。但是，任何事物都不能绝对而论。推行名牌战略固然有其长处，但是，实行"放弃品牌"策略也不无道理。如果不管其自身状况与条件如何，不管其产品特点怎样，一味强调使用"品牌"，创立名牌，有可能会适得其反。

1.服装品牌战略的优势

（1）便于管理订货。

（2）有助于服装企业细分市场。

（3）有助于树立良好的服装企业形象。

（4）有利于吸引更多的品牌忠诚者。

（5）注册商标可使企业的产品特色得到法律保护，防止别人模仿、抄袭。

2.决定品牌建立的因素

服装企业在决定是否使用品牌时一般参考以下因素：

（1）产品所在的行业领域是新兴的还是成熟的。

（2）产品行业领域的成熟度是一个很重要的因素。

（3）目标顾客的消费习惯与消费行为。

（4）产品特性。

（5）服装企业研发能力。

（6）服装企业在市场上的相对地位及自身实力。

（7）服装企业的品牌营销能力。

（二）品牌使用者战略

服装企业在品牌使用者上可采取以下战略，如图7-9所示。

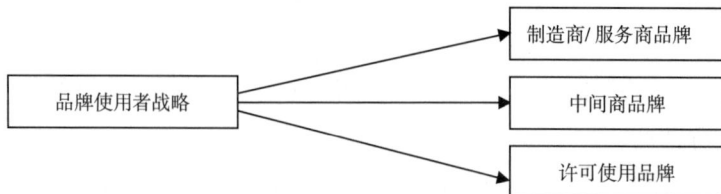

图7-9　品牌使用者决策内容

1.制造商/服务商品牌战略

服装产品可以使用制造商或者服务商品牌，目前大部分服装企业都使用制造商品牌，因为服装生产企业使用制造商品牌，可以为自己树立形象，建立长期的影响力，有利于企业的发展及新产品推广。现实市场上，我们可以找到很多制造商品牌。

2. 中间商品牌战略

又称商店、自有品牌——Private Brand，PB。PB泛指流通业者运用与消费者接触所得到的信息，找国内外厂商合作，以制造商销售联盟或者OEM（Original Equipment Manufacturers，定牌生产）的方式，生产仅在此通道上出售的商品。它是零售商企业走向大型连锁经营的产物。如果自有品牌以商店的名称命名，则成为商店品牌（Store Brand）或零售商品牌（Retailer Brand）。

3. 许可使用品牌战略

又称使用特许品牌——Licenesd，许可品牌是指通过付费形式，使（租）用其他人（企业）许可使用的品牌作为自己产品的品牌。供特许使用的品牌常常见于由其他制造商创建的名称符号、知名人士的姓名、流行影片及书籍中的人物等。"迪斯尼"就是一个著名的特许品牌。它通过特许经营发展起玩偶消费者市场。这些消费品囊括领衫、手表、书包、玩具、台灯、钥匙扣、蛋糕、冰淇淋等领域，每年营销额超过10亿美元，利润超过1亿美元。

制造商的产品可以使用一个许可品牌名称，或者在使用许可品牌的同时，也使用制造商自己的品牌名称，以便在产品被广泛接受时改用自己的品牌。事实上，世界很多著名的品牌都是采用既使用许可品牌又使用制造商自己品牌发展起来的。

另外，除了获得品牌的特许使用权外，越来越多的服装企业还倾向于购买或并购品牌。这也是快速占领市场的一种好方法，但新品牌能否融入公司的运作，是否与公司形象、地位有冲突，公司是否具备管理这一品牌的能力及经营等，则是企业需要慎重考虑的。从现实的运作来看，购买品牌进行经营的情况将成为一种趋势。

（三）品牌统分战略

服装企业使用品牌后就要决定使用什么样的品牌名称。不同品牌名称的使用，需要企业对诸多影响因素进行细致的考虑和分析。有四种可供选择的战略，如图7-10所示。

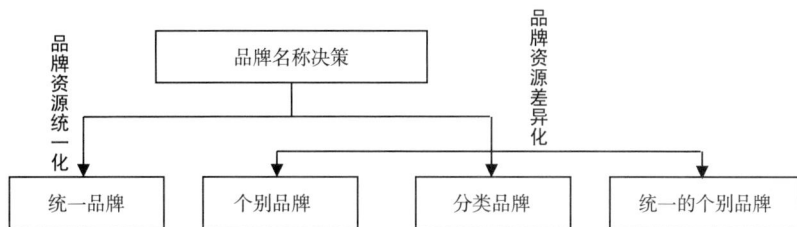

图7-10　品牌名称决策框架

品牌资源统一化的优点十分突出：有利于消费者、公众尽快地识别服装企业；减少企业内部混乱；降低创建品牌的成本，最快、最集中地创造出知名品牌；减少企业运作中的品牌印刷费用；有利于无形资产载体聚集；有利于新产品销售。但是，品牌资源统一化也有缺陷：使用风险大，任何一个恶性事故或不利事件都会集中到该品牌上，企业及品牌形象易损性高；不同质的商品共用一个品牌，会混淆品牌定位，引起消费者的心理冲突。

品牌资源差异化具有相当明显的优点：首先，能够分散经营风险。市场上各种恶性事件对任何一种资源的破坏，不一定殃及整个品牌体系，从而减轻损失。其次，针对不同的细分市场，对每一个或每一类商品选用符合其特性的名称和商标，有利于消费者和公众的识别，有助于促销，不断提升和优化品牌组合结构。而品牌资源差异化的缺点则表现为：各类品牌资源太多，易在消费者中引起混乱，难以迅速识别；品牌的内部管理工作量和成本上升；将品牌培植成为名牌有一定困难。

1. 统一品牌战略

即服装企业为自己所有的产品建立一个统一的品牌名称，即多种不同门类的产品共用一个品牌。统一品牌（Consolidate Brand）又称家族品牌（Blanket Family Brand），如图 7-11 所示。

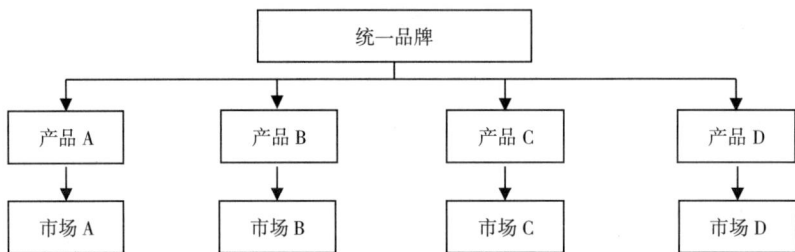

图7-11　统一品牌名称决策框架

日本索尼公司就是成功使用统一品牌战略的企业，索尼公司的各种产品都打上SONY 的商标，对外传播都围绕 SONY 这个品牌进行。

统一品牌战略，多见"品牌名＝企业名"的操作方式。美国通用电器公司对其产品只采用一个品牌"CE"。运用这种方法，不仅可以降低营销费用，还可带来多种好处。

统一品牌名称战略的优点是：大批产品采用同一品牌，既显示服装企业实力，又可以提高企业声誉；服装企业可以通过各种促销手段，集中力量突出一个品牌形象，节省大量的广告、公共关系等品牌建设成本，利用一个大品牌的知名度、信赖感、安全感和高威望带动品牌下其他产品的销售；统一品牌下的各种产品互相支持，有利于市场推广。其缺点是一个品牌旗下产品太多，会模糊品牌的个性；统一品牌旗下不同产品各自宣传自己的优势时要寻找一种能够兼顾所有产品特点的共性的东西进行整合，难度较大，倘若没有一个共性的核心价值兼容不同产品，就很难建立起恒定、统一的品牌形象。运用统一品牌名称决策的根本前提是品牌核心价值能够兼容旗下各种产品。另外，新老产品关联度较高、企业的财力不太雄厚或品牌管理能力较弱、企业处于推广品牌成本很高的市场环境、企业产品的市场容量不大等情况较适用。

2. 个别品牌战略

个别品牌是给每一种产品都冠以一个或多个独立的品牌名称的做法，如图 7-12 所示。

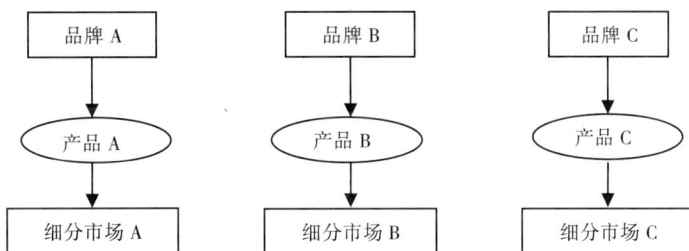

图7-12　个别品牌名称决策框架

个别品牌名称决策的优点是：占据更多的商场货架面积，增加了服装企业产品被消费者选中的概率；给低品牌忠诚者提供更多选择；个别品牌可以起到隔离作用，降低服装企业风险；鼓励内部合理竞争、提高士气；可以为每一种产品找到最合适的、有针对性的品牌名称。其缺点是增加了品牌设计、制作、宣传推广及其他营销费用，营销成本增加；不利于统一的企业形象的建立；对企业品牌经营管理能力要求较高。个别品牌名称决策适用于产品或行业的特性要求品牌采用有个性的形象来帮助抢占市场、各个品牌面对的细分市场具有规模性，或者该细分市场有足以支撑品牌生存和发展的利润。

3. 分类品牌战略

分类品牌（Separate Family Brands）战略是指对所有产品使用不同类别的家族品牌名称，给一个具有相同功能水平的产品群单独的名称和承诺。也就是说，针对同一类消费者需求的产品使用同一个品牌名称，而不属于该类消费需求的产品则使用其他品牌名称，如图 7-13 所示。

分类品牌战略的优点在于：众多的产品分担品牌建设成本，有利于做大品牌；品牌内各产品消费者群需求相近，利于整合传播品牌的核心价值；各产品知名度能为所有产品共享，推动品牌成长和促进品牌麾下其他产品销售，降低营销费用。其缺点是分类品牌决策会模糊品牌核心价值，对品牌延伸有限制；品牌内若存在某种强势品牌产品，将不利于其他产品的销售。使用分类品牌名称决策首先要求其品牌大类中的产品有鲜明的细分特点，才有易于利用分类品牌突出其差异性；品牌下的产品应该保持面对相同或相近的消费需求，不能盲目进行品牌延伸。

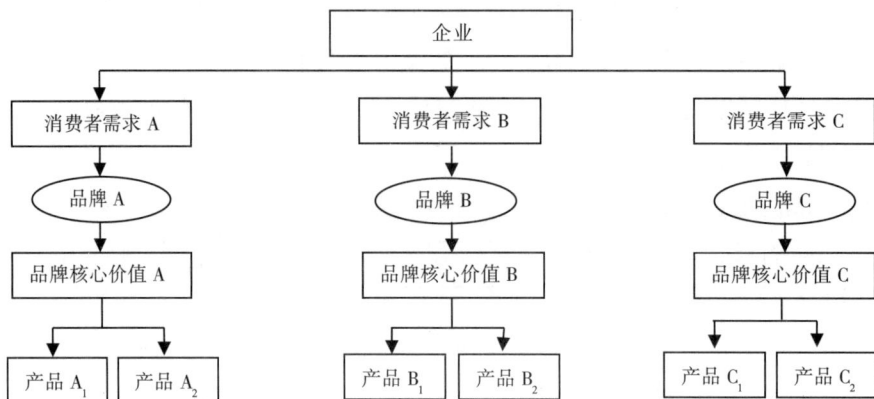

图7-13 分类品牌名称决策框架

4.统一的个别品牌战略

统一的个别品牌战略（又称公司名称加个品牌名称）是指把公司的商号名称和单个产品名称组合起来。其做法是对服装企业的各种不同的产品分别使用不同的品牌，但在各产品的品牌前面加上企业名称，如图7-14所示。统一的个别名称决策的优点是使新老产品统一化，共享企业已有的声誉，利于销售；企业统一品牌后加上个别品牌，使产品更富于个性化；公司名称使品牌利用公司名称提供品质、技术、信誉上的信任感；分散品牌风险，当某个品牌发生危机时，对公司其他品牌的影响明显低于统一品牌名称。这种名称决策兼备统一品牌和个别品牌的优点，在品牌名称策略中经常被使用。其缺点是协调个别品牌核心价值与公司品牌核心价值需要较高的专业性思考和高超的管理智慧，对企业品牌经营者的管理及决策水平要求较高。统一的个别品牌名称决策适用于企业规模比较大、产品涉及领域比较广的情况。

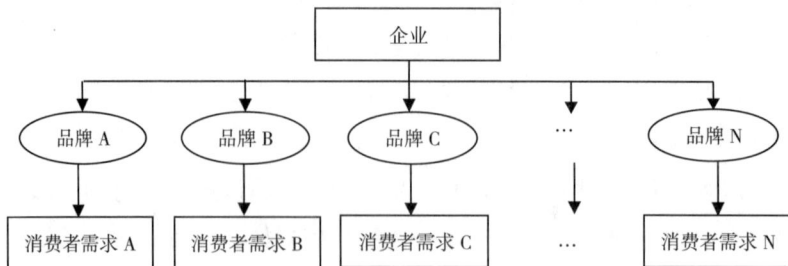

图7-14 统一的个别品牌名称决策框架

（四）品牌扩展战略

当服装企业决定品牌扩展时，有几种方案可供选择：产品线扩展，是在现有的品牌下增加新规格、新品位等以扩大产品目录；品牌延伸，是把现有的品牌名称扩展到新的产品目录中；多品牌，是在现有产品目录中引进新的品牌名称；新品牌，是专门为新产品设计新的品牌名称；复合品牌，是把两个或更多的著名品牌组合起来。

1. 产品线扩展（Product Line Extension）战略

服装企业在同样的品牌名称下面，在相同的产品名称中引进增加的项目内容，如新的口味、形式、颜色、成分、包装、规格等。产品线扩展可以是创新、仿制或填补空缺等。服装企业要充分利用自己的制造能力扩大产品生产或满足新的消费需求或与竞争者进行竞争，因此，企业大部分产品开发活动都是围绕产品线扩展进行的。

2. 品牌延伸（Brand Extension）战略

品牌延伸是指服装企业对新投资的产品沿用过去的品牌。使用品牌延伸战略可以使新产品较快地打入市场，消费者容易接受；可以节约新产品的推广费用。使用品牌延伸战略的弊端在于，倘若原有品牌名称不适合新产品，将会引起消费者的误解，以至于对品牌核心价值产生稀释作用。

3. 多品牌是（Multi-Brands）战略

多品牌是指服装企业在相同的产品目录中引进多个品牌。使用多品牌战略不但可以为不同质量的产品确定不同的品牌，还可以为不同类型的顾客和细分市场确立不同的品牌，具有较强的营销针对性。

4. 新品牌（New Brand）战略

当服装企业在新产品目录中推出新产品时，会发现原有的品牌名称不太适合新产品，有可能损害原有的品牌形象，还会给新产品的推广带来一定困难。这时就可以为新产品进行品牌命名。

5. 复合品牌（Complex Brand）战略

复合品牌是指对同种产品赋予两个或两个以上的品牌，也即一种产品同时使用两个或两个以上的品牌。根据品牌间的关系，复合品牌细分为注释品牌和合作品牌。

（1）注释品牌。注释品牌又称副品牌（Auxilary Brand），是指一种产品上同时出现两个或两个以上的品牌，其中一个是注释品牌，另一个是主导品牌。主导品牌说明产品功能、价值及购买对象，注释品牌则为主导品牌提供支持和信用。

（2）合作品牌。合作品牌（Co-Branding）又称双品牌（Dual Branding），主要是两个（或两个以上）企业品牌出现在同一个产品上。合作品牌的具体形式有组成的（制造企业与中间商的）合作品牌、同一公司的合作品牌、合资合作品牌、人合作品牌等多种。

（五）品牌更新战略

品牌更新战略又称品牌重新定位战略。消费者的需求是不断变化的，市场形势也变化莫测。因此，每隔一段时间，服装企业就要检查自己的品牌运作，是否符合目标市场的要求，是否需要对品牌进行重新定位。

1. 对品牌重新定位的判断

服装企业判断品牌是否需要重新定位一般从以下几方面着手：

竞争者推出了新品牌，且定位于本企业品牌的附近，影响了服装企业品牌的市场份额，致使本企业品牌的市场占有率下降；有新产品问世，消费者的品牌偏好发生变化，企业品牌的市场需求下降；经济环境变化，人们对产品要求发生变化，该定位的产品市场缩小。凡此种种，不一而足。总之，当宏观或微观环境发生变化，且这种变化与企业品牌相关时，品牌经营者应及时考虑是否需要对原有品牌定位进行变更。

扫码学习有关案例

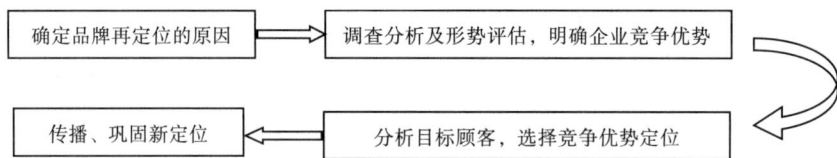

2. 品牌再定位的步骤

服装企业不能盲目地进行再定位，必须按照一定的程序及步骤来操作。一般来说，品牌再定位的基本步骤如图 7-15 所示。

图7-15　品牌再定位步骤

第四节　服装企业国际化战略

一、服装企业国际化经营战略的意义

自 20 世纪 50 年代以来，世界经济发展的一个显著特点是各国企业经营活动的国际化。在很长一段时间内，全球经济、区域经济、国家经济和跨国经济同时存在并持续发展。国际化经营已成为当今企业经营的主导趋势之一。

经济全球化是当前世界经济发展的一大趋势，国际竞争国内化、国内竞争国际化越演越烈。整合国际资源增强企业竞争实力、努力抢占国际市场是企业发展的战略选择。

二、服装企业国际化战略的选择

国际化经营服装企业要实现战略规划中提出的各种目标，必须全面考量公司在国际竞争中所具有的优势与面临的威胁，合理选择进行国际化经营时的企业总体战略和竞争战略，形成完善的战略体系。

服装企业应用四种基本战略进入国际环境：国际战略、多国战略、全球战略及跨国战略，如图 7-16 所示。各种战略各有优缺点，其适用性取决于降低成本和地区调适压力的大小。

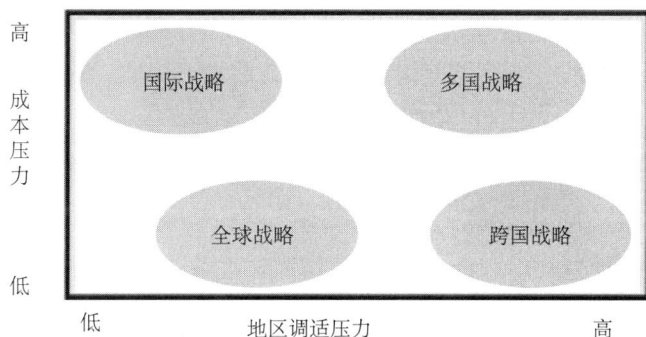

图7-16 四种基本战略应用条件

1. 国际战略

服装企业采取国际战略是想通过向国外市场转让当地竞争对手缺少的有价值的技能和产品来创造价值。

国际化战略是指服装企业将其具有价值的产品与技能转移到国外市场，从而创造价值的战略。大部分企业采用国际化战略时，是把在母国所开发的具有差别化的产品转移到海外市场来创造价值。在这种情况下，服装企业大多把产品开发的职能留在母国，而在东道国建立制造和营销机构。在大多数国际化服装企业中，企业总部一般严格地控制产品与市场战略的决策权。

如果服装企业的核心竞争力使企业在国外市场上拥有竞争优势，而且在该市场上降低成本的压力较小，企业采取国际化战略是非常有利的。

如果当地市场要求根据实际情况提供产品与服务，服装企业采取这种战略就不太合适。同时，由于服装企业在国外各个生产基地都有厂房设备，会形成重复建设，则加大了经营成本，这对企业也是不利的。

主要特征表现为以下四个方面：

（1）产品研发职能集中于母国。

（2）在有业务的国家建立制造与营销职能。

（3）有限的本地化产品和营销策略，通常严格控制在总部。

（4）由于制造设施重复，企业采取国际战略往往运营成本较高。

适用情况：服装企业面临的地区调适和降低成本的压力相对较弱。

2. 多国战略

战略和运营的决策权分授给每个国家的战略性事业单位（Strategic Business Units，SBU），寻求地区调适最大化。

为了满足所在国的市场要求，服装企业可以采用多国本土化战略。这种战略与国际化战略的不同之处在于，要根据不同国家的不同市场，提供更能满足当地市场需要的产品和服务；相同点是，这种战略也是将自己国家开发出来的产品和技能转到国外市场，而且在重要的东道国市场上从事生产经营活动。因此，这种战略的成本结构较高，无法获得经验曲线效益和区位效益。

在当地市场强烈要求根据实际需求提供产品和服务并降低成本时，服装企业应采取多国本土化战略。

但是，由于这种战略生产设施重复建设并且成本比较高，在成本压力大的行业中不太适用。同时，实行多国本土化策略，会使在每一个东道国的子公司过于独立，母公司最终会失去对子公司的控制。

主要特征表现为以下三个方面：

（1）假设国家或地区间的市场是不同的，将产品和服务进行本地化调整。

（2）在各主要国家的市场中建立一整套创造价值的活动，包括生产、营销及研发。

（3）通常很难通过经验曲线效应和规模经济来实现价值，成本构成较高。

适用情况：地区调适压力高而降低成本压力小。

3. 全球战略

采取全球战略的企业强调增加盈利能力，向不同国家市场投放标准化的产品和服务，通过经验曲线效应和规模经济来实现价值。

全球化战略是向世界市场推广标准化的产品和服务，并在较有利的东道国集中进行生产经营活动，由此形成经验曲线和规模经济效益，获得高额利润。有些服装企业采用这种战略主要是为了实现成本领先。

在成本压力大而当地特殊要求较少的情况下，服装企业采用全球化战略是有利的。但是，在要求提供当地特色产品的市场上，这种战略是不合适的。

主要特征表现为以下三个方面：

（1）生产、营销和研发活动集中于若干有利的区域。

（2）不随地区条件而改变其供应的产品和营销策略。

（3）利用成本优势支持进攻性定价策略。

适用情况：成本降低压力强烈而地区调适要求最小。

4.跨国战略

服装企业为了在激烈的竞争中生存于全球市场，必须利用基于经验的成本优势，在企业内部转移核心能力，同时关注地区调适的压力。

跨国战略是在全球激烈竞争的情况下，形成以经验为基础的成本效益和区位效益，转移企业的核心竞争力，同时注意当地市场的需要。为了避免外部市场的竞争压力，母公司与子公司、子公司与子公司的关系是双向的，不仅母公司向子公司提供产品与技术，子公司也可以向母公司提供产品与技术。

跨国战略的显著特点是业务经营多样化和市场多样性。多元化跨国公司的管理者们不仅要制定和执行大量的战略，还要根据各国市场条件的需求进行调整变化。

主要特征表现为以下三个方面：

（1）需要强有力的中央控制和协调来实现有效性。

（2）需要分权来实现对当地市场的反应。

（3）服装企业必须积极组织学习来实现竞争优势。

适用情况：服装企业面临的地区调适和降低成本的压力都很大。

三、服装企业进入国际市场的方式选择

（一）服装企业进入国际市场的方式

（1）出口进入方式包括：①间接出口进入方式；②直接出口进入方式。

（2）合同进入方式包括：①许可证贸易；②特许经营；③合作生产。

（3）国际战略联盟包括：①合资经营；②契约式战略联盟；③股权式战略联盟。

（4）独资经营。

（二）影响服装企业进入国际市场方式的因素

1.影响服装企业进入国际市场方式的外部因素

（1）目标国家或地区的市场因素包括：①目标国家现有和潜在的市场容量；②目标国家或地区的市场竞争结构；③目标市场营销基础结构的质量与可利用状况。

（2）目标国家或地区的生产因素。

（3）目标国家或地区的间接环境因素。

（4）本国环境因素包括：①市场容量与竞争态势；②生产要素与成本状况；③经济政策导向。

2.影响服装企业进入国际市场方式的内部因素

（1）企业产品因素包括：①产品要素密集度；②产品的差别性；③产品技术含量与产品年龄；④产品地位；⑤产品的服务性；⑥产品的适应性。

（2）企业的资源投入要素。

本章小结

服装企业要想立于不败之地，必须制定合适的市场营销战略。有效的市场营销战略主要有目标市场战略、市场竞争战略、品牌战略和国际化战略。

正确地选择自己特定的服务对象，通过制定营销策略有效地为他们提供产品和服务，以更好地满足顾客需要，增强企业的竞争优势。为了增加企业的竞争力，服装企业必须制定适宜的目标市场策略。目标市场选择的前提和基础是必须对整体市场进行细分。同时服装企业也要根据消费者对市场进行细化、市场定位、市场重新定位。

市场竞争是构成营销的重要基础要素，服装企业是因为有竞争才成为营销者的。竞争观念也是营销观念的核心组成部分。竞争就是指两个以上服装企业在同一市场提供相同或可替代产品。从营销角度对竞争分类，主要有欲望竞争、类别竞争、形式竞争和品牌竞争。欲望竞争是新的竞争观念，强调通过扩大基本市场进行竞争。因此，与传统品牌竞争相比，更符合营销观念的内含。为了取得竞争胜利，企业需要制定有效的竞争战略。竞争战略是服从营销战略目标的。竞争战略是服装企业为了对付竞争对手和适应竞争环境变化而制定的策略及方法的总称。

服装企业品牌战略是市场营销的有效名片。塑造出彩的名片，企业必须进行高效的品牌管理。品牌管理的基本内容包括制定品牌管理的方向与目标；建立品牌管理组织；进行品牌决策、品牌定位、品牌设计、品牌推广、品牌延伸和品牌监控等一系列工作。常见的品牌管理组织形式有品牌经理制、品类经理制、客户型品牌管理组织、地区型品牌管理组织及品牌管理委员会等。企业可以采用的品牌延伸策略有多种，可依据行业的不同、品牌延伸的方向不同、按延伸前后品牌内涵是否变化及按照延伸后品牌名称是否不同分类。

扫码获得本章习题及参考答案

第八章　服装产品与服务策略

改革开放以来，我国经济社会发展的重大成就和显著进步出发，人民期待不断提升生活的"美好度"，其本质是人们对生活品质的内在需要发生了变化，从单纯对物质文化生活丰富性的追求转化为对生活品质提升的追求，人民生活需要领域拓展和层次提升。"衣食住行"中排在首位的"衣"是人类生活必不可少的基本需要。在物资匮乏的年代，对人们来说，衣服只需保暖和护体就已经足够了，质优价廉的衣服最易受到市场的认可。随着人们生活水平的改善，人们越来越重视服装的质量和美观。而随着现代生活方式越来越多元化，人们会在不同场合搭配不同的着装，服装成为年龄、职业、个性、审美甚至社会地位的体现。同质化的生产模式已不能满足顾客的需要，服装企业需要发展多元化的产品组合来满足不同细分市场的需求，并根据市场需求的新趋势设计和提供新产品。

学习目标：

1.掌握服装产品的整体概念及产品组合策略；2.了解服装服务与服务营销的内涵；3.掌握服装产品生命周期的基本理论及策略；4.理解服装新产品的内涵，熟悉新产品的开发程序。

第一节 服装产品组合策略

一、服装产品的整体概念

产品是指为满足顾客某种欲望和需要而提供给市场的任何东西。也就是说,产品是市场营销满足消费者需要的载体,是一种能使消费者的某种需要得以满足的手段。服装产品具有实用、社会和审美三大功能,能够满足消费者的多方面需要。

消费需求的不断扩展和变化使产品的内涵和外延日益扩大,从内涵看,产品从有形实物产品扩大到服务、体验、事件、财产权和信息等;从外延上看,产品从核心产品向形式产品、期望产品、延伸产品和潜在产品拓展。为此,我们应以发展的眼光,联系消费者需求和企业间的产品竞争,从整体上对产品进行研究,这就是营销学提出的产品的整体概念。

从产品整体概念的五个层次来看,消费者所追求的是整体产品,相应地企业所提供的也必须是整体产品。每一个层次都包含了消费者的需要,因此可以说,没有产品的整体概念,就不可能真正贯彻现代市场营销的观念。

扫码学习服装产品
整体概念的五个层次

二、产品组合的相关基本概念

1. 产品组合

产品组合是指企业生产或销售的全部产品线和产品项目的组合,通常由若干产品线和产品项目组成。产品线是指产品组合中的某一产品大类,也就是在同一产品种类中具有密切关系的一组产品。它们以类似的方式起作用,或通过相同的销售网点销售,或者满足消费者相同的需要。产品项目是指产品线内的不同品种或同一品种的不同品牌,即每一个具体产品。例如,一家经营女装的公司,其产品组合包括休闲装、职业装、内衣和配饰等产品线。其中每条产品线中又有不同的产品项目,如职业装产品线中包含单件上衣、衬衣、风衣、裙装、毛衫、套装等产品项目。产品组合不恰当可能造成产品的滞销积压,甚至引起企业亏损。因此,企业需要仔细规划其产品组合并适时调整其产品组合的宽度、深度、长度和关联度,以获得更大的市场份额和销售利润。

2.衡量产品组合的变量

衡量产品组合的变量主要有以下四个：

（1）产品组合的宽度，是指产品组合所包含产品大类的多少，即产品线的数目。一般情况下，企业增加产品组合宽度，有利于扩大经营范围，提高企业资源的利用率，有利于提高经济效益，分散经营风险。

（2）产品组合的深度，是指每个产品大类下具体项目的多少。增加产品组合的深度，即扩大产品的品牌，增加更多选择，企业就可占领更多细分市场，满足消费者更广泛的需求和爱好，吸引更多的消费者。

（3）产品组合的长度，是指产品组合中所包含产品项目的总和。增加产品组合的长度，可以通过增加宽度和深度实现，即增加产品项目的数量。

（4）产品组合的关联性，是指各条产品线在最终用途、生产条件、分销渠道和其他方面相互关联的程度。增加产品组合关联性，可以使企业在某一特定领域内增强竞争力和获得良好声誉。

三、服装产品组合策略

服装产品组合策略就是企业根据市场需求、竞争形势和企业自身能力对服装产品组合的宽度、长度、深度和关联度方面做出的决策，即从以下产品组合的四个尺度出发。

1.扩大产品组合

当市场需求旺盛时，企业可以考虑采取扩大产品组合的策略。扩大产品组合主要是指扩大产品组合的宽度和加深产品组合的深度，即增加一条或多条生产线，拓宽产品经营领域；或在原有的产品线内增加新的产品项目，吸引更多细分市场上的顾客。例如，金利来在最初只生产和销售男士用的领带，之后推出了男装、男鞋和服饰配件，继而又开拓了女性服装和女鞋等产品线。再如，香奈儿的产品组合从帽子到服装，再到香水、珠宝、手表、首饰以及护肤品等。

若企业现有产品线的销量和利润下降，可以考虑及时扩大产品组合宽度，增加新的生产线；若企业需要进军更多的细分市场，满足更多不同需求的消费者，则可以选择加深产品组合的深度，增加新的产品项目。

实行这一策略的主要优点是能够使企业充分利用资源，同时分散企业的经营风险，但企业的投入将增加，成本提高，利润可能减少。

2.缩减产品组合

这种策略与扩大产品组合策略相反，是指企业为了降低成本或减少不必要的投资从而增加利润，尤其是在市场疲软时期，对一些获利较少甚至亏损的产品线和产品项目进行收割或放弃。这样，企业才能集中优势发展利好产品，但同时增加了企业的市场风险。

3. 产品线延伸策略

每一企业的产品都有自己的档次定位。例如，"奥迪"轿车定位于高档轿车，"大众"轿车属于中档定位，而"吉利"轿车则属于低档定位。服装产品也是如此，在法国，综合服装的设计特征和生产特征，女装品牌分为三类：高级女装、高级成衣、成衣。产品延伸策略就是企业根据市场需求，部分或全部改变产品的档次定位。具体有三种实现方式：一是向上延伸策略，即在原有产品线内增加高档产品项目，由低、中档市场进入高档市场。二是向下延伸策略，即在原有产品线内增加低档产品项目。三是双向延伸策略。

4. 产品线现代化策略

产品线现代化策略强调把科学技术应用于生产经营过程，并不断改进产品线使之符合现代市场发展的潮流。如果产品组合宽度、深度和长度适宜，但生产方式已落后，或者产品跟不上现代顾客需求的变化，就会影响企业的生产和市场营销效率，此时必须实施产品线现代化策略。

扫码学习有关案例

第二节　服装服务与服务营销

一、服装服务的概念与特点

服务是产品的表现形式之一。菲利普·科特勒将服务定义为"一方向另一方提供的任何本质上是无形的活动或作业"。服务可能是与实体产品毫无关联的，即服务就是企业向顾客提供的主要产品，如家政服务、心理辅导服务等；也可能与实体产品有紧密的关联，如航空服务的提供需要以飞机这种实体产品为载体，服装产品的营销需要有高质量的服务作为支持。

从消费者购买行为的角度，可将服装服务定义为在顾客消费服装过程中由服装企业人员提供给顾客的无形的支持活动，主要包括：顾客购买前的信息提供服务（如新产品信息推送、款式面料介绍、搭配推荐等）、顾客购买过程中的交易服务（如接待服务、试穿服务、支付服务等）以及购买后的售后服务（如熨烫服务、干洗服务、定期回访等）。

从产品整体概念的角度，也可将服装服务分为核心服务、形式服务、附加服务三个层次。例如，围绕服装销售而展开的产品推介、搭配推荐、试穿服务等都可认为是核心服务；在销售过程中向顾客提供的辅助性的可识别的服务内容和形象，如店面装修、商品展示、接待服务、支付服务等可以被认为是形式服务；并非为了辅助顾客发生消费，而是为了建立和融洽顾客关系提供的超出顾客期望的服务，如熨烫和干洗服务、定期回访、随时随地的网络咨询服务等可以被认为是附加服务。

扫码学习服装服务
的特点

服装服务通常具有无形性、同步性、易变性和不可储存性等特点。

二、服装服务营销

（一）服务营销

服务营销是指服装企业为满足顾客需求和企业发展的目标，以服务为手段实现服装产品交换的商务活动过程。交换是服务营销的核心，服装企业通过向顾客提供服务促进交换的达成，并在这个过程中与顾客建立有利可图的关系，为顾客创造和传递价值，并努力获得顾客满意，进而为企业创造利润实现价值增长。

（二）服务营销组合

营销学上把一系列影响需求且企业可控的要素称为营销组合，经典的营销组合要素包括产品（Product）、价格（Price）、渠道（Place）和促销（Promotion），简称"4P"组合。布姆斯和比特那两位学者在此基础上将服务营销组合扩展为"7P"，即产品（Product）、价格（Price）、渠道（Place）、促销（Promotion）、人（People）、有形展示（Physical Evidence）和过程（Process）。

（1）产品。对服装企业而言，这里的产品首先包括有形实体产品即服装服饰等，服装产品是企业开展营销的载体；其次包括无形的服务，即前文中提到的服装企业人员提供给顾客的支持活动。除此以外，还包括品牌、质量、外观、面料、款式、保证等形式产品。

（2）价格。价格是顾客与企业进行商品和价值交换时支付的货币总额，是服装产品实现顾客价值创造和企业盈利的要素，包括定价的流程和方法、价格策略与价格调整以及与价格相关的支付服务等。

（3）渠道。渠道主要是指服装产品从生产商到消费者所经历的一系列地点，即服装产品经过哪些中间环节进行分销，包括运输仓储、门店选址、中间商的选择等策略。

（4）促销。促销的实质是信息沟通，服装企业可以通过广告、公共关系、人员推销和销售促进等方式与顾客进行信息的传递与沟通，从而实现促进顾客产生对服装产品需求的短期目标和提高企业知名度和美誉度的长期目标。

（5）人。人是营销活动的主体，也是营销活动的对象。在服装企业从事研发设计、生产活动、销售活动的员工是主要营销主体。从整体营销观念的角度，服装企业从事人力资源、财务、行政等其他职能部门也要建立以顾客为中心的思想，他们也是营销的主体。服装企业的服务对象是顾客，但从现代营销的发展趋势来看，随着社交网络和自媒体的应用，顾客不仅是营销活动的旁观者，而是开始参与到营销活动中来，成为营销的参与者。

（6）有形展示。有形展示主要包括：服务环境（如门店装修、店面布置与空间设计、店内广播或音乐等）、提供服务的载体（如向顾客提供穿搭建议时所需要的服装产品、店内展示穿搭效果的模特等）以及其他可视化的信息标志（如店内外的品牌标志、服装上的面料提示和洗涤说明等）。

（7）过程。为了提升服务质量的一致性，即降低服务的易变性，服装企业需要注重和把握好服务的过程。一方面服装企业需要根据行业特点预先设计好上述各营销主体在各种场景中应当按照怎样的流程为顾客服务，如门店营销员在顾客进店后如何一步步开展接待、询问、解答、推荐、交易支付、嘱咐注意事项以及售后回访等具体服务，并不断对该服务流程进行优化调整。另一方面也要做到因人而异，针对不同顾客的特征调整服务的流程和节奏。因为服务的同步性，在服务提供过程中顾客也参与其中，因此可能会影响服务过程的推进，加之顾客对服务的偏好和需求特征具有复杂性，服务人员需要适当对服务过程进行及时调整。如有的顾客希望在消费过程中服务人员给予更多信息，乐于接受顾客的推荐和建议；而有的顾客则喜欢独自安静挑选，不喜欢被服务人员过多打扰。

（三）服装服务质量的提升

服务质量的最终评价者是顾客而非企业，即具有极强的主观性，因而，一些学者尝试从顾客感知的角度来解释服务质量。芬兰学者格罗鲁斯基于认知心理学的基本理论，开创性地提出了顾客感知服务质量的概念，他认为服务质量从本质上看是一种感知，取决于顾客的服务期望（Expected Quality）与顾客实际感知的服务质量（Experienced Quality）的对比。此后的许多学者都支持上述定义，将服务质量视为消费者对服务的期望和实际感知对比的结果。帕拉休拉曼、赞瑟姆和贝利

扫码学习服务质量包含的五个衡量维度

创建的服务质量模型认为服务质量包含可感知性、可靠性、响应性、保证性和移情性 5 个衡量维度，该模型至今仍是衡量企业服务质量高低的标准，是服务质量管理研究最为重要的理论基础之一。

第三节　服装产品生命周期理论与新产品开发

一、产品生命周期的基本概念

（一）产品生命周期概念

市场营销学研究的产品生命周期是指产品的市场生命周期，与产品使用寿命、技术寿命的概念是不同的。

产品使用寿命周期是指产品从投入使用到报废所经历的时间，反映产品物质形态消耗的变化过程。产品市场生命周期，是指产品从投放市场到被淘汰出市场的全过程。也就是说，产品生命周期是产品在市场上的存在时间，其长短受消费者需求变化、产品更新换代的速度等多种因素的影响。典型的生命周期过程从导入期开始，经过成长期、成熟期，最后走向衰退期。

（二）判断企业产品生命周期的方法

对于产品生命周期各阶段的划分是一种理论上的定性划分，其方法主要有以下两种：

（1）类比法，即参照相类似产品的生命周期曲线或资料来划分某一新产品生命周期阶段。例如，参照黑白电视机的资料来判断彩电的生命周期阶段及其市场发展趋势。

（2）销售增长率比值法，即以销售增长率来划分产品生命周期的各个阶段。销售增长率 $0\% < P \leqslant 10\%$ 时称为导入期，即在产品刚刚推出时，产品销售呈缓慢增长状态的阶段；当产品逐渐被市场所接受，销售额迅速上升，销售增长率 $P > 10\%$ 时称为成长期；当大多数购买者已经接受该产品，市场销售额缓慢增长或开始下降，销售增长率 $0.1\% < P < 10\%$ 时处于成熟期；当销售额急剧下降，销售增长率 $P < 0\%$ 时处于衰退期。图 8-1 描绘了典型的产品生命周期，包括导入期、成长期、成熟期和衰退期 4 个阶段。

服装产品的生命周期既有典型产品生命周期的特点，也有自身独有的规律，通常也要经历导入期、成长期、成熟期和衰退期。因此，服装企业在服装产品的不同生命周期阶段要采用不同的营销策略。

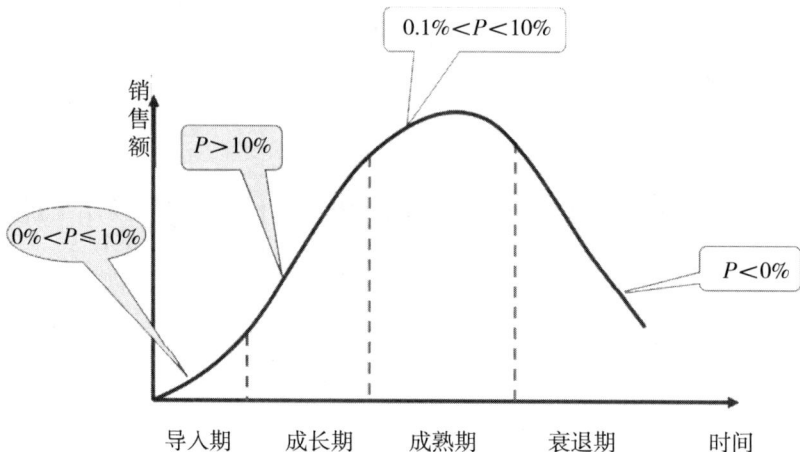

图8-1　产品生命周期的典型形态

二、服装产品生命周期各阶段的特点和策略

（一）导入期的特点及策略

1. 特点

导入期，又称介绍期、引入期、试销期，一般指产品从研发、投产到投入市场试销的阶段。该阶段的主要特点包括：销售量低，销售量增长缓慢；生产量小，生产成本相应较高；由于消费者对产品不熟悉，广告促销费较高；产品售价常常偏高；利润少，甚至发生亏损。通常，新一轮的服装流行周期起始于国际时装流行色的发布以及面料和纱线的流行趋势发布，接着是时装流行趋势的发布，服装生产厂商便可根据国际流行趋势及企业自身的品牌定位推出应季的新产品。

对进入导入期的产品，企业总的策略思想应该是迅速扩大销售量，提高盈利，缩短导入期，尽快地进入成长期。一些有实力的厂商会召开新产品发布会以扩大宣传，吸引经销商和消费者的注意。这一时期的营销重点是：通过促销活动向消费者宣传介绍产品的性能、用途、质量，使消费者尝试使用新产品；在价格上可采取低价渗透或高价掠取来占领市场。

2. 策略

按照价格水平和促销水平的不同，导入期的营销策略主要包括以下四种：

（1）快速撇脂策略，即指以高价格和高促销水平推出新产品的策略（双高策略）。实行高价格是为了在每一个单位的销售中获得最大利润，尽快收回产品成本；而高促销是为了使消费者尽快了解产品，迅速打开通路，占领市场。由于服装的季节性强，流行周期越来越短，再加上新产品设计开发费用高，同时还要面临竞争者竞相模仿、产品被仿制进而造成产品积压等风险，多数服装企业在新产品导入期会选择双高的快速撇脂策略，以迅速占有市场并获得高额利润。

如果这个策略成功实施的话，可以赚取较高利润，但并非任何情况下都可以使用这种策略，其适应条件包括：①市场上有较大的需求潜力。②目标顾客具有求新心理，急于购买新产品，并愿意为此付出高价。例如，热衷于追赶流行趋势的早期购买者一般具有较高的价格承受能力。③企业面临潜在竞争者威胁，需要及早树立名牌。

（2）缓慢撇脂策略，即高价格和低促销水平推出新产品的策略。其适应条件包括：①消费者对产品已有所熟悉；②大多数消费者对价格不敏感；③市场规模相对较小，潜在竞争威胁不大。

（3）快速渗透策略，即指用低价格和高促销水平推出新产品的策略。其适应条件包括：①产品市场容量很大，且消费者对产品不了解；②消费者对价格很敏感；③潜在竞争比较激烈，低价格易吓退竞争者；④产品的单位成本可随产量和销量的扩大而迅速下降。

（4）缓慢渗透策略，即指用低价格和低促销水平推出新产品的策略。其适应条件包括：①市场容量大，且顾客已了解该产品；②消费者对价格十分敏感；③有相当的潜在竞争者准备加入竞争行列。

成功的市场开拓者的优势包括：他们可以利用较低的价格来提供产品、更频繁地对产品进行改进，以及利用残酷的市场手段抢占开拓者的市场份额。而失败的原因则包括：新产品设计过于粗糙，产品定位错误，产品推出时市场还未形成需求，产品开发成本耗尽了企业的资源等。

（二）成长期的特点及策略

1. 特点

成长期，又称畅销期，是指产品通过试销阶段以后，转入成批生产和扩大市场销售的阶段。其主要特征有：销售额迅速增长，生产成本大幅下降，利润迅速增长，市场竞争日趋激烈。新的服装产品在进入市场后，如果新的款式受到更多消费者的喜爱并购买，那些缺乏趋势捕捉能力和设计开发能力的服装企业便开始通过仿制来参与竞争，该产品便进入了成长期。

2. 策略

服装产品进入成长期，其销售额和利润都呈现出迅速增长的势头，但同时，由于更多厂商带着面向不同细分市场的、不同档次、不同面料和做工、不同附加服务的产品进入该市场，使得竞争趋于激烈。故企业的策略思想是尽可能延长成长期时间，维持当前较高的市场增长率，保持旺销的活力，这一阶段的营销策略主要体现在对"4P"策略的调整：

（1）为适应市场需求，集中企业必要的人、财、物资源，改进和完善生产工艺，改进产品质量，增加花色品种，推出新面料或新工艺，扩大产品批量。

（2）选择适当的时机调整价格，如可适当降低价格，以吸引另一层次对价格敏感的购买者。

（3）改变广告宣传的重点，由投入期提高知名度为中心转为树立企业和产品形象，为产品争创名牌。

（4）建立高绩效的分销渠道体系，巩固原有渠道，开辟新渠道。

（5）进一步细分市场，寻找新的目标市场。

在成长阶段，公司往往面临着选择高市场份额还是当前高利润的问题。如果放弃获得当前最大利润的机会，而把资金用在"4P"策略的改进上，公司能获得优势地位和品牌形象，而且这些公司有希望在下一阶段得到利润补偿。

（三）成熟期的特点及策略

1. 特点

成熟期，又称饱和期，是指该产品在市场上的销售已经达到饱和状态的阶段。其主要特征有：销售额虽然仍在增长，但速度趋于缓慢；利润下降；市场需求趋向饱和，销售量和利润达到最高点，后期两者增长缓慢，甚至开始下降；竞争最为激烈。此时，大多数目标消费者已经接受了该品牌和该商品，销售额主要来自于这些消费者的重复购买和晚期购买者的消费，因此，这一时期维系顾客对产品的良好口碑和品牌忠诚度非常重要。服装产品相较于其他产品有其特殊的地方，产品的成熟期或长或短，如一些经典款式或面料从产生至今已有上百年历史，却依旧受人喜爱，如牛仔裤和"小香风"对襟外套，而每个厂商在每一季也会滞销一些产品，以及一些产品经过短期流行便很快退出市场。

2. 策略

在产品的成熟期阶段，企业营销策略思想要想尽量延长生命周期，使已处于停滞状态的销售增长率和利润增长率重新得以回升，需要从三个方面进行改良：

（1）市场改良策略。即开发新的目标市场，寻求新顾客。其方式有：①寻找新的细分市场，重新定位，如原来定位于女性顾客，现在扩展到男性市场；②在地域上寻求新市场，如原市场在本地区、本省或本国，则其他地区、外省或外国就是新市场。③发展产品的新用途，即不改变产品质量、功能而发掘产品新用途，用于其他领域，从而吸引新的细分市场，延长产品的生命周期。

（2）产品改良策略。即通过对产品自身作某种改进，例如从产品的特性、质量、式样和延伸产品（服务）等方面进行改良，来满足消费者的不同需要，从而使销量获得回升。

（3）市场营销组合改良策略。即对产品、定价、分销渠道和促销这四个因素加以改革，以刺激销售额的回升。通常做法如降价，增加广告，改善销售渠道，以及提供更多的售后服务等。

（四）衰退期的特点及策略

1. 特点

衰退期，又称滞销期，即产品不能适应市场需求，逐步被市场淘汰或更新换代的阶段。其主要特点有：市场饱和，产品需求量、销售量由缓慢下降变为迅速下降；利润减少；消费者购买力发生转移；新产品进入市场；竞争突出表现为价格竞争，且价格压到极低的水平；许多竞争者被迫退出市场。大多数服装厂商会在产品衰退期采取降价处理的策略以收回成本。

2. 策略

该时期产品的销售和利润直线下降。其主要策略有以下五种：

（1）立刻改革策略。如果企业已准备好替代的新产品，或者该产品的资金可能迅速转移，或者该产品已经危害其他有发展前途的产品，企业应当机立断，放弃经营。

（2）逐步放弃策略。如果企业立即放弃该产品将会造成更大损失，则应采取逐步放弃的策略。

（3）维持策略（自然淘汰策略）。企业不主动放弃该产品，保持原有的投资水平，并继续沿用以往营销策略，保持原有的较低水平的销售额，直到时机成熟才停止该产品的经营，退出市场。

（4）榨取策略（收缩策略）。即企业开始大幅地降低销售费用、广告费用，大幅精简推销人员，通过降低成本来增加利润，即榨取该产品的最后一笔利润。

（5）集中策略（剪刀策略）。即企业把资源集中于最有利的细分市场上、最有效的销售渠道上或最易销售的品种上，在最有利的细分市场获取利润。

总之，如何放弃衰退期产品是服装企业最难做出的决策，首先，企业必须正确判断产品是否已进入衰退期；其次，需要选择淘汰产品的最佳方式。解决好这些问题的基础是有健全的商情分析制度和确切的市场信息。

三、新产品的概念

（一）新产品的含义

正是因为每种产品都有其市场生命周期，企业才需要不断开发新产品。市场营销意义上的新产品含义很广，除了包括因科学技术在某一领域的重大发现所产生（研发）的科技新产品外；还有使用新的生产工艺或流程使得功能或形态有明显改进、能给顾客带来新利益的产品，或者是采用新技术原理或新设计构思从而显著提高产品性能或扩大使用功能的产品，甚至是模仿别的企业生产的产品，都可视为新产品。

现代市场营销观念下的新产品概念是指凡是在产品整体概念中的任何一个部分有所创新、改革和改变，能够给消费者带来新的利益和满足的产品，都是新产品。

（二）新服装产品分类

按产品研究开发过程，新产品有如下六类：

（1）全新产品，即应用新原理、新技术、新材料制造出的前所未有的能满足消费者某种新需求的产品。如应用了新科技、新面料的服装产品，即使是款式、配色和以往的产品一样，也属于新产品。

（2）改进型产品，即在原有服装产品的基础上进行改进，使产品在结构、品质、功能、款式、花色及包装上具有新的特点和新的突破的产品。改进产品有利于提高原有产品的质量或多样化，满足消费者对产品的更高要求，或者满足不同消费者的不同需求。

（3）模仿型产品，即企业对国内外市场上已有的产品进行模仿生产，形成本企业的新产品。

（4）现有产品线的增补产品，形成系列产品，即在现有产品大类中开发出新的品种、花色、规格等，从而与原有产品形成系列，扩大产品的目标市场。

（5）降低成本型产品，即企业通过新科技手段，削减原产品的成本，但保持原有功能不变的新产品。

（6）重新定位型产品，即企业改变原有产品市场定位时推出的新产品。

四、新产品开发程序

一个新产品从独立构思到开发研制成功，其过程主要经历八个阶段：新产品构思、创意的筛选、产品概念形成、初拟营销计划、商业分析、产品开发与测试、市场试销和商品化。

（一）新产品构思——寻求创意，构思阶段

产生一个好的新产品构思或创意是新产品成功的关键，不仅要求设计师熟悉流行趋势和市场需求，还要求设计师有丰富的知识、敏锐的感觉和形象思维能力，对面料的质感、色彩和搭配有很好的把握。

服装产品的设计构思和创意并非凭空而来，企业通常可以从企业内部和企业外部寻找新产品创意的来源：①顾客；②科学家；③竞争对手的产品；④推销员和代理商；⑤市场研究公司；⑥高层管理人员等。其中，最重要的信息来源是本企业的目标顾客，服装厂商可以从销售人员与顾客的对话中、顾客向客服人员的信息反馈中获知顾客对服装的需求，得到设计和改进服装产品的重要信息。

（二）创意的筛选——选择可行的创意，淘汰不可行的创意

创意的筛选是指采用适当的评价系统及科学的评价方法对各种创意进行分析比较，选出最佳创意的过程。在此过程中，力求做到除去亏损概率较大和必定亏损的新产品构思，选出潜在盈利大的新产品创意。对于服装产品而言，可以从上季或最近几季的畅销款中去分析这些产品受欢迎的原因及其共性，并结合最近高度流行的国际新趋势来选择合适的颜色、款式和面料，从而设计新产品。

（三）产品概念形成

推出新产品时，必须明确其概念，即将创意具体化，用有意义的消费术语详尽描述产品，否则，目标顾客将难以接受该产品。新产品概念就是企业从消费者的角度对产品创意进行详尽描述，使用文字、图像、模型等描述出产品的性能、具体用途、形状、优点、价格、提供给消费者的利益等，将筛选出的创意发展成更加具体明确的产品概念。例如，出门不用换装的家居服、有精致感的高级时装等。

（四）初拟营销计划

初步拟定该产品的营销计划，即描述目标市场的规模、结构、消费者的购买行为；产品的短期销售与市场占有率；长期销售、市场占有率、利润率，以及相应的营销组合，如价格策略、促销计划等。

（五）商业分析

商业分析是指企业预测新产品的销售量、成本和利润等财务情况，并由此判断该产品是否满足企业开发的目标。

（六）产品开发与测试

产品开发主要解决产品构思能否转化为在技术上和商业上可行的产品。它通过对新产品的设计、试制、测试和鉴定来完成。设计就是写出技术任务书并画出图纸。试制即根据图纸生产出样品。新产品试制后，必须进行全面鉴定，对新产品从技术上和经济上做出评价。服装产品在试制之后需要检验样衣的合身程度和穿着效果，以及是否舒适。例如，人们穿运动服是否适合去运动。新产品只有通过鉴定合格，才可定型，正式生产产品。

（七）市场试销

将正式产品投放到有代表性的小范围市场进行试销，旨在检查该产品的市场效

应，帮助决定是否大批量生产。试销可为新产品能否全面上市提供全面、系统的决策依据，也为新产品的改进和市场营销策略的完善提供启示，有许多产品是通过试销改进后才取得成功的。服装产品具有季节性等特点，加之原材料一般需要提前采购，进行全面试销是有一定困难的。多数服装企业往往根据以往的经验和市场预测就直接进行新产品的全面上市，如遇款式或面料、色彩等要素有很大变化时，则会选择小批量生产和试销来观察市场反应，并进一步制订是否大批量上市的计划。

企业可根据新产品的特点及试销情况来决定新产品的开发是否可行。如果试销市场呈现高试用率和高再购率，表明该产品可以继续发展下去；如果市场呈现高试用率和低再购率，表明消费者不满足，必须重新设计或放弃该产品；如果市场呈现低试用率和高再购率，表明该产品很有前途；如果市场呈现低试用率和低再购率，表明该产品应当放弃。

（八）商品化

新产品试销成功后，就可以正式批量生产，全面推向市场。企业在此阶段应在以下方面做好决策，即何时推出新产品、何地推出新产品、向谁推出新产品以及如何推出新产品。

本章小结

目标市场确定以后，企业就要根据目标市场的需要来开发和生产满足市场需求的服装产品。企业营销活动是以满足消费者需求为中心，而市场需求的满足只能通过提供产品和服务来实现。因此，从一定意义上讲，企业的成功与发展关键在于产品能在多大程度上满足消费者的需要，以及产品策略的正确与否。本章主要介绍了服装产品的整体概念及服装产品组合策略，服装服务的内涵与服务营销，服装产品生命周期的四个典型阶段及每个阶段可选择的营销策略，以及新产品的营销学定义。

扫码获得本章习题及参考答案

第九章 服装定价策略

扫码获得本章 PPT

互联网时代，人们的支付方式发生了很大变化。相比传统的现金支付和刷卡支付方式，更多消费者选择使用更加便捷的支付宝和微信支付等第三方网络支付工具，人们再也不用因为没带够钱买不了自己心仪的服装而担心。此外，一些支付工具还提供了分期支付方式，而这可以使消费者预支未来的收入来进行购买，这些都是"互联网+"带给我们的便利。同时，有一些问题值得我们重视和研究。"互联网+"时代的市场细分已经达到了极其细微的程度，甚至可以根据每一位消费者在购物网站的浏览记录为他们推广符合其偏好的服装产品，实施精准营销。在这个过程中，会出现一些不必要的价格偏差，如同一款产品在不同销售渠道的价格存在差异。线上渠道的服装产品价格比线下渠道低，一方面会对线下销售造成一定的冲击，顾客会选择在线下服装产品旗舰店试穿再到线上渠道购买，另一方面会使顾客对服装价格产生不信任感，从而大大降低用户体验和顾客满意度。因此，企业在进行服装品牌营销时，线上线下价格统一有利于服装品牌的营销。

学习目标：

1. 明确影响服装产品定价的因素；2. 掌握成本导向、需求导向及竞争导向定价的主要方法；3. 学会灵活运用服装定价策略；4. 学会正确使用价格调整手段，预测服装产品价格变动后顾客、竞争者的反应，做好应对准备。

第一节 影响服装企业定价的因素

影响服装产品价格制定的因素有很多，但大致可分为企业内部影响因素和外部影响因素两大类。内部影响因素主要包括企业的定价目标、产品成本、产品特点、分销渠道、促销策略等；外部影响因素主要包括所要服务的目标顾客及市场供求状况、市场竞争程度、政府政策和法律以及其他宏观社会经济因素。价格是服装企业参与市场竞争的有力手段，服装企业在确定产品价格时，必须对这些因素进行系统的分析，认识它们与产品价格之间的关系，并在此基础上选择企业的定价方法和策略。

一、成本因素——成本是定价的最低限

产品成本是产品价格制定的基础，产品价格必须能够补偿产品生产和市场营销的所有支出，并补偿产品的经营者所承担的风险支出。所以说，成本是定价的最低限。

根据产品定价需要，我们首先了解一下成本概念：

1. 固定成本

固定成本是指在一定时期内不随产品产量变化而变化的成本费用，又称不变成本。例如固定资产折旧费、产品设计费、管理人员工资以及办公费等。这些费用与产品产量的多少无关。但从长期来看，当企业规模发生变化时，固定成本也会随之变动。

平均固定成本，即单位产品所分摊的固定成本，则随产量变动而变化。

$$平均固定成本＝固定成本／产量$$

2. 变动成本

变动成本是指在一定时期内，随产品产量的变动而成比例变动的成本费用，又称可变成本。例如原材料费用、生产工人工资、销售费用、运输费用等。

平均变动成本，即单位产品的变动成本，它不会随产量变动而变动，在一定的时间范围内，它保持相对稳定。

$$平均变动成本＝变动成本／产量$$

3. 总成本

固定成本与变动成本之和就是总成本。平均固定成本与平均变动成本之和称为平均总成本，或产品完全成本。

企业在定价时，依据不同的成本，可能定出不同的价格或作出不同的决策。这些成本中，平均变动成本更适合作为价格决策的依据，而平均总成本则适用于核算企业的实际收益或利润。这些成本各有其不同的作用。

4. 边际成本

在原有产量基础上，产品产量每变动一个单位（增加或减少一个单位）所引起的总成本的变动额（增加额或减少额），即单位变动成本。

企业研究边际成本的最大意义在于寻求能实现最大利润的均衡产量和价格。企业可以根据边际成本等于边际收入的原则，确定最佳产量和最佳价格。

与此相对应，边际收益就是多增加一个产品的生产而增加的收入，即最后一个产品的卖价。同样，边际贡献（利润）为边际收益与边际成本之差。

5. 机会成本

企业为从事某项经营活动而放弃另一项经营活动，那么这项被放弃的经营活动所应取得的收益，即为正在从事的经营活动的机会成本。机会成本的分析对于企业在经营中正确选择经营项目、合理配置有限资源具有重要意义。

6. 沉没成本

沉没成本是指投入不能再收回的成本。

二、需求因素——需求是价格的最高限

产品的价格水平与市场需求关系密切。不同的顾客对于不同产品的价格变化会表现出不同的敏感性。

1. 需求与价格

通常情况下，价格越高，需求越小；价格越低，需求越大。例如，某服装店以每件 150 元的进购价购得一批衬衣，按零售价 180 元销售，一天可以卖出 50 件；如果将价格提高，销量便会下降；如果变为免费赠送，即价格为 0 元，需求量可能会无限大。企业需要考虑每一价格水平下的需求量有多大，并根据已经确定的销售目标或利润目标来确定价格。销售目标即企业期望获得的需求量，而理想的价格即能够实现销售目标的价格。若价格高于这一水平，便会引起需求量下降，从而难以实现企业的销售目标或利润目标。因此，需求是制定价格的上限。

但对一些奢侈品来说，需求曲线有时呈正斜率，例如名牌服装、皮包等产品，价格越高，消费者会认为其价值更大、质量更好，从而需求变大，销量大幅提升。

2. 需求价格弹性

通常而言，我们用需求价格弹性来衡量顾客对价格变动的敏感程度。对于不同类

型的产品，价格变动对需求量变动的影响程度有极大的差异，即这些产品需求的价格弹性不同。

需求价格弹性的大小，可以根据需求价格弹性系数来测定。需求价格弹性系数反映单位价格变动导致的需求量变化的量。如果用 E 来表示价格弹性系数，其计算公式为：

$$E_P = \frac{\text{需求量变化的百分比}}{\text{价格变化的百分比}} = \frac{\Delta Q/Q}{\Delta P/P}$$

式中，ΔQ 为需求量的变动量；Q 为需求量；ΔP 为价格的变动量；P 为价格。

当 $|E| > 1$ 时，表明价格弹性大；对于需求价格弹性大的产品，可通过降低价格来扩大销售量提高销售收入。当 $|E| < 1$ 时，表明价格弹性小；对于需求价格弹性小的产品，降低价格使销售量增加的幅度较小，提高价格使销售量减少的幅度也较小。所以，提价可以增加销售收入。

三、市场竞争状况

对于某一具体企业，在研究市场供求与价格关系时，还必须了解本企业产品价格的变化与竞争者产品价格的变化，以及与竞争者产品需求量变化的关系。

在现代市场经济中，按照市场的竞争程度可以把市场分为四种类型，即完全竞争市场、完全垄断市场、垄断竞争市场和寡头垄断市场，不同市场结构下的价格表现出显著的差异性。在完全竞争市场上，价格完全由市场供求关系决定，买卖双方都是价格的接受者；在完全垄断市场上，垄断企业可完全操纵市场价格，有自由定价的能力，完全掌控市场价格；在垄断性竞争的市场条件下，各个企业依靠自己的特色，各占据一部分市场，这使企业拥有一定的价格控制能力；寡头垄断市场的市场价格不是由市场供求决定的，而是由寡头企业通过达成协议或默契来决定的。

四、企业的营销目标

由于受资源条件的限制，处于不同行业、有不同规模或采用不同管理方法的企业往往制定不同的战略目标，营销目标作为企业总体战略目标的重要组成部分，决定了企业产品价格制定策略。通常，与企业产品价格制定直接有关的营销目标主要有获取当期最大利润、保持或扩大市场占有率、产品质量领先和维持企业生存。

除上述定价目标外，企业还可以设立保持价格稳定、保持与中间商的良好关系、促进产品销售等目标。对于大多数企业来说，产品价格往往不是由单一定价目标所决定的。在这些定价目标中，企业可以同时追求或兼顾几个目标，但各个目标的重要程度是不同的。

五、其他环境因素

企业定价时还必须考虑其他一些环境因素，如国家的政策或法规设定的最高限价和最低限价、国内外的经济形势、货币流通状况以及顾客的社会心理状态等。

第二节　服装定价的程序与方法

企业在确定了定价目标、掌握和分析了价格影响因素后，就可以选择定价方法，确定产品的价格。任何企业都不能只凭直觉随意定价，而必须借助科学的定价方法。在实际定价中，企业常用的定价方法大致分为三类：成本导向定价法、需求导向定价法和竞争导向定价法。价格制定之后并非一成不变，企业往往需要根据市场需求、竞争状况等因素对价格进行适当的调整。

一、成本导向定价法

成本导向定价法是一种以产品的完全成本为基础、按卖方意图确定价格的方法。其主要理论依据是：在定价时，企业首先要考虑收回在生产经营过程中投入的全部成本，再考虑取得一定的利润。

成本导向定价法主要有以下三种具体的定价方法。

（一）加成定价法

加成定价法的计算方法是在产品单位成本上加上一定比例的预期利润。计算公式为：

$$P=C（1+R）$$

式中，P 为产品价格；C 为单位产品成本；R 为加成率（利润率）。

例：某服装生产企业生产的某一款式的女士裤子单位成本为 200 元／件，预期利润率为 30%。如用加成定价法，每件裤子的销售价格应为 200×（1＋30%）＝260（元）。

加成定价法是一种传统的定价方法，由于没有考虑市场需求和竞争对手的情况，反映了生产导向的企业观念，常被认为是落后的、不合逻辑的。但是，由于其操作简便易行，如果市场需求稳定，所有企业都采用这一方法定价，价格竞争就会降到最低限度，购买者也会感到价格比较公平。所以，这一方法至今仍被广泛使用。

（二）收支平衡定价法与目标利润定价法

1. 收支平衡定价法

这是一种计算总收入等于总成本的保本价格的方法，企业以单位产品的全部成本作为产品的单价。其计算公式为：

$$总收入＝总成本$$
$$PQ＝F+VQ$$
$$P＝V+F/Q$$

式中，P 为产品价格；V 为单位变动成本；F 为固定成本；Q 为预期销售量。

例：某企业固定成本为 100 万元，单位产品的变动成本为 20 元，如果企业的产品销售量能达到 50 000 件，企业收回全部支出的话，则产品的价格定为：

$$P ＝ V + F/Q$$
$$＝ 20 + 1\,000\,000/50\,000 ＝ 40（元）$$

2. 目标利润定价法

这是一种根据企业所要实现的利润和预计的产量来确定产品价格的方法。该方法一般是通过分析销售量、固定成本、单位变动成本、目标利润、价格之间的内在关系，确定出能够实现目标利润的价格。其计算公式为：

$$收入＝支出＋利润$$
$$PQ＝F+VQ+G$$
$$P＝V+（F+G）/Q$$

式中，P 为产品价格；V 为单位变动成本；F 为固定成本；G 为要实现的目标利润；Q 为预期销售量。

例：某企业固定成本为 100 万元，单位产品的变动成本为 20 元，企业的目标利润定为 50 万元，如果企业的产品销售量能达到 50 000 件，产品的价格应定为：

$$P = V + \frac{F+G}{Q} = 20 + \frac{1\,000\,000 + 50\,000}{50\,000} = 50（元）$$

企业利用目标利润定价法定价，可以在保证收回生产成本的同时实现既定目标利润。但是这种定价方法存在两个缺点，一是忽视了市场需求及竞争情况，反映了生产导向的企业观念；二是颠倒了价格与销售量的因果关系。从公式中我们可以看出，这种方法是用一个估计的销售量来制定价格，而实际上是价格影响销售量，销售量要受到产品的需求价格弹性和竞争者产品价格的制约。因此，在采用这一方法时，关键是能否实现预期销售量，企业应根据产品的需求价格弹性考虑各种价格水平对产品销售量的影响，并最终将价格定在切实能够使企业目标利润得以实现的水平上。

二、需求导向定价法

需求导向定价法是依据买方对产品价值的认同程度和对产品的需求强度来给产品定价，包括三个主要的定价方法，即认知价值定价法、反向定价法和需求差异定价法。同类产品的价格差异与产品的成本不是线性相关的，平均成本相同的同一种产品，其价格随顾客的认知价值高低和市场需求的变化而变化。

（一）认知价值定价法

所谓认知价值，又称感受价值或理解价值，是指买方在观念上对产品价值的认同程度，而不是产品的实际价值。当产品的价格水平与买方对产品价值的理解和认识水平大体一致时，买方就会接受这个价格。反之，买方则不会接受这个价格，产品就卖不出去。

买方对产品价值的感受不是由产品成本决定的。例如，一位消费者在某一服装小店买一条裙子要付 200 元；在步行街的专卖店，同样一条裙子需付 300 元；如果到商场里购买，可能需要 800 元，价格一级比一级高。这并不是由成本的增加而导致的，而是由于消费的环境、服务、气氛、品牌的价值等提高了产品的附加价值，使消费者对产品的感受、理解不同所致。

认知价值定价法运用的关键是准确地分析和测定顾客对产品的价值认知水平，对价值认知水平过高或过低的估计都会导致产品销售不理想。因此，服装企业要研究这种商品及其各种属性在顾客心目中的价格水平，这就需要做好市场调研。例如服装企业对某一产品定价时，可以依据该产品带给顾客的每一个附加利益推定顾客所认知的价值，并在此基础上确定该产品的价格。这样，服装企业就可以有计划地为自己的产品做好市场定位，在质量、做工、交货期限、创新、服务、广告、包装、档次上为它树立良好形象，来影响买方的感受，使之形成对卖方有利的价值观念，最终实现目标利润。

（二）反向定价法

服装类产品往往要经过商场、门店等经销渠道进行分销，每个环节都希望获得利润。企业依据顾客能够接受的最终销售价格，在此基础上扣除各种中间费用，逆向推算出产品的批发价和出厂价，称为反向定价法。

产品出厂价＝市场零售价格×（1−批零差率）×（1−进销差率）

（三）需求差异定价法

需求差异定价法，是企业根据市场需求在时间、数量、地区、消费水平及消费心理等方面存在的差异，来确定产品价格，以满足顾客不同的需求，促进产品销售。这一方法将在下一节定价策略中阐述。

三、竞争导向定价法

在竞争激烈的市场上，企业为了应付竞争局面争取顾客常常采取竞争导向定价法，即以竞争对手的价格为基础，确定本企业同类产品的价格。竞争导向定价法的特点是产品价格与产品成本、市场需求没有直接关系，而主要与竞争者的产品价格有关，企业产品的价格随竞争者的产品价格变化而变化。

竞争导向定价法主要有以下几种形式：

1. 随行就市定价法

即企业依据本行业的现行价格水平来定价，保持价格一致。随行就市定价法既能充分利用同行业的集体智慧、反映市场的正常供求情况，又能保证适当的收益，也有利于同行业企业之间的友好相处。因此，这种定价方法特别适合实力较弱的中小企业、品牌差异小的产品、测算成本有困难或竞争者不确定等情况。

2. 投标定价法

即买方通过引导卖方竞争取得最低商品价格的定价方法。一般用于建筑工程、大型设备制造、政府或社会集团的大宗采购等。例如，某服装企业参加某 IT 企业的工装采购招标，该 IT 企业（买方）公开招标，卖方（服装企业）则密封递价，竞争投标。买方按物美价廉的原则择优选取，到期公布中标企业名单。中标企业与买方签约成交。

3. 拍卖定价法

即卖方预先展示所要出售的产品，在一定的时间和地点、按一定的规则，由买方公开叫价竞买，不再有人竞争的最高价格即为成交价格，卖方按此价格当场拍板成交。在艺术品、古董等交易中常采用这种定价方法。例如，我国中央电视台黄金时段广告发布权的价格就是采用这种方法确定的，取得了很好的效果。

四、服装价格调整

企业制定的服装产品价格并非一成不变，必须随着市场环境的动态变化进行调整。企业进行产品价格调整有两种情况：一是根据市场需求变化或企业战略、策略实施的需要进行主动调整；二是在竞争对手产品价格变动后进行的应变调整。

（一）主动降价

1. 主动降价原因

服装企业经营过程中，企业主动降低价格主要有以下原因：

（1）产能过剩。服装企业在生产产能过剩的情况下，便希望通过扩大销售量来消化产能从而获得收益，当其他营销策略扩大销售的余地很小时，降价便是最好的方式。一些服装品牌企业为了达到处理库存又不影响品牌形象的目的，往往采取打折促销以及特卖的形式来消化库存。有的品牌开设特卖店和工厂店来销售过季或过时的服装产品；还有的品牌采取在商场等零售场所举办特卖会的形式，来吸引价格敏感型顾客消费。

（2）竞争压力。当面临来自行业内的竞争压力，试图想尽办法保持现有的市场份额时，企业也可以通过降低产品价格吸引价格敏感型顾客的青睐，从而保证市场占有率。

（3）成本优势。行业中具有成本优势的企业可以通过降价进一步刺激市场需求，企业成本也将随着生产规模的扩大而下降，从而使企业获得规模效益，并长期控制市场。

（4）经济衰退。经济衰退时期，企业可通过降低价格保持竞争优势和现有的市场份额。

然而，不管企业出于何种原因主动降价，在顾客眼中或许是另一番景象。顾客或许会认为产品设计是存在缺陷的，质量是有问题的，样式是陈旧的，所以企业才会降价处理；又或许揣测生产企业遭遇了财务困难，产品价格将会进一步下跌；等等。因此，企业降价时应避免陷入以上误区。

2.企业降价策略

服装企业采取主动降价时，除了直接降低产品价格，还可采取更加柔性的降价策略，如增加单位产品的质量、增加免费服务项目、提供价格折扣、随产品赠送优惠券或馈赠礼品以及改进产品的性能从而增加价值等形式。

（二）主动提价

1.主动提价原因

成功的提价能为服装企业增加相当大的利润。企业主动提高价格主要有以下原因：

（1）通货膨胀。由于通货膨胀，服装企业成本费用全面提高，不得不通过提高产品价格的方式进行弥补，从而保障盈利。

（2）产品供不应求。企业产品供不应求，甚至不能满足市场旺盛的需求，长此以往将会引发顾客不满甚至不信任。此时提价也不足以撼动其市场地位。通过提高价格可以在企业获得更大盈利、保证市场份额的同时缓解市场需求压力。例如一些奢侈品牌的限量款服饰，往往定价较高。

2.企业提价策略

为了最大限度地减小顾客对提价行为的不满，服装企业还可以通过一些温和的变通方式达到提价的目的，使得不必提价便可弥补高额成本或满足大量需求。例如更换包装，从而减量不减价；使用较为便宜的面料做替代品；简化产品的功能以降低成本；减少免费服务项目或增加收费项目（如取消熨烫、截裤边、免费快递到家等项目）；使用便宜的包装材料，以降低包装成本；创造新的经济品牌或开发新产品使用无品牌策略。

（三）竞争者的反应

服装企业主动调整产品价格会不可避免地对竞争对手等产生影响。因此，在调价前后，企业需要对各方面的可能反应进行调查与评估，以减少不利影响，实现调整价格的目标。

预先估计和及时了解竞争对手的反应，关系到服装企业产品调价后市场竞争格局的变动。而竞争者的反应比顾客的反应更加复杂。竞争者对其他企业挑起的产品市场价格变动可能有相对固定的整套应对策略，也可能每次采取不同对策。企业必须经常对竞争对手的市场应对方式进行深入的情报搜集与分析评估，以掌握不同竞争对手的反应模式。

如果竞争对手是随机型，对每次市场价格变动没有较为固定的反应模式，服装企业就要根据其当时的财务状况、生产和销售能力、顾客忠诚情况以及企业营销目标等因素，分析和推测其可能的反应。如果竞争对手有完整的价格应对体系，企业可以运用搜集的情报资料，采用统计分析方法，建立起竞争对手的"市场价格应对模型"来对竞争对手可能的反应进行推测。

（四）企业对竞争者变价的反应

在竞争激烈的市场上，如果竞争对手率先调整了产品价格，企业不可避免地要采取应对措施。由于这种被动应对的时间压力很大，为了减少仓促应变带来的不利影响，服装企业必须提高应变能力，在价格决策中备有适当的反应对策。

扫码学习不同市场环境下的企业反应

第三节　服装企业定价的基本策略

企业在价格制定过程中，除了要考虑各种价格影响因素，采用不同的定价方法，确定出适当的产品价格外，还需要根据不同的市场情况，采取各种灵活多变的价格策略和技巧，对产品价格进行必要的调整，以使企业通过产品价格策略的具体实施，有效地实现企业的营销目标。

企业可以采用的价格策略有很多，常用的价格策略主要有新产品定价策略、心理定价策略、差别定价策略、地区定价策略、折扣定价策略、产品组合定价策略等。

一、新产品定价策略

新产品定价是企业产品定价中一个十分棘手的问题。新产品上市之初，产品定价没有可以借鉴的依据。价格定得高，顾客不接受，很可能使一个原本很有前途的产品夭折，给企业造成巨大损失；价格定得低，不仅会影响企业的效益，还可能影响企业的产品形象，也给企业其他产品的销售带来不利影响。所以，企业在新产品定价时一般都很慎重。

不同类型的新产品，由于其生产经营条件及顾客对其需求状况不同，企业定价时可以根据具体情况选择不同的定价策略。

1. 撇脂定价策略

即为新产品定一个较高的上市价格，以期在短期内获取高额利润，尽快收回投资。这一方法的出发点是认为在新产品投放市场初期，竞争者与替代品都很少，因而可以乘机获取高额利润，就好像要把牛奶上面的一层奶油撇出来独自享有一样。这样不仅能迅速收回前期产品研制投资，还可以获得较高利润，所以很多企业都采取这种策略。

但是并不是所有企业和产品都适用这一策略。例如，季节性和时尚性较强的服装，在季节初或刚开始流行的时候，选择以较高的价格出售，那些追求新颖时尚的顾客往往对价格不太敏感，价格高一些也能接受。而随着季节的变化以及跟随购买者的增加，企业可以逐步降低价格，以满足流行跟随者的需求。采用高价策略的前提条件是：

扫码学习有关案例

（1）新产品有足够多的购买者，并且需求弹性较小。这样即使企业把价格定得很高，需求量也不会小，也不会受到价格变动的过多影响。

（2）索取高价带来的好处必须大于由于小批量生产而导致的产品成本的增加。

（3）新产品较难仿制，如有专利技术，高价格不会迅速引来大量竞争对手。

（4）企业的产品质量与所定的高价格相符合。这样能够使顾客认为新产品是高档的，而不会使企业被认为是牟取暴利。

2. 渗透定价策略

即为新产品定一个较低的上市价格，目的是使新产品一上市就能吸引大量的顾客购买产品，迅速打开市场，并赢得较高的市场占有率。同时，有效地阻止竞争者进入市场，从而为企业占领市场打下坚实基础。

采用这一定价策略的企业，在进入市场的初期可能会面临亏损状态，但随着产品产销量的扩大，产品成本下降，不仅可以弥补亏损，还会因为较高的市场占有率而获得丰厚的利润。由此可见，企业采用渗透定价策略，需要经过较长时间才能获得利润、收回投资，但由于市场基础稳固，市场占有率也较高，因而一旦开始盈利，利润将会十分稳定。所以，这是一种着眼于企业长期发展的策略。

采用渗透定价策略需要具备一定的前提条件：①新产品的潜在市场需求量非常大。②顾客对产品的价格非常敏感，产品的价格弹性较高，采取低价能刺激需求迅速增长。③产品的生产成本和营销费用会随着产量的扩大而下降，即具有规模效益。④低价能够有效地阻止现有竞争对手和潜在竞争者进入新产品市场。

对于企业来说，采用哪一策略更合适，应根据市场需求状况、竞争形势、生产能力等各种因素综合考虑。

二、心理定价策略

产品定价不但要考虑经济因素，也需要分析研究心理因素。根据消费者的不同心理需要和对价格的不同感受，可以制定出多种不同的心理定价策略。常见的心理定价策略有以下三种：

1. 声望定价策略

声望定价策略是指利用顾客仰慕名牌产品、名牌企业或者名店声望的心理来确定产品价格的策略。采用这种策略往往把产品的价格定得较高，目的是满足消费者求名和炫耀心理，显示身份和地位。声望定价策略尤其适用于产品质量不易鉴别的产品，如珠宝和红酒；也适合品牌价值比较高的名牌产品，如奢侈品服装、鞋包。由于顾客不容易区别不同品牌产品的质量，就会以品牌及价格来决定取舍，认为著名企业生产销售的产品，其质量理所当然会比较好，即使价格较高也乐意购买。另外，一些"炫耀"性产品的价格也必须保持较高的价格水平，以符合顾客购买心理。当然这类产品的价格也不能过高，否则顾客不容易接受，甚至产生反感。

2. 尾数定价策略

尾数定价策略是指利用顾客对数字认识上的某种心理，在价格的尾数上大做文章。这一策略在消费品的零售当中得到了较普遍的应用。例如，很多企业的产品宁可将价格定为199元，也不定为200元，这不仅能让顾客觉得便宜很多，而且可以使顾客认为卖方定价很认真，产品定价准确。我国很多企业将产品价格的尾数定为6、8、

9，就是为了满足顾客想讨个好彩头的心理需求。此外，在现实中，多余的零钱还会导致伴随购买，如顾客在超市购买时希望把尾数凑成整数。但是对于高档或奢侈服装的定价，尾数定价策略的意义不大。

3. 招徕定价策略

招徕定价策略是指企业利用顾客求廉的心理，特意将某几种产品的价格定得较低，以此作为吸引顾客进店的手段，借机带动其他产品的销售。所以，这一定价策略又被称为特价品定价策略或"牺牲品"定价策略。企业在采用这一策略时应注意，作为招徕顾客的"引子"产品，一般应为受到顾客喜爱的畅销产品，而且要货真价实，否则起不到吸引顾客的作用。

三、差别定价策略

差别定价策略，即需求差异定价法，是企业根据顾客需求在时间、数量、产品、地点等方面存在的差异，对其基本价格进行调整。

主要有以下四种形式：

1. 按顾客差别定价

即同一种产品以不同的价格销售给不同的顾客群。例如工业用电与民用电的电价不同，成人与学生、儿童乘坐火车的票价不同，同一种产品卖给批发商、零售商或消费者的价格不同，有稳定业务关系的老顾客与新建立关系的顾客或临时顾客的价格也会有差异等。

2. 按产品差别定价

（1）产品形式差别定价。即企业对不同大小、型号、颜色、款式和质量的产品分别制定不同的价格。例如设计精美的服装会贵一些。大多数服装企业都会在每一季节向市场提供多个系列的服装产品供顾客选择，各个系列的产品在面料、款式和工艺上都有一定差异，因此在价格上也会有区分。

（2）产品档次差别定价。即对产品线中不同档次的产品制定不同的价格。例如，某服装企业在夏季推出了多个系列的产品，其中一个商务时尚系列服装采用进口高档面料纯手工制作，价格偏高。另外，还有中等价位系列和低价系列，消费者可以在多个系列多个档次中做出选择。

（3）产品部位差别定价。即对处于不同位置的产品或服务分别制定不同价格。例如演唱会现场的座位不同则价位不同，饭店的包房菜价比大厅贵，房地产市场的一房一价。

3. 按销售时间差别定价

即产品的价格随时间（季节、日期、钟点）的不同而变化。例如季节性销售的产品，在销售旺季时价格较高，在淡季时则价格较低，如羽绒服冬贵夏廉；节假日时产品价格与平日不同，为了促销降价；甚至在一天的不同时段，有些产品也可以定出不同的价格，如长途电话费、电视广告收费、超市晚间特卖等。

4. 按销售地点差异定价

在采取销售地点差异定价策略时，企业要决定：

（1）对于卖给不同地区的顾客的某种产品，是分别制定不同价格，还是制定相同的价格。例如同一品牌的服装，在一线城市和二线城市的价格有差异。

（2）产品不同的销售渠道（地点）的定价方式。例如品牌服装依据是在高级商场、大卖场、步行街还是路边门店等不同渠道销售产品而制定不同的价格。

四、地区定价策略

一般地说，一个企业的产品，不仅卖给当地顾客，同时卖给外地顾客，尤其是国际贸易。而卖给外地顾客，把产品运到顾客所在地需要装运费用、通关费用及保险等。地区定价策略的一个议题是：这些装运成本由谁承担，公司是否应对边远的顾客收取较高的价格，以弥补较高的装运成本等费用；另一个议题是如何付款，若买方在付款时再提出相关要求，则企业相当被动。

1. FOB 原产地定价（Free on Board，装运港船上交货）

所谓 FOB 原产地价，就是顾客按照出厂价购买某种产品，卖方只负责在约定的装运港将货物交到买方指定的船上，越过船舷即为交货。交货后，从船上到目的地的一切风险和费用概由顾客承担。

这样每一个顾客都各自负担从产地到目的地的费用。这种定价方法对企业也有不利之处，即远距离的顾客有可能不愿意购买这种企业的产品，而购买其附近企业的产品。

2. 统一交货定价

统一交货定价就是企业对来自不同地区的顾客出售某种产品，均按照相同的"出厂价加相同的运费（按平均运费计算）"来定价。也就是说，对于全国不同地区的顾客，不论远近，都实行同一个价格。

3. 分区定价

这种方法介于前两者之间。所谓分区定价，就是企业把全国（或地区）分成若干价格区，对于不同价格区的顾客，分别使用不同的地区价格。距离企业远的地区，价格定得较高；距离企业近的地区，价格定得较低。

4. 基点定价

所谓基点定价，是指企业选定某些城市为基点，然后按一定的出厂价加从基点城市到顾客所在地运费来定价，而不管产品实际上是从哪个城市起运。有些公司为了提高灵活性，选定许多基点城市，按照距顾客最近的基点计算运费。

5. 运费免收定价

这是一种由企业负担全部或部分运费的定价策略。例如，有些企业因为急于和某些地区做生意，便会选择这种定价方法。这些企业认为，采取运费免收定价，可以使企业加深市场渗透，并且能在竞争日益激烈的市场上站住脚。如果市场占有率扩大，其平均成本就会降低，便足以补偿这些费用开支。

五、折扣定价策略

有时候，企业为了鼓励顾客及早地付清款项、鼓励大量购买或淡季购买，往往会酌情降低基本价格，这种价格调整被称为折扣定价策略。价格折扣有以下四种类型：

1. 现金折扣

现金折扣是指在分期付款条件下，供应商对按约定日期付款或提前付款的顾客给予一定的折扣。例如，顾客在 30 日内必须付清货款，如果 10 日内付清货款，则给予 2% 的折扣。这有利于加速企业资金周转，减少坏账损失。

2. 数量折扣

数量折扣是指企业给那些大量购买某种产品的顾客的一种折扣。因为大量购买能使企业降低生产、销售、储运、记账等环节的成本费用。一般情况下，企业会按购买数量多少，给予不同的折扣，购买数量越多，折扣越大，鼓励顾客购买更多的物品。

3. 功能折扣

功能折扣又称贸易折扣，是指制造商给予某些批发商或零售商的一种额外折扣，促使他们更好地执行市场营销功能（推销、储存、服务）。

4. 季节折扣

季节折扣主要是指生产季节性商品的企业对销售淡季前来购买商品的买主给予的折扣优待。例如，服装生产厂家在淡季营业额下降时给中间商以季节折扣。此外，零售商对于购买过季商品或服务的顾客给予一定的折扣，亦属季节折扣。例如，很多服装经销商在换季时打折。该策略有利于企业的生产量和销售量保持稳定，防止积压。

六、产品组合定价策略

对于绝大多数企业来说，生产经营的产品项目不止一种，每一种产品都是企业整个产品组合中的一个组成部分。这时，企业就需要针对整个产品组合的具体状况，为每一种产品制定出合适的价格，从而使整个产品组合取得的总利润最大。

在现实生活中，企业既要使每种产品的销售利润最大，又要使整个产品组合的整体利润最优，这是非常困难的。所以，对于经营多种产品的企业来说，必须从整个产品组合的总收益出发，考虑各种产品之间的相互关系，来确定每一种产品的合理价格。

1. 产品线定价策略

产品线定价策略是指企业对产品线中相关产品的价格设置适当差异，以使产品线上的相关产品均能提高销售量。在同一产品线中，各个产品项目有非常密切的关系和相似性。如果产品项目之间的价格差别不大，顾客就会倾向于购买功能和性能较先进的产品；而此时如果各产品项目的成本差别又较大，也就是说，顾客倾向于购买成本高而利润贡献小的产品，这对企业是不利的。

所以，当企业对整个产品线定价时，首先必须站在顾客的角度对产品线内的各个产品项目的质量和特色进行评估，并了解同类产品在价格方面的差别，然后制定差别化价格，使产品项目之间的差异能够通过价格差别明显地体现出来。具体而言，企业可从以下几个方面着手：首先，确定产品大类中价格最低商品，使之在产品大类中充当领袖价格，以吸引消费者购买产品大类中的其他产品；其次，确定产品大类中价格最高的商品，使之在产品线中充当品牌质量和收回投资的角色；最后，产品大类中的其他产品也分别依据其在产品大类中的角色不同而制定不同的价格。例如一些服装品牌企业，每个季节向市场推出多个系列的服装产品供顾客选择，而各个系列的产品项目在面料、款式和质量上都存在一定差异。企业往往会选择某个或某几个系列作为主推产品，并以主推产品的价格为基准，向上和向下延伸从而形成价格系列。这样可以让消费者感知到档次和价格差异，并按照自己的价格偏好选购。

2. 附带产品定价策略

企业在提供必选的主导产品时，往往还会附带提供可选择的产品，即与主导产品配套使用的产品，这就要求企业处理好主附产品之间的关系，对主导产品和附带产品分别定价。附带产品一般分为必须附带产品与任选附带产品两类。

（1）必须附带产品。必须附带产品是指主产品正常使用必须配备的产品，如胶卷照相机与胶卷、打印机与墨盒、剃须刀架与刀片等。由于主导产品都可多次反复使用，而附带产品属易耗品，顾客购买主导产品就必须不断地购买附带产品。一般情况下，同时生产主导产品和附带产品的大企业往往把主导产品的价格定得较低，而将必须附带产品的价格定得较高，目的是以主导产品的大量销售带动附带产品的销售。

（2）任选附带产品。任选附带产品可以提升主导产品的使用效果，但不影响主导产品的正常使用。例如汽车与汽车收录机、电冰箱与电源电压稳定器、移动必选套餐和可选包等。这类附带产品与主导产品的使用关系密切，但顾客在购买主导产品时可买可不买，并且这类产品的成本与价格远远低于主导产品。确定这类产品的价格，企业需要认真分析市场环境和顾客偏好等因素。

值得注意的是，如果任选附带产品的有无会影响顾客对主导产品的选择，就可把其价格定得很低，甚至免费赠送。例如，有的服装产品会附带腰带等配饰、有的童鞋销售平台会在发货时附带测量尺码表。如果顾客对主导产品的偏好十分强烈，顾客的选择比较固定，这时任选附带产品的价格反而会定得较高。

3. 产品群定价策略

为了促进产品组合中所有产品项目的销售，企业有时将具有相关关系的服装产品组成一个产品群成套销售。例如，一些童装品牌将服装进行搭配，组成包括帽子、上衣、裤子和鞋子的套装组合，并为之制定一个优惠的价格来出售。由于顾客本来无意购买全部产品，但企业通过将产品配套销售的方式，使顾客感到成套购买比单独购买便宜和方便，从而带动整个产品群中某些不太畅销产品的销售。在采用这一策略时，企业要注意避免硬性搭配。

本章小结

价格策略是市场营销组合策略中的重要构成内容。在市场经济中，任何商品和劳务都有价格。商品有了价格，供需双方才能交易。价格是商品价值的货币表现。同时，价格又是一个十分活跃、敏感而又难于控制的营销要素，它直接关系着顾客和企业双方的切身利益。服装企业要想实现预定的营销目标，必须为企业各种产品制定合理的价格水平和可行的价格策略。本章首先讲述了影响服装价格的多个因素，例如产品成本要素、市场需求要素、市场竞争情况以及企业的定价目标等。可供服装企业选择的定价方法主要有三种：成本导向定价法、需求导向定价法、竞争导向定价法。在基本定价策略的基础上，服装企业可运用各种定价策略影响市场需求并适当调整价格。在调整服装产品价格时，企业应提前考虑调价可能带来的冲击，并做好竞争者跟随甚至反击的预案。

扫码获得本章习题及参考答案

第十章 渠道策略

扫码获得本章PPT

中国近几年发展得非常迅速，科技的发展更是日新月异，互联网的红利带来了电商行业的"新机会"，淘宝、京东等平台上都出现了大量赚钱机会，不少白手起家的个人成为年入百万的"小老板"，这就是互联网时代电商平台带来的市场红利。互联网经济的兴起对传统商业模式的影响巨大，就服装行业而言，电商对传统实体店铺的冲击有目共睹。面对蓬勃发展的电子商务市场，传统服装企业正在积极转型。线下实体店一直以来是服装销售的主渠道，而电商的崛起，使服装一跃成为网络购物中占比最多的一个品类，也冲击着线下实体门店。尚未"触电"的服装企业面临的是不断被电商掠夺的线下份额。

传统品牌的营销运作是抢占渠道，抢占代理商下面的店铺资源和店铺资金，以店铺多寡来决定胜负。有渠道就有店铺，有店铺就有顾客，有顾客就有销售，而电商则消灭渠道，店铺多寡不再是品牌实力的证明。服装企业品牌必须接受这样一个事实，那就是必须互联网化，必须拥抱电商，否则无路可走。只有这样你才能找到你的消费群体，你的消费者才能找到你，让更多的消费者明白你的品牌意义。如果消费者认定你的品牌，就不用纠结店铺开在哪里或是只能依赖线下渠道。电子商务对传统服装企业不仅仅是一种渠道，更是一种趋势、一种更进步的向前的生活方式的变革。因此，巩固传统线下渠道、积极拥抱各种类型的线上新兴渠道是大多数服装企业的必然选择。

学习目的：

1.了解分销渠道的含义、特征及类型；2.了解影响分销渠道设计的因素，掌握分销渠道设计的步骤；3.理解分销渠道管理的内容；4.了解渠道中间商的类型及作用。

第一节　分销渠道

一、分销渠道的概念和特征

（一）分销渠道的概念

分销渠道也叫"销售渠道"或"通路"，是指产品或服务在从生产者向消费者转移的过程中，取得这种产品或服务的所有权或帮助所有权转移的所有企业和个人。它是独立于生产和消费环节之外的流通环节，同时又是联结生产与消费环节的桥梁。分销渠道成员一般包括产成品制造商、中间商和渠道终点的消费者。

（二）分销渠道的特征

（1）分销渠道是一个由不同企业或人员构成的整体。

（2）分销渠道中制造商向消费者或用户转移商品或劳务，是以商品所有权的转移为前提的。

（3）分销渠道是指企业某种特定产品或服务所经历的路线。分销渠道不仅反映商品价值形式的变化过程，而且反映伴随商流发生的商品实体的空间移动过程，被称为物流。

（4）企业的分销渠道相对固定化。特定的商品有特定的流通渠道，而特定的流通渠道涉及有关的企业和个人。

二、分销渠道的类型

分销渠道有多种分类方法，一般说来，按照有无中间商可分为直接渠道和间接渠道；按照分销渠道的长度，即渠道级数，可分为长渠道和短渠道；按照分销渠道的宽度，可分为密集分销、选择分销及独家分销。

扫码学习有关案例

（一）直接渠道和间接渠道

1. 直接渠道

直接渠道就是制造商不通过中间商环节，直接将产品销售给消费者。直接渠道是工业品分销的主要渠道，约80%的工业品及20%的消费品采用直接渠道分销。

2. 间接渠道

间接渠道就是制造商通过中间商环节把产品传送到消费者手中。间接分销渠道是

消费品分销的主要渠道，约80%的消费品及20%的工业品采用间接销售方式。例如标准的工业品及小型农业机械等。

（二）长渠道与短渠道

这种分类是以渠道级数为基础的，所谓渠道级数，是用来表示渠道长度的一个概念，它是指在制造商和消费者之间的销售中间机构的多少。根据渠道的长短，可以分为四种渠道。

1.零级渠道

由制造商直接到消费者，中间不经过任何中间销售机构，即上述的直接渠道。

2.一级渠道

在制造商和消费者中间含有一个中间销售机构，在消费者市场，这一中间销售机构大多是零售商；而在产业市场，则大多是销售代理商或佣金商。

3.二级渠道

由制造商到消费者，有两个中间销售机构。在消费者市场，通常是一个批发商和一个零售商；在产业市场，则有可能是销售代理商和批发商。

4.三级渠道

由制造商到消费者，有三个中间销售机构，一般是批发商、代理商和零售商。

更长的分销渠道比较少见，因为从制造商的角度来看，渠道级数越多，获得最终用户信息的难度越大，同时渠道控制难度也越大。

（三）宽渠道和窄渠道

这种分类是以渠道宽度为基础的。所谓渠道宽度，是指渠道的每个层次使用同种类型中间商数量的多少。

1.宽渠道

制造商使用的同类中间商越多，其分销渠道越宽广。例如一般的日常用品（毛巾、牙刷、洗涤剂等），由多家批发商经销，它们又转卖给更多的零售商，这些零售商能够大量接触消费者，从而大批量地销售产品。

2.窄渠道

制造商使用的同类中间商少，分销渠道窄，称为窄渠道，它一般适用于专业性强的产品，或贵重耐用的消费品，由一家中间商统包，几家经销。它使制造商容易控制分销，但市场分销面受到限制。

（四）单渠道和多渠道

按照制造商所采用的渠道类型的多少，可分为单渠道和多渠道。

（1）单渠道是指制造商采用同一类型渠道分销企业的产品，渠道比较单一。

（2）多渠道是指根据不同层次或地区消费者的情况，选用不同类型的分销渠道。

第二节　分销渠道策略

一、影响分销渠道设计的因素

（一）顾客特性

渠道的选择首先受到目标市场顾客的多少、地理分布、需求特征、购买行为以及顾客对各种促销方式的心理反应等要素的影响。

（二）产品特性

产品的如下特性对分销渠道设计产生重要影响：

（1）产品单位价值。低价值的产品往往通过中间商来销售，而高单价产品应选择较短的分销渠道。

（2）产品的大小与重量。体积大、分量重的产品，往往意味着高装运成本和高重置成本，应尽量选择最短的分销渠道。

（3）产品的耐腐性。产品的实体运输和储存中应考虑产品耐腐性强弱。易腐、易毁的产品，应尽量缩短分销途径，迅速地把产品出售给消费者。

（4）产品的技术性和服务要求。技术性较强、对售后服务要求较高的产品，其分销渠道一般都是短而窄的。

（5）产品的时尚性和流行性。时尚程度较高的产品，即式样或款式较容易发生变迁的产品分销渠道应尽量缩短，以免流转环节较多、周转时间较长而过时。款式不易发生变化的商品，分销渠道可以适当长一点，以便广泛销售。

（6）产品标准化程度。一般而言，渠道的长度与宽度与产品的标准化程度成正比。产品的标准化程度越高，渠道的长度越长，宽度越宽。

（三）企业特性

企业自身状况是渠道设计的立足点。每个企业都要根据其规模、财务能力、产品组合、渠道经验和营销政策来选择适合自己的渠道类型。实力雄厚的大企业有能力和条件承担较多的渠道职能，可以考虑短渠道或直接销售的分销模式，或者对渠道做更多的垂直整合或一体化工作，担当渠道领导者的角色。实力弱小的企业只有借力发展渠道，把分销的职责主要转移给中间商，当企业成长壮大后再调整、控制渠道。

（四）中间商特性

中间商是指处于生产者和消费者之间，参与产品交换，促进买卖行为发生和实现的，具有法人资格的经济组织或个人。中间商是企业产品分销渠道的重要组成部分。在市场营销活动中，中间商既能为制造商和消费者带来方便，又可以解决或缓解产需之间在时间、空间、产品结构、数量上的矛盾，为制造商生产的产品顺利进入消费领域创造条件。企业对中间商的选择应考虑中间商的服务对象、地理位置、商品构成、市场范围、资金状况、信誉等特性。

（五）竞争特性

竞争者使用的渠道模式是企业渠道设计时的参照对象。一些制造商希望以相同或相似的渠道与竞争者品牌抗衡，或将自己的品牌纳入领导者品牌相同的市场中，另一些企业则要另辟蹊径，追求渠道的独特性，通过渠道差异获取竞争优势。

（六）环境特性

环境作为大系统对渠道设计有广泛影响。就其最主要方面来说，一是经济形势。经济景气，渠道选择余地较大；经济萧条，渠道就要缩短，以减少渠道费用满足廉价购买需求。二是科技进步。冷冻技术延长了易腐食品储存期，信息技术减少了沟通困难，可以提供渠道的更大选择空间。三是法律法规。相关的法规，如专卖制度、反垄断法、进出口规定、税法等是渠道设计必须考虑的。

扫码学习有关案例

二、分销渠道设计

（一）分析服务产出水平

渠道服务产出水平是指渠道策略对顾客购买商品和服务问题的解决程度。影响渠道服务产出水平的因素主要有五个：①购买批量，指顾客每次购买商品的数量；②等候时间，指顾客在订货或现场决定购买后，一直到拿到货物的平均等待时间；③便利程度，指分销渠道为顾客购买商品提供的方便程度；④选择范围，指分销渠道提供给顾客的商品品种数量；⑤售后服务，指分销渠道为顾客提供的各种附加服务，包括信贷、送货、安装、维修等内容。

（二）建立渠道目标与任务

渠道目标应表述为目标服务产出水平。无论是创建渠道，还是对原有渠道进行变更，设计者都必须将企业的渠道设计目标明确地列出来。

从生产制造商的角度出发，在渠道成员中分配任务的主要标准是：降低分销成本；

增加市场份额、销售额和利润；分销投资的风险最低化和收益最优化；满足消费者对产品技术信息、产品差异、产品调整以及售后服务的要求；保持对市场信息的了解。

企业在渠道成员之间分配渠道任务时，还需要考虑以下因素：渠道成员是否愿意承担相关的分销渠道职能，不同的渠道成员所提供的相应职能服务的质量，生产制造商希望与顾客接触的程度，特定顾客的重要性，渠道设计的实用性。

（三）确定营销渠道模式

生产企业在进行分销渠道的设计时，首先要决定采取什么类型的渠道，是直销还是通过中间商销售。如果选择直销，就要选择是派人上门推销、采用自设店面销售，还是采用互联网销售，或是采用其他形式；如果企业通过中间商销售，就要进行中间商层次的选择，首先考虑选择使用几层中间商，再考虑中间商的类型、规模及经营状况等。一般来说，企业在设计分销渠道时，要把目前企业可以利用的渠道全部列出，然后综合各个方面的因素进行比较，找出最有利的渠道模式。

（四）确定中间商的数目

企业在决定分销渠道的宽窄时，应考虑影响分销渠道的各个因素，合理地确定中间商的数目，一般有三种形式。

1. 独家分销

生产企业在特定的市场区域内，仅选择一家中间商为其销售产品，实行独家经营。独家分销是最窄的分销渠道，这种方式一般适用于新产品、名牌产品以及有某些特殊性能和用途的产品。

2. 密集分销

生产企业利用尽可能多的中间商分销，销售网点越多越好，力求使产品能广泛地和消费者接触，方便消费者购买。

3. 选择分销

生产企业在同一市场区域内，有条件地选择几家最合适的中间商为其销售产品。这是介于上述两种方式之间的一种形式，适合大多数产品的销售。这种分销方式比独家分销面宽，比密集分销面窄，有利于开拓市场；有助于加强企业与中间商的了解和联系，从而提高中间商的经营积极性，还可减少中间商之间的盲目竞争，提高产品声誉。

企业在对上述三种方式进行选择时，还应充分考虑企业的营销目标，目标不同，选择的方式应有所不同。

（五）确定渠道成员的权利和义务

为保证分销渠道的畅通，企业必须在价格政策、销售条件、市场区域划分、相互服务和责任等方面明确中间商的权利和责任。

（六）对分销渠道方案进行评估

分销渠道评估的实质是从那些看似合理但又相互排斥的方案中选择最能满足企业长期目标的方案。因此，企业必须对各种可能的渠道选择方案进行评估。评估标准有三个，即经济性、控制性和适应性。

三、分销渠道管理

（一）选择渠道成员

渠道成员直接影响企业分销渠道的效果，进而决定企业营销策略的实施。企业选择渠道成员的标准包括四个方面。一是渠道成员的市场经验。生产企业应根据产品的特征选择经商时间较长、对产品销售有专门经验的中间商，这样有利于加快产品的推广速度。二是渠道成员的经营范围。如果渠道成员经营的产品和区域与自己企业相关或相同，则有利于产品销售。三是渠道成员的实力。渠道成员是否有良好的企业声誉、强劲的发展势头和高效率管理水平，不仅关系到产品的销售，而且对自己企业产品和企业形象的树立以及能否实现长期合作至关重要。四是渠道成员的合作程度。分销渠道作为一个整体，每个成员的利益来自成员之间的彼此合作和共同的利益创造活动，没有合作就没有利益。

（二）评价渠道成员

如果某一渠道成员绩效过分低于既定标准，需找出原因，考虑补救方法。当放弃或更换中间商会产生更坏的结果时，企业只能容忍；当不至于出现更坏结果时，应要求中间商定期改进，否则取消合作资格。

1.契约约束与销售配额

与中间商签订有关绩效标准与奖惩条件，可避免种种不快。契约中应明确经销商的责任，如销售强度、绩效与覆盖率、平均存货水平、送货时间、次品与遗失品的处理方法、对企业促销与训练方案的合作程度、中间商必须提供的顾客服务等。

2.测量中间商绩效

（1）将每一中间商的销售绩效与上期绩效比较，以整个群体的平均升降百分比作为标准。对低于该群体平均水平的中间商加强评估与激励措施，还要调查环境因素，了解是否存在客观原因，如当地经济衰退、某些顾客不可避免流失、主力推销员退休或离职等，分析哪些因素可在下期弥补。一般来说，企业不宜因这些因素而对经销商采取惩罚措施。

（2）将各中间商的绩效与该地区基于销售潜量分析所设立的配额相比较。即在销售期过后，根据中间商的实际销售额与其潜在销售额的比率，将各中间商按名次排列。企业调整与激励措施集中用于那些未达既定比率的中间商。

（三）渠道控制

中间商都是一些独立的企业，不是生产企业的从属机构，所以生产企业要控制全部中间商是比较困难的。有的生产企业通过建立自己的分销机构来控制分销渠道，但这样成本很高；有些生产企业则采用特约代销或独家经销等方式，通过第一级渠道环节来控制整个渠道；等等。但并不是每个生产企业都能够控制渠道，这取决于生产企业的实力、信誉以及市场条件等多种因素。但是，一般说来，能够成功地控制渠道的生产企业都在市场上获得成功。

（四）渠道调整

生产企业不仅要设计一个良好的渠道系统并推动其运转，还要定期对其进行改进，以适应市场发展的需要。当消费者的购买方式发生变化、市场扩大、新的竞争者兴起、创新的分销战略出现以及产品进入产品周期的后一阶段时，生产企业便有必要对渠道进行改进。原有的分销渠道即使非常有效，也会随着环境的变化失去其有效性。改变企业分销渠道可从三个方面进行：①增加或减少某些渠道成员；②增加或减少某些分销渠道；③改进整个分销渠道。

第三节　批发与零售

中间商是生产厂家的客户和伙伴，通常与企业营销力量一起构成企业的分销网络。中间商的分类有两种方法：一种是根据销售对象划分为批发商与零售商；另一种是根据商品所有权转移划分为经销商与代理商。其中，经销商是指从事商品买卖活动的批发商或零售商，商品经过经销商交易一次，产品的所有权就转移一次；而代理商不同于经销商，他们不拥有产品的所有权。商品分销渠道是由若干不同类型的中间商构成的，其中最重要的就是批发商和零售商，他们各自发挥着特定的作用。

一、批发与批发商

（一）批发的含义

批发是为转售或加工服务的大宗产品交易行为，指一切销售为了转卖或商业用途而进行购买的组织或个人的活动。批发商是指那些主要从事批发业务的公司。

（二）批发商分类

按照所有权的拥有与否，批发商分为三种类型：商人批发商、经纪人和代理商以及其他批发商。

1. 商人批发商

商人批发商是指自己进货，取得产品所有权后再批发出售的商业企业，也就是人们通常所说的独立批发商，商人批发商是批发商的最主要类型。商人批发商按其职能和提供的服务是否完全，可分为两种：完全服务批发商和有限服务批发商。

2. 经纪人和代理商

经纪人和代理商是从事购买或销售或二者兼备的洽商工作，但不取得产品所有权的商业单位。与商人批发商不同的是，他们对其经营的产品没有所有权，所提供的服务比有限服务商人批发商还少，其主要职能在于促成产品的交易，借此获取佣金。与商人批发商相似的是，他们通常专注于某些产品种类或某些顾客群。

经纪人和代理商主要分为以下五种：产品经纪人、制造商代表、销售代理商、采购代理商和佣金商。

二、零售与零售商

零售是指所有向最终消费者直接销售产品和服务，用于个人及非商业性用途的活动。任何从事这种销售活动的机构，无论是制造商、批发商还是零售商，也无论这些产品和服务如何销售（经由个人、邮寄、电话或自动售货机）或在何处（在商店、在街上或在消费者家中）销售，都属于"零售"这一范畴。零售商或零售商店，是那些销售量主要来自零售的商业企业。

扫码学习有关案例

（一）百货商店

百货商店是以经营日用工业品为主的综合商店，一般以大、中型居多。它是高度组织化的企业，内部分设专业产品部或专柜，相当于许多专业商店的集合。

（二）专业商店

专业商店是专门经营某一类或几类产品的零售商店，如专营家用电器、钟表、呢绒、皮货、服装的商店，也称专门用品商店。

（三）超级市场

超级市场是一种规模相当大、成本低、毛利低、薄利多销、自动售货、自我服务的经营机构。

（四）便利商店

便利商店是分散在广大居民区中的小食品杂货店。它规模小、设点分散、营业时间长，节假日也开门营业，致力于满足消费者日常生活需要。

（五）折扣商店

折扣商店一般具有以下特点：①经常以低价销售商品；②突出销售全国性品牌，虽然价格低廉但质量有保障；③店址设置主要着眼于吸引较远处的顾客。

（六）仓储商店

仓储商店是一种以大批量、低成本、低售价和微利方式经营的连锁式零售商业，仓储商店一般具有以下特点：①以工薪阶层和机关团体为主要服务对象，旨在满足一般居民的日常性消费需求以及机关团体的办公性与福利性消费需要；②从厂家直接进货，尽可能降低经营成本，销售价格低廉；③从所有商品门类中挑选最畅销的商品大类，然后从中精选出最畅销的商品品牌并在经营中不断筛选；④根据销售季节等具体情况随时调整经营商品的品种，保证商品顺畅流转，以使销售的商品占有较大的市场份额。

（七）自愿连锁店和零售合作组织

面对连锁式零售商业的竞争压力，引发了独立商店的竞争反应，他们开始组成两种联盟：自愿连锁商店和零售合作组织。前者是由批发商牵头组成的以统一采购为目的的联合组织；后者是独立零售商按自愿互利原则成立的统一采购组织。这两种组织与上述连锁式零售商业的区别，只在于这两种组织的所有权是各自独立的。

（八）特许专卖组织

这是特许专卖权所有者（制造商、批发商或服务企业）与接受者之间通过契约建立的一种组织，后者通常是独立的零售商，根据约定的条件获得某种特许专卖权。特许专卖权的所有者，通常都是些享有盛誉的著名企业。特许专卖组织的基础一般是独特的产品、服务或者是生产的独特方式、商标、专利，或者是特许人已经树立的良好声誉。

本章小结

分销渠道是指产品或服务在从生产者向消费者的转移过程中，取得这种产品或服务的所有权或帮助所有权转移的所有企业和个人。分销渠道有多种分类方法，按照有无中间商，可分为直接渠道和间接渠道；按照分销渠道的长度，即渠道级数，可分为长渠道和短渠道；按照分销渠道的宽度，可分为密集分销、选择分销及独家分销。

影响渠道设计的因素包括顾客特性、产品特性、企业特性、中间商特性、竞争特性、环境特性等。具体设计分销渠道时要按步骤进行。分销渠道管理的内容包括渠道成员选择、激励、评价、控制、调整等环节。

批发是指一切销售为了转卖或商业用途而进行购买的组织或个人的活动。批发商的类型包括商人批发商、经纪人和代理商以及其他批发商。零售是指所有向最终消费者直接销售产品和服务，用于个人及非商业性用途的活动。零售商包括百货商店、专业商店、超级市场、便利商店、折扣商店、仓储商店、自愿连锁店和零售合作组织以及特许专门组织等类型。

扫码获得本章习题及参考答案

第十一章　促销策略

扫码获得本章 PPT

　　每到换季、年终，各服装品牌精锐尽出，不约而同展开促销活动，希望多分一杯羹。随着竞争的加剧，服装促销花样越来越多，但只有符合顾客的心理和需求的方式才会收到良好的效果。一般来说，服装行业应结合产品的性质，不同促销方式的特点以及消费者的购物习惯等因素，选择合适的促销方式，以新取胜，以情取胜。但不管选择哪种方式，促销过程中一定要杜绝虚假宣传，否则就损害了企业的信誉，只能"搬起石头砸了自己的脚"。

　　促销实质上是一种沟通活动，即营销者发出作为刺激物的各种信息，把信息传递到一个或更多的目标对象，以影响其态度和行为。譬如，某媒体上发出了这样一条广告语："金兔绵羊绒毛衫——男士的毛衫！"显然，当消费者阅读到这一广告语时，可立即获得如下信息：该毛衫的品牌是金兔牌，是上海一个著名品牌，产品质量可信赖；毛衫原材料采用的是绵羊绒，属高档产品；产品是适合秋冬时令的服饰。如果某一消费者确想购买一件毛衫，这一广告语将会对他的购买行为产生一定影响。营销者为了有效地与消费者沟通信息，可采用多种方式加强与消费者的信息沟通，以促进产品的销售。可通过广告传递有关服装企业及产品信息；可通过各种营业推广方式加深顾客对服装产品的了解，进而促使顾客购买其产品；可通过各种公关手段改善服装企业或产品在公众心目中的形象；还可派遣推销员面对面地说服顾客购买其服装。

　　学习目标：

　　1. 了解促销的含义与作用；2. 熟悉各种促销方式的主要特点；3. 理解促销的实质；4. 掌握广告媒体的选择、广告的设计原则；5. 掌握人员推销的基本策略，公共关系和营业推广的主要策略。

第一节　促销组合

一、促销的含义和作用

（一）促销的含义

促销是指企业通过人员和非人员的推销方式，沟通企业与消费者之间的信息，引发、刺激消费者的消费欲望和兴趣，使其产生购买行为的一系列综合性活动。因此，促销的实质是企业与目标市场之间的信息沟通，促销的目的是诱发购买行为。

（二）促销的方式

1. 人员推销

人员推销是指企业派出推销人员或委托推销人员，直接与消费者接触，向目标顾客进行产品介绍、推广，促进销售的沟通活动。

2. 广告

广告是指企业按照一定的预算方式，支付一定数额的费用，通过不同的媒体对产品进行广泛宣传，促进产品销售的传播活动。

3. 营业推广

营业推广是指企业为刺激消费者购买，由一系列具有短期诱导性的营业方法组成的沟通活动。

4. 公关促销

公关促销是指企业通过开展公共关系活动或通过第三方在各种传播媒体上宣传企业形象，促进与内部员工、外部公众形成良好关系的沟通活动。

（三）促销的作用

一是提供信息情报，强化认知。二是扩大产品需求，加速流通。三是突出产品特色，增强市场竞争力。四是反馈信息，提高经济效益。

二、促销组合策略

（一）促销组合的含义

促销组合是指企业根据产品的特点和营销目标，在综合分析各种影响因素的基础上，对人员推销、广告、公共关系和营业推广等促销方式进行选择、搭配和综合运用，形成整体促销的策略或技巧。

促销组合策略从总的指导思想上可分为推式策略和拉式策略。推式策略是指企业运用人员推销的方式，将产品推向市场，即由生产商推向中间商，再由中间商推向消费者，故也称人员推销策略。拉式策略是指企业通过非人员推销的方式把消费者拉拢过来，进而使中间商对企业产品产生需求，以此扩大产品的销售，故拉式策略也称非人员推销策略。

对于现代企业而言，单纯的推式策略或拉式策略都不足以实现和扩大产品的销售，企业更多时候会采取推拉结合的促销组合策略，即综合使用多种促销方式。

（二）影响促销组合决策的因素

1. 促销目标

促销目标是影响促销组合决策的首要因素。每种促销工具（广告、人员推销、销售促进和人员推广）都有各自独有的特性和成本。营销人员必须根据具体的促销目标选择合适的促销工具组合。

2. 市场特点

除了考虑促销目标，市场特点也是影响促销组合决策的重要因素。市场特点受地区的文化、风俗习惯、经济政治环境等的影响，促销工具在不同类型的市场上所起的作用是不同的，所以，企业应该综合考虑市场和促销工具的特点，选择合适的促销工具，使它们相匹配，以达到最佳促销效果。

3. 产品性质

由于产品性质的不同，消费者及用户具有不同的购买行为和购买习惯，因而企业所采取的促销组合也有差异。一般来说，高技术的工业品偏向人员推销，而生活消费品，由于技术性较差，标准化程度高，市场面广，消费人数多，宜采用非人员推销。

4. 产品生命周期

在产品生命周期的不同阶段，促销工作具有不同效益。在导入期，导入期广告投入较大的资金用于广告和公共宣传，能使产品产生较高的知名度，促销活动也是有效的。在成长期，成长期广告和公共宣传可以继续加强，促销活动可以减少，因为这时购买者所需的刺激较少。在成熟期，相对广告而言，销售促进又逐渐起重要作用。购买者已知道这一品牌，仅需要起提醒作用的广告。在衰退期，广告仍保持在提醒作用的水平，公共宣传已经消退，销售人员对这一产品仅给予最低限度的关注，然而促销力度要继续加强。

5.促销预算

四种促销方式的费用各不相同。总的来说，广告宣传的费用较大，人员推销次之，营业推广花费较少，公共关系的费用最少。企业要综合考虑促销目标、各种促销方式的适应性和企业的资金状况进行合理的选择，符合经济效益原则。

6.其他营销因素

影响促销组合的因素是复杂的，除上述五种因素外，本公司的营销风格、销售人员素质、整体发展战略、社会和竞争环境等不同程度地影响着促销组合的决策。营销人员应审时度势，全面考虑才能制定出有效的促销组合决策。

第二节　人员推销

一、人员推销的概念和特点

（一）人员推销的概念

人员推销是企业通过推销人员直接向顾客推销产品和劳务的一种促销活动。根据美国市场营销学会的定义，所谓推销是指企业派出销售人员与一个或一个以上可能成为购买者的人交谈，作口头陈述，以促进和扩大销售。在人员推销活动中，推销人员、推销对象和推销品是三个基本要素，前两者是推销活动的主体，后者是推销活动的客体。

（二）人员推销的特点

同其他促销方式相比，人员推销有自己的优势和特点。一是减少顾客总成本，增加顾客让渡价值。二是当面洽谈，方式灵活。三是针对性强，成功率高。四是建立友谊，培养关系。五是反馈及时，服务周全。六是成本较高，人才难觅。

二、人员推销的基本形式与基本策略

（一）人员推销的基本形式

1.上门推销

上门推销是最常见的人员推销形式。它是由推销人员携带产品样品、说明书和订单等走访顾客，推销产品。

2.柜台推销

柜台推销又称门市推销，是指企业在适当地点设置固定门市，由营业员接待进入门市的顾客，推销产品。门市的营业员是广义的推销员。

3. 会议推销

会议推销是指利用各种会议向与会人员宣传和介绍产品，进行推销活动。

（二）人员推销的基本策略

人员推销的策略主要有以下三种：

1. 试探性策略

试探性策略又称"刺激—反应"策略，即推销人员利用刺激性较强的方法引发顾客购买的一种推销策略。在推销人员不够了解顾客需求的情况下，事先设计好能引起顾客兴趣、刺激顾客购买欲望的推销语言，投石问路，对顾客进行试探，观察顾客反应，然后根据其反应采取推销措施。

2. 针对性策略

针对性策略又称"配方—成交"策略，即推销人员利用针对性较强的说明方法，促使顾客发生购买行为的一种推销策略。

3. 诱导性策略

诱导性策略又称"诱发—满足"策略，即推销人员运用能刺激顾客某种需求的说服方法，诱导顾客采取购买行动的一种推销策略。

扫码学习有关案例

三、人员推销的程序

（一）寻找潜在顾客

推销员首先要寻找销售线索，有资格的销售线索一般要符合三个要求：一是能够从购买本企业产品中获得利益，二是有支付能力，三是有权决定购买与否。

（二）准备工作

这是接触潜在顾客前的准备工作。推销员应该尽可能多地了解销售线索的情况和特征，了解他们的背景、产品需求、决策人和采购员的个人情况及在购买中的作用等。

（三）接近方式

推销员必须知道接近用户时的方式，如问候、开场等的方式对于建立一个良好的开端是十分重要的。同样，推销员的衣着、谈吐及仪表等也是接近方式的重要组成部分。用户的第一印象常常是促销成功的基础，良好的开场白将有助于用户提起兴趣，听完介绍。

（四）推销陈述与演示

在引起注意和兴趣后，推销员就可以向推销对象介绍产品的具体特点，通过图片、幻灯片、录像、小册子或直接演示等方式来强化沟通效果，以促成购买欲望的形成。

（五）处理异议

推销员在推销过程中几乎都会碰到异议与抵触，推销员应该知道异议是成交的障碍，但也是成交的前奏与信号，机会存在于克服障碍。例如顾客说暂时不进货，仓库还满着，推销员可以说"这是你没有进畅销货，我们这些产品不仅畅销而且能带动其他产品的销售"。

（六）成交

推销员要学会识别成交信号，例如当顾客谈及交货、包装、维修、还价时，或者要求再看看产品，提出一些小问题时；当顾客动作上由戒备到放松，由不以为然到认真听讲，由不在乎到不断地仔细观察产品时，推销人员应该紧紧抓住机会促成交易。

（七）售后工作

这是保证顾客满意的重要方面，是让顾客继续订货，建立长期业务关系的必不可少的一步。推销员应该确保交货时间与其他购买条件的严格实现，准备回访，及时提供指导与服务，等等。

第三节　广告策略

一、广告的概念与种类

（一）广告的概念

"广告"一词有"注意""诱导""大喊大叫"和"广而告之"之意。广告作为一种传递信息的活动，它是现代企业在促销中普遍重视且应用最广的方式。市场营销学中探讨的广告是一种经济广告，即广告主以促进销售为目的，付出一定的费用，通过特定的媒体传播产品等有关经济信息的大众传播活动。

扫码学习有关案例

（二）广告的种类

根据不同的划分标准，广告有不同的种类。

1.根据广告的内容划分

（1）产品广告。产品广告是针对产品销售开展的大众传播活动。产品广告按其目的不同可分为三种类型：开拓性广告，亦称报道性广告，它是以激发顾客对产品的初

始需求为目标，主要介绍刚刚进入投入期的产品的用途、性能、质量、价格等有关情况，以促使新产品进入目标市场。劝告性广告，又称竞争性广告，是以激发顾客对某种产品产生兴趣，增进"选择性需求"为目标，对进入成长期和成熟前期的产品所做的各种传播活动。提醒性广告，也叫备忘性广告或提示性广告，是指对已进入成熟后期或衰退期的产品所进行的广告宣传，目的在于提醒顾客，使其产生"惯性"需求。

（2）企业广告。企业广告又称商誉广告。这类广告着重宣传和介绍企业名称、企业精神、企业概况（包括历史、生产能力、服务项目等情况）等有关企业信息，其目的是提高企业的声望、名誉和形象。

（3）公益广告。公益广告是用来宣传公益事业或公共道德的广告。它的出现是广告观念的一次革命。公益广告能够实现企业自身目标与社会目标相融合，有利于树立并强化企业形象。

2.根据广告传播的区域来划分

（1）全国性广告。全国性广告是指采用信息传播能覆盖全国媒体所做的广告，以此激发全国消费者对所宣传的产品产生需求。在全国发行的报纸、杂志以及广播、电视等媒体上所做的广告，均属全国性广告。

（2）地区性广告。地区性广告是指采用信息传播只能覆盖一定区域的媒体所做的广告，借以刺激某些特定地区消费者对产品的需求。在省、市、县报纸、杂志、广播、电视上所做的广告，均属此类；路牌、霓虹灯上的广告也属地区性广告。此类广告传播范围小，多适合生产规模小、资金薄弱的企业进行广告宣传。

二、广告媒体选择

广告媒体，也称广告媒介，是广告主与广告接受者之间的联结物质。它是广告宣传必不可少的物质条件。不同的广告媒体有不同的特性，这决定了企业从事广告活动必须正确选择广告媒体，否则将影响广告效果。正确地选择广告媒体，一般要考虑以下影响因素：

（1）产品的性质。不同性质的产品，有不同的使用价值、使用范围和宣传要求。广告媒体只有适应产品的性质，才能取得较好的广告效果。

（2）消费者接触媒体的习惯。选择广告媒体，还要考虑目标市场上消费者接触广告媒体的习惯。一般认为，能使广告信息传到目标市场的媒体是有效的媒体。

（3）媒体的传播范围。媒体传播范围的大小直接影响广告信息传播区域的广窄。适合全国各地使用的产品，应以全国性的报纸、杂志、广播、电视等作为广告媒体；属地方性销售的产品，可通过地方性的报刊、电台、电视台、霓虹灯等传播信息。

（4）媒体的费用。各广告媒体的收费标准不同，即使同一种媒体，也因传播范围和影响力的大小而有价格差别。考虑媒体费用，应该注意其相对费用，即考虑广告促销效果。

总之，要根据广告目标的要求，结合各广告媒体的优缺点，综合考虑上述各影响因素，尽可能选择使用效果好、费用低的广告媒体。

三、广告设计的原则

广告效果不仅取决于广告媒体的选择，还取决于广告设计的质量，优秀的广告要遵循真实性、社会性、针对性、感召性、简明性和艺术性的原则来设计。

第四节　销售促进策略

一、销售促进的特点

销售促进策略也称营业推广策略（Sales Promotion），菲利普·科特勒在其著作《营销管理》中对销售促进定义如下："营业推广包括各种多数属于短期性的刺激工具，用以刺激消费者和贸易商迅速或较大量地购买某一特定产品或服务。"如果广告提供了购买的理由，而营业推广则提供了购买的刺激。

销售促进的特点如下：

（1）销售促进促销效果显著。当消费者对市场上的产品没有足够的了解和积极的反应时，通过销售促进的一些促销措施，如赠送或发放优惠券等，能够引起消费者的兴趣，刺激他们的购买行为，在短期内促成交易。

扫码学习有关案例

（2）销售促进是一种辅助性促销方式。销售促进方式是非正规性和非经常性的，虽能在短期内取得明显效果，但它一般不能单独使用，常常配合其他促销方式使用。

（3）销售促进有贬低产品之意。销售促进的一些做法常使顾客认为卖者有急于抛售的意图。若频繁使用或使用不当，往往会令顾客对产品质量、价格产生怀疑。要注意选择恰当的方式和时机。

二、销售促进的方式

（一）主要的消费者促销方式

主要的消费者促销方式有：①样品；②优惠券；③特价包；④赠品；⑤奖品；

⑥光顾奖励；⑦免费试用；⑧产品保证；⑨联合促销；⑩售点陈列和商品示范；⑪交叉促销。

（二）主要的经销商促销方式

（1）价格折扣。价格折扣，又称发票折扣或价目单折扣，是指在某段固定的时间内，给予经销商低于价目单定价的直接折扣。这一优待鼓励了经销商去购买一般情况下不愿购买的数量或新产品。

（2）折让。生产企业提供折让，以此作为经销商同意以某种方式突出宣传生产企业品的报偿。广告折让用以补偿为生产企业的产品做广告宣传的经销商。陈列折让则用以补偿对产品进行特别陈列的经销商。

（3）免费商品。生产企业还可以提供免费产品给购买某种质量特色的、使其产品增添一定风味的或购买达到一定数量的中间商，即额外赠送几箱产品。他们也可提供促销资金，如一些现金或礼品。

三、销售促进的主要决策

（一）确定促销目标

主要的促销目标有：

（1）对消费者的销售促进目标。主要对消费者实施必要的刺激，使他们产生购买欲望与行为。

（2）对中间商的销售促进目标。采取鼓励中间商经销本企业的产品的各种措施。

（二）选择促销工具

可供选择的工具是多种多样的，企业应根据销售目标与销售对象采用不同的工具。

（三）制定销售促进方案

在制定销售促进方案时要考虑以下四个因素。

第一，营销者必须确定所提供刺激的大小。若使促销获得成功，最低限度的刺激必不可少。

第二，营销者必须决定促销的持续时间。

第三，营销者必须决定促销的时机，如品牌经理需要制订出全年促销活动的日程安排。

第四，营销者必须确定促销总预算。

（四）销售促进结果评估

促销结果的评价是极为重要的，营销人员可使用以下方法评估促销效果：分析促销实施前、实施时、实施后产品销售量的变化情况，进行顾客调查，了解顾客的购买量、重复购买率、对本次营业推广活动的看法、意见等，以此分析促销活动的成果与缺陷。

第五节　公共关系策略

一、公共关系的概念和特点

（一）公共关系的概念

公共关系（Public Relations）是指组织为改善与社会公众的关系，增进公众对企业的认识、理解和支持，树立良好的组织形象，采用非付费方式而进行的一系列信息传播活动。

（二）公共关系的特点

公共关系作为促销组合的一个重要组成部分，具有如下特点。

1. 注重长期效应

公共关系要实现的目标是树立企业良好的社会形象，创造良好的社会关系环境。实现这一目标并不强调即刻见效，而是一个长期的过程。企业通过各种公共关系活动，能树立良好的产品形象和企业形象，从而长时间地促进销售并占领市场。

2. 注重双向沟通

公共关系的工作对象是各种公众关系，包括企业内部和外部公众两大方面。公共关系是全方位的关系网络，它强调企业与公众之间的真情传播与沟通。在企业内部和外部的各种关系中，如果处理得当，企业会左右逢源，获得良好的发展环境，企业通过公共关系听取公众意见，接受监督，也有利于企业全面考虑问题，追求更高的社会形象目标。

3. 注重间接促销

公共关系传播信息，并不是直接介绍和推销商品，而是通过积极参与各种社会活动，宣传企业宗旨、联络与公众的感情和扩大知名度，从而加深社会各界对企业的了解和信任，达到间接促进销售的目的。

二、公共关系的职能

公共关系是企业促销策略组合中的一项重要措施，是企业利用各种传播手段，一方面沟通内部关系，求团结、求奋进；另一方面，对外塑造良好企业形象，为企业求生存、谋发展、创造良好环境。从企业经营管理的各个环节来看，公共关系的职能是多方面的，主要有如下四点。

（一）收集信息，检测营销环境

企业经营是与环境进行资源交换的过程。因此，企业运用各种公关手段收集信息，把握企业环境状况和变化。

（二）咨询建议，支持决策

企业对利用公共关系收集的各种信息进行综合分析，考察企业的决策和行为在公众中产生的效应和影响程度，帮助决策者评价各方案的社会效果，预测企业决策和行为与公众可能意向之间的吻合程度，并及时、准确地向企业的决策者提供咨询，提出合理可行的建议，提高决策的社会适应能力和应变能力。

（三）舆论宣传，沟通交流

企业将公共关系作为企业的"喉舌"，及时、正确地向公众对象传递企业信息，建立企业的公众形象，创造良好的舆论氛围；与企业内外部进行交流，协调企业与内外部公众的关系。

（四）教育引导，树立形象

企业可以通过公共关系活动进行广泛、细致、耐心的劝服性教育和优惠性、赞助性服务，建立企业良好社会形象，争取公众对企业的好感，提高员工对企业的认同感，提升企业凝聚力，为企业争取良好的发展环境。

三、常见的营销公关工具

常见的营销公关工具有：①公开出版物；②事件；③新闻；④演讲；⑤公益服务活动；⑥形象识别媒体。

本章小结

促销是指企业通过人员和非人员的推销方式，沟通企业与消费者之间的信息，引发、刺激消费者的消费欲望和兴趣，使其产生购买行为的一系列综合性活动。促销的实质是信息的传播和沟通。广告、公关、人员推销和销售促进是促销的基本方式。

人员推销是企业运用推销人员直接向顾客推销产品和劳务的一种促销活动。广告是指广告主以促进销售为目的，付出一定的费用，通过特定的媒体传播产品等有关经济信息的大众传播活动。销售促进是企业刺激消费者迅速购买商品而采取的各种促销措施。公共关系是指

扫码获得本章习题及参考答案

组织为改善与社会公众的关系，增进公众对企业的认识、理解和支持，树立良好的组织形象，采用非付费方式而进行的一系列信息传播活动。

第十二章 服装市场营销计划、组织与控制

扫码获得本章PPT

德国统计学家恩斯特·恩格尔发现，家庭收入与食品支出之比显示出生活富裕程度。随着家庭收入增多，用于食品的开支下降，用于服装、住宅、交通、娱乐、旅游、保健、教育等项目的开支上升。诚如虚有市场，并不等于实有市场。服装企业成在营销，败也在营销。21世纪的服装市场，一定是营销型服装企业的天地。服装企业应当更重视市场营销策略。对此，作为营销研究策划人，笔者特对服装的市场营销进行综合研究，愿将成果与读者分享。

一、生活水平与服装观念

（1）生活水平低质时期的服装观念：①服装是护体之物；②服装是遮羞之物；③服装是生活习惯和风俗；④服装是社会规范的需要。

（2）生活水平高质时期的服装观念：①服装是生活快乐之物；②服装是机能活动之物；③服装是心理满足之物；④服装是社会流行要求之物。

二、实际消费需求的产生

消费者对产品的兴趣并不构成消费的实际需求。在实际生活中，消费者需求的满足程度和满足方式主要取决于消费者的经济状况。即消费者只有同时具备购买欲望和购买力两个要素，才能产生实际购买行为。

三、服装流行的特点

（1）新颖性。这是流行最显著的特点。流行的产生基于消费者寻求变化的心理和追求"新"的表达。人们希望对传统的突破，期待对新生的肯定。这一点在服装上主要表现为款式、面料、色彩的三个变化上。因此，服装企业要把握住人们的"善变"心理，以迎合消费"求异"需要。

（2）短时性。"时装"一定不会长期流行；长期流行的一定不是"时装"。一种服装款式如果为众人接受，便否定了服装原有的"新颖性"特点，这样，人们便开始新的"猎奇"。如果流行的款式被大多数人放弃，那么该款式时装便进入了衰退期。

（3）普及性。一种服装款式只有为大多数目标顾客接受，才能形成真正的流行。追随、模仿是流行的两个行为特点。只有少数人采用，无论如何是掀不起流行趋势的。

（4）周期性。一般来说，一种服装款式从流行到消失，过去若干年后还会以新的面

目出现。这样，服装流行就呈现出周期特点。日本学者内山生等人发现，裙子的长短变化周期约为 24 年。

四、服装流行的基本规律

经笔者研究，服装流行的规律，可称为"极点反弹效应"。一种款式服装的发展，一般是宽胖之极必向窄瘦变动；长大之极必向短小变动；明亮之极必向灰暗变动；鲜艳之极必向素丽变动。所以，"极点反弹"成为服装流行发展的一个基本规律。大必小、长必短、开必合、方必圆、尖必钝、俏必愚、丽必丑——极左必极右，愈极愈反。例如，18 世纪的撑裙直径达到 2.4 米，在房中移动十分不便。到了 20 世纪 60 年代超短裙取而代之。这正是从"极大"到"极小"的反弹效应。

五、服装流行的基本法则

美国学者 E. 斯通和 J. 萨姆勒斯认为：

（1）流行时装的产生取决于消费者对新款式的接受或拒绝。这个观点与众不同。二人认为，时装不是由设计师、生产商、销售商创造的，而是由"上帝"创造的。服装设计师们每个季节都推出几百种新款式，但成功流行的不足 10%。

（2）流行时装不是由价格决定的。服装服饰的标价并不能代表其是否流行。但在研究中笔者发现，一旦一种高级时装出现在店头、街头，并为人所欢迎，那么大量的仿制品就会以低廉的价格为流行推波助澜。

（3）流行服装的本质是演变的，但很少有真正的创新。完全的的创新只有两次，一次发生在法国大革命时期；一次发生于 1947 年迪奥发表的新外观。一般来说，款式的变化是渐进式的。顾客购买服装只是为了补充或更新现有的衣服，如果新款式与现行款式相比太离谱，顾客就会拒绝购买。因此，服装企业更应关注"目前流行款式"，并以此为基础来创新设计。

（4）任何促销努力都不能改变流行趋势。许多生产者和经销者试图改变现行趋势而推行自己的流行观念，但几乎没有一次是成功的。即使是想延长一下流行时间也是白费气力。因此，服装商人一般是该出手时就出手，该"跳楼"时就"跳楼"。

（5）任何流行服装最终都会过时。推陈出新是时装的规律。服装失去原有的魅力，存在便失去意义。

（资料来源：http://www.795.com.cn/wz/87839.html 节选）

学习目标：

1. 掌握市场营销组织的类型和特点；2. 了解市场营销组织的概念；3. 熟悉市场营销控制的方法和特点。

第一节　服装市场营销计划

一、服装市场营销计划的类型和内容

服装企业市场营销管理最重要的任务之一是制订营销计划。营销计划是指实施那些为实现营销目标而制订的计划活动的过程，这是制定任何营销策略的基础。每名营销管理人员都应懂得如何制订一项营销计划。

（一）市场营销计划的类型

1. 从特定层面划分

（1）品牌计划，即单个品牌的营销计划。

（2）产品类别营销计划，即关于一类产品、产品线的营销计划，品牌计划应当被纳入其中；品牌现在成为服装企业营销的重心，尤其在品牌经理制度下，单个品牌尤其是类别产品品牌的营销计划成为各种产品营销计划的核心。

（3）新产品计划，即在现有产品线上增加新产品项目、进行开发和推广活动的营销计划。

（4）细分市场计划，即面向特定细分市场、顾客群的营销计划。

（5）区域市场计划，即面向不同国家、地区、城市等的营销计划。

（6）客户计划，即针对特定的主要顾客的营销计划。

2. 从时间跨度划分

（1）战略性计划。战略性计划需要考虑哪些因素会成为今后驱动市场的力量，可能发生的不同情境，服装企业希望在未来市场占有的地位及应当采取的战略。它是一个基本框架，要由年度计划使之具体化、填补血肉。

（2）年度计划。许多服装企业往往在战略计划的指导下，以年度计划为重心，重视对年度计划的控制，并根据年度计划执行的效果，每隔两年甚至每年对战略性计划进行审计和修订。

营销计划有许多内容，其详略程度都不同。包括描述服装企业任务、发展策略、投资决策、短期目标的总体计划；描述地区或部门任务、目标、发展和获得能力的局部计划；描述特定产品品类的目标、策略及政策的产品品类计划；描述某一特定产品或产品群的目标、策略及政策的产品计划；描述产品群中特定品牌的目标、策略及政策的品牌计划；开发某一特定市场或为某一特定市场服务的市场计划。

（二）市场营销计划的内容

从整体来看，营销计划具有如下大致相同的基本内容：

1. 计划概要

计划概要类似于内容提要，即对主要的营销目标和措施作概括的说明，目的是让高层主管很快掌握整个计划的核心内容。为便于审核者进一步阅读评核计划所需的资料，通常在计划概要部分后面列出计划内容目录。以某服装企业的营销计划概要为例：某服装企业计划在新的一年里使销售与利润额比上年有明显增长，增长率达15%，其中，销售收入目标1600万元，利润目标为160万元。打算采用的主要营销手段包括调低价格、强化广告促销、开设4个新的销售点。为此要求营销预算增加20%，达到130万元。

2. 市场营销状况

这一部分负责提供与服装企业所面临的宏观环境和市场环境（市场、产品、竞争、分销、顾客）相关的营销计划背景资料，并对这一背景作剖析。如根据国家统计局数据，2011～2017年全国服装类商品零售额逐年增长，但增速逐年放缓。2017年全国服装类商品零售额达到10356.4亿元，同比增长1.4%；2018年全国服装类商品零售额为9870.4亿元，同比下降4.7%，服装商品零售额首次出现负增长。服装业已经从曾经的产品匮乏阶段，发展到现在满足个性化需求的商品提案阶段。个性化需求与定制，将随着人们对自身认识的加深越来越趋势化。表达诉求，肯定核心价值，满足孤独属性，必定是下一个服装业的红利蓝海。对环境及劳工的保护，对于纺织服装领域会越来越重要。服装纺织业是全球第二大污染环境最严重的行业，仅次于石油业。现在业界对面料的开发，非常注重对自然资源的消耗降低，都在大力开发环保染料，所以，从设计到制造过程中，注重对环境保护的服装更受欢迎。可以说，服装行业威胁与机遇并存。然后，可采用表格列出过去几年该服装企业各主要产品的销量、价格和收益情况，附上简单的分析说明。对竞争者的分析则侧重他们的销售规模、市场占有率、目标市场、营销策略等。

3. 分析机会与威胁、优势与劣势

根据上述营销现状的资料，计划人员要找出服装企业或某一产品面临的主要机会与威胁，作为下一步采取措施的依据。

除了对上述机会与威胁的分析外，计划书还可进一步分析本服装企业的优势与劣势。机会与威胁主要针对外界因素，优势与劣势则是内在因素，优势是指服装企业可以利用的要素，如高质量的产品，出色的服务网和分销网，极富感染力的广告；劣势是指服装企业应加以改正的部分，如价格偏高，公关宣传不足，产品的市场定位不如竞争对手明确等。

4. 拟定营销目标并论证

对机会、威胁、优势、劣势分析的结果是确定营销要解决的主要问题，即拟定营销目标，并应对影响这些目标的某些问题加以论证。目标是营销计划的核心与制订下一步具体营销策略和行动方案。目标分为财务目标和营销目标两大类，所有目标都应以定量的形式表达，并具有可行性、一致性，能够分层次地加以说明。

5. 主要营销策略

市场营销策略是服装企业为达成市场营销目标所灵活运用的逻辑方式或推理方法。营销策略内容包括：目标市场、市场和产品定位、价格、分销渠道、销售队伍、广告、促销、研究与开发、市场营销战略控制等。在营销策略制定过程中，计划人员需要和服装企业关键人员合作，共同研讨。

6. 提出行动方案

营销策略还要转化为具体的行动，这部分表明将具体做什么，什么时间做，谁参与做，预计花费多少等，按时间顺序列成表，即是未来实际行动的计划。例如，市场营销管理人员如果想把加强促进销售活动作为提高市场占有率的主要策略，那么就要制订相应的促进销售行动计划，列出许多具体行动方案，包括广告公司的选择，评价广告公司提出的广告方案，决定广告题材，核准广告媒体计划，整个行动计划还可以列表说明，表明行动的执行时间。

7. 编制预算方案

根据行动方案还要编制支持该方案的预算，表现为——盈亏报表。收入方将列入预计的实物销售量和平均价格。支出方列入生产、销售、广告、实体分销等项费用；收支之差即预计的利润。服装企业领导者审查批准或修改这个预算，一旦批准，该预算便成为原材料采购、生产安排、人员计划和营销活动的基础。

8. 控制

计划书的最后一部分为控制，它是用来监控整个计划进度的，一般把目标和预算按月或按季分解，服装企业领导定期检查完成情况，若未实现预计目标，部门经理负责做出解释并提出补救措施。计划的控制部分还应包括计划执行过程中可能遇到的意外，通过应急计划制订来预先考虑可能出现的困难和管理部门采取的控制方法。

二、服装市场营销计划的实施和问题

（一）实施

1. 制订行动方案

为了有效地实施市场营销战略，必须制订详细的行动方案。其包含具体的决策和任务，落实执行人及其责任，列出行动时间进度表。

2. 建立组织结构

服装企业的营销计划不同，建立的组织结构也应有所不同，要求组织结构必须同服装企业战略相一致，同服装企业本身的特点和环境相适应。充分发挥组织结构的两大职能，首先是分工职能，将全部工作分解成管理的几个部分，分配到部门和人；其次是协调职能，通过正式的组织联系沟通网络，协调各部门和人员间的行动。

3. 开发人力资源

市场营销战略最终是由服装企业内部的工作人员来执行，因此服装企业必须合理有效开发人力资源。这涉及人员的考核、选拔、安置、培训和激励等问题。企业在考核、选拔管理人员时，要注意做到人尽其才；为了激励员工的积极性，必须建立完善的工资、福利和奖惩制度。在设计报酬制时中注意长期目标和短期目标的激励相结合，避免只以短期的经营利润为标准，营销人员缺少为实现长期战略目标而努力的积极性。此外，服装企业还必须决定行政管理人员、业务管理人员和一线工人之间的比例。许多国外服装企业已经削减了公司一级的行政管理人员，目的是减少管理费用和提高工作效率。

4. 培育和建设服装企业文化

服装企业文化是指一个服装企业内部全体人员共同持有和遵循的价值标准、基本信念和行为准则。服装企业文化一旦形成，就具有相对稳定性和连续性特点，不易改变。由于服装企业文化体现了集体责任感和集体荣誉感，它甚至关系到员工的价值观，它能够起到把全体员工团结在一起的"黏合剂"作用，因此，塑造和强化服装企业文化是执行服装企业战略的不容忽视的一环。

5. 市场营销计划各要素间的关系

为了有效地实施市场营销战略，服装企业的行动方案、组织结构、决策和报酬制度、人力资源、服装企业文化和管理风格五大要素必须协调一致，相互配合。

（二）计划实施中的问题与原因

在营销计划实施中经常出现这样的情况，一个好的营销计划并没有带来好的营销业绩，主要原因如下：

1. 计划脱离实际

服装企业的营销战略和营销计划通常是由高层的专业计划人员制订的，而实施则要依靠基层的营销管理人员。两类人员之间的不协调，就会导致计划脱离实际。

2. 长期目标和短期目标相矛盾

计划常常涉及服装企业的长期目标，但服装企业对具体实施市场营销计划的营销管理人员的评估，往往是根据其短期的工作绩效做出的，如销售量、市场占有率或利润率等，因此，营销人员常选择短期行为，从而导致长期目标与短期目标之间发生矛盾。

3. 因循守旧的惰性

服装企业当前的经营活动往往是为了实现既定的战略目标，新的战略如果不符合服装企业的传统和习惯就会遭到抵制。新旧战略的差异越大，实施新战略可能遇到的阻力就越大。要想实施与旧战略截然不同的新战略，常常需要打破服装企业传统的组织结构和运行流程。

4. 缺乏明确具体的行动方案

许多计划之所以失败，就是因为缺乏一个能够使服装企业有关部门协调一致作战的具体明确的实施方案。一个详尽的实施方案，能够规定和协调各部门的活动，编出详细周密的项目时间表，明确各部门理应担负的责任。这样的行动方案，是计划顺利实施的前提与保障。

扫码学习市场营销
的执行技能

第二节　服装市场营销组织

一、服装市场营销组织的演变

市场营销组织是服装企业组织的子系统，是执行市场营销计划、服务的职能部门。

（一）单纯的销售部门

一个公司在创办之初都有五个简单职能：财务、人事、经营、销售、会计。销售功能由管理销售的副总经理领导，当公司需要进行营销调研及广告时，销售副总经理也要处理这些功能，这一组织如图 12-1 所示。

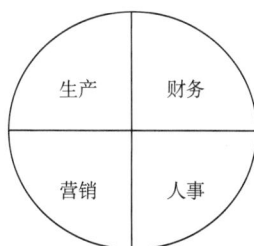

图12-1　单纯的销售部门

（二）兼有营销功能的销售部门

当公司业务拓展至新的地区或增添了新的客户类型时，需要进行市场调研来了解消费者的需求及其市场潜力大小，如果确实进行业务经营，还要在这一区域就其产品和公司的名称大做广告，销售经理此时就需要请这方面的专家来处理这些营销活动，或许他会设立一个营销部来负责诸如市场调研、广告等营销活动，组织结构如图12-2所示。

图12-2 兼有营销功能的销售部门

（三）独立的营销部门

公司的持续发展并加大在营销职能上的投入，如市场调研、新产品开发、广告和促销、售后服务等都和营销人员的活动有关。而销售副总经理一般只分配给营销人员与他们的活动不相称的时间和资源，营销经理得到更多资源的要求常常不能被满足，这导致营销经理不得不失望地递交辞呈。最后，公司总经理发现了单独设立营销部的好处，如图12-3所示。营销公司不再属于销售部而是与其平起平坐，营销经理直接向总经理或执行副总经理汇报工作，在这一阶段中，营销、销售两部门成为组织中两个独立的但工作又必须紧密联系的部门。

图12-3 独立的营销部门

（四）现代市场营销部门

尽管销售和营销部门经理应协调工作，但由于相互不信任，他们的关系也会很紧张。销售经理常常对在营销组织中仅占次要地位而愤愤不平。销售经理是短期导向并致力于完成当前的工作任务，而营销经理则多考虑公司的长期行为并致力于制定正确的产品和营销策略以满足目标顾客的长期需要，如图12-4所示。

图12-4　现代市场营销部门

值得注意的是，营销人员和销售人员是两个截然不同的群体。尽管很多营销人员来自销售人员，但并不是所有的销售人员都能成为营销人员，这两种事业之间有根本的不同。从专业性而言，营销经理的任务是确定市场机会，制定准备营销策略，规划组织新产品导入，确保销售活动实现预定目标；而销售人员则负责实施新产品进入和销售活动。

在这一过程中常出现两个问题：如果营销人员没有征求销售人员对于市场机会和整个计划的看法和见解，那么在实施过程中可能会导致事与愿违；如果营销人员没有收集销售人员对此次行动计划实施的反馈信息，那么他很难对整个计划进行有效控制。营销人员和销售人员的比较如表12-1所示。

表12-1　营销人员与销售人员的对比

营销人员	销售人员
依赖于市场调研	依赖经验
试图从目标市场进行正确的市场细分	了解不同个性的买主
时间用于计划工作上	时间用于面对面的促销上
从长期考虑	从短期考虑
目的在于获得市场份额并赚取利润	目的在于促进销售

营销人员常常认为销售人员有如下优点：随和，易与人交往，工作努力；缺点是短期行为，无整体战略性和缺乏整体分析的能力。而销售人员则认为营销人员受过良好教育，大多是数据导向型；缺点是缺乏销售经验，缺乏市场销售直觉和不承担风险。

事实表明，营销人员、销售人员只有相互欣赏、相互配合才能给公司带来收益，否则给公司带来的就是一团糟。

（五）现代营销服装企业

一个公司仅仅设有现代化的营销部门，并不算真正的现代营销公司，只有当他们懂得：一切部门都是"为顾客而工作"的，营销不只是一个部门的名称，而是贯穿于公司运营始终的公司哲学，才能称得上是真正的现代营销公司。

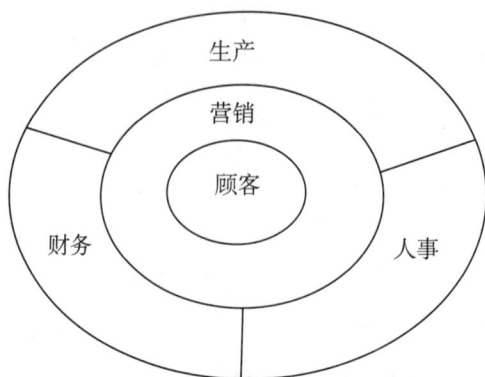

图12-5　现代营销服装企业

二、服装市场营销部门的组织形式

营销部门内部的组织结构有多种形式，但大致都与职能分工、地理区域、产品和顾客划分有关，即按这四种分工方式设置相应机构。

（一）职能型营销组织

职能型营销组织是最常见的营销组织形式，它是将营销职能加以扩展，选择营销各职能专家组合在一起来组建营销各职能部门，使之成为公司整个组织的主导形式。如图 12-6 所示，这种职能型营销组织有五种专业职能部门，事实上，职能部门的数量可以根据公司经营的需要增减，如客户管理经理、物流管理经理等。

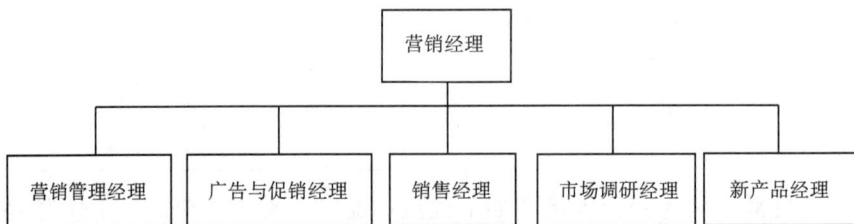

图12-6　职能式营销组织

职能型营销组织的主要优点在于它从专业化中获得的优越性。这种优越性主要表现在：

（1）将同类型的营销专家归在一起，易于管理，可以产生规模经济。

（2）按功能分工，可以避免重复劳动，减少人员和设备的重复配置，提高工作效率。

（3）由于专业人员在同一个职能部门的相互影响，可以产生系统效应。

（4）通过给员工提供与同行"说同一种语言"的机会而使他们感到舒适和满足。

随着公司产品品种的增多和市场的扩大，这种职能型营销组织越来越暴露其效益低下的弱点。其突出弱点为：

（1）各部门常常因为追求本部门目标而看不到全局的最佳利益。

（2）这种按功能划分的结构通常是比较刻板的，随着公司业务量的增大职能部门之间的协调难度也会日趋增加。

（3）由于没有一个部门对一项产品或一个市场负全部责任，因而没有按每项产品或每个市场制订完整的计划，于是有些产品或市场就容易被忽略。

（4）各职能部门都争相要求使自己的部门获得比其他部门更多的预算和更重要的地位，使营销副总经理经常疲于调解部门纠纷。

因此，这一组织形式适用于那些产品种类不多、目标市场相对集中的中小服装企业。

（二）地理区域型营销组织

在全国范围进行销售的公司，通常按地理区域设立营销组织，安排其销售队伍。在营销副总经理主管下，按层次设全国销售经理、大区销售经理、地区销售经理、分区销售经理、销售人员。假设，一名负责全国销售的销售经理领导4名大区销售经理，每名大区销售经理领导6名地区销售经理，每名地区销售经理领导8名分区销售经理，每名分区销售经理直接领导10名销售人员。从全国销售经理到分区销售经理，再到销售人员，所管辖的人数即"管理幅度"逐级增大，呈自上而下自然的"金字塔"型组织结构，如图12-7所示。

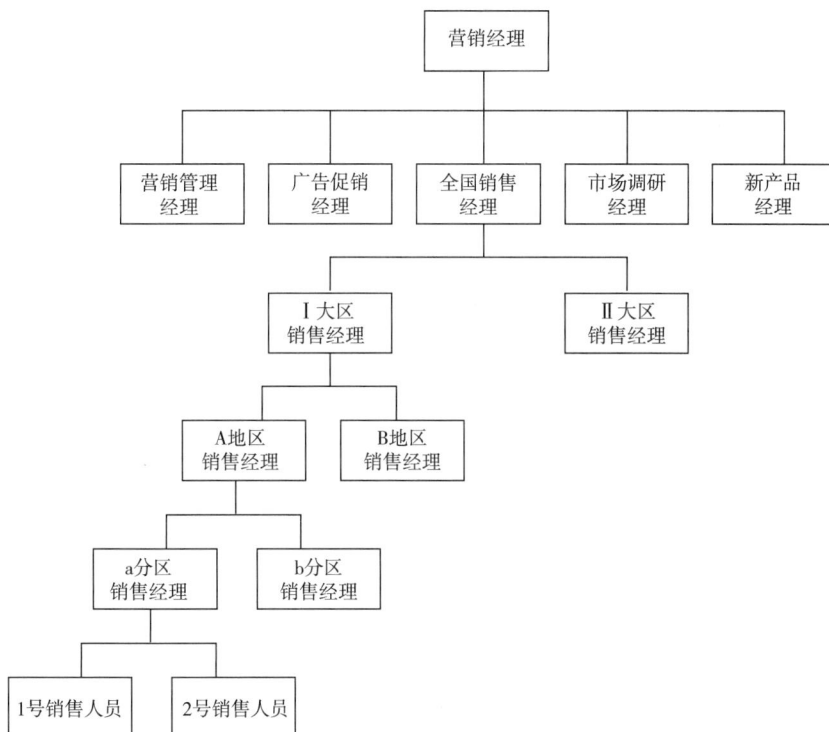

图12-7　地理区域型营销组织

国际上许多大公司都采用这种营销组织，如联合利华、IBM 等。地理区域型营销组织的创始者是金宝汤料公司，它为不同地区推出不同配方的汤料。公司把美国划分为 22 个区域，各区域制订当地的营销方案，并且编制自己的广告等促销预算。

（三）产品（品牌）型营销组织

拥有多种产品或多种不同品牌的公司，可以考虑按产品或品牌建立营销组织，即在营销副总经理下设产品经理；产品经理下按每类产品分别设产品线经理；在产品线经理下，再按每个产品品种分别设产品经理，实行分层管理，具体如图 12-8 所示。

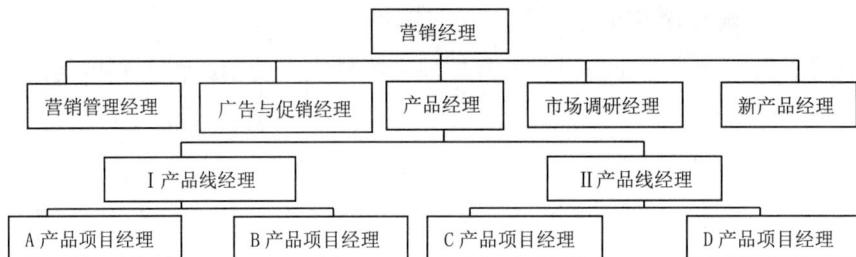

图12-8　产品（品牌）型营销组织

产品（品牌）型营销组织始创于 1927 年，最先为美国宝洁公司所采用。当时，宝洁公司有一种新产品的佳美香皂市场销路欠佳。对此，一个名叫尼尔·麦克尔罗伊的年轻人提出了品牌管理思想，并受命担任佳美香皂这一产品的经理（后来升任宝洁公司总经理），专管该新产品的开发和推销。他获得了成功，公司随之又增设了其他产品经理。从此改写了宝洁公司的发展史，"将品牌作为一项事业来经营"。

（四）市场（顾客）型营销组织

市场细分化理论要求公司根据顾客特有的购买习惯和产品偏好等细分和区别对待不同的市场，针对不同购买行为和特点的市场，建立市场（顾客）管理型营销组织是公司的一种理想选择。这种组织结构的特点是由一个总市场经理管辖若干个市场经理，各子市场经理负责自己所管辖市场的年度计划和长期计划，他们开展工作所需要的功能性服务由其他功能性组织提供，如图 12-9 所示。

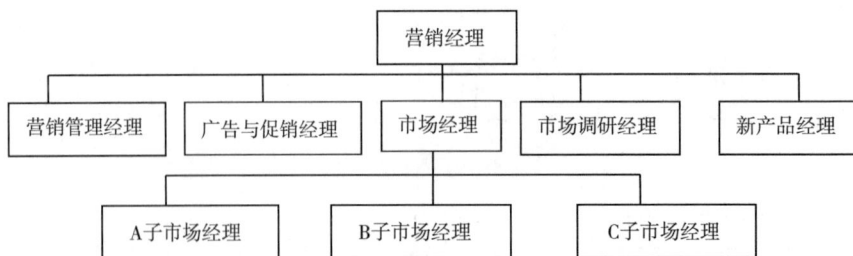

图12-9　市场（顾客）型营销组织

（五）产品—市场型营销组织

很多大规模公司，生产多种不同的产品，面向不同的市场，在决策其营销组织结构时面临两难境地：是采用产品 / 品牌管理型组织，还是采用市场 / 顾客管理型组织呢？如果采用产品管理型组织，那么许多重点市场缺乏专人管理，而需求能力弱的市场又会占用太多的服装企业资源；如果选择市场管理型组织，则容易导致获利能力强的产品遭受冷落。为了解决这一问题，公司可以设置一种既有市场经理，又有产品经理的二维矩阵组织，即所谓的产品—市场管理型营销组织。

扫码学习互联网
时代的组织变革

三、服装市场营销组织的设置原则

（一）市场导向原则

市场营销从单一的销售功能演变成为一个复杂的功能群体，营销部门的组织结构也变得越来越复杂。现代营销观念的确立，要求服装企业重新考虑组织设计的指导思想。传统经营观念指导下对服装企业职能的认识与现代营销观念指导下的认识有很大不同，图 12-10 表明了二者的差异。

（a）传统观念

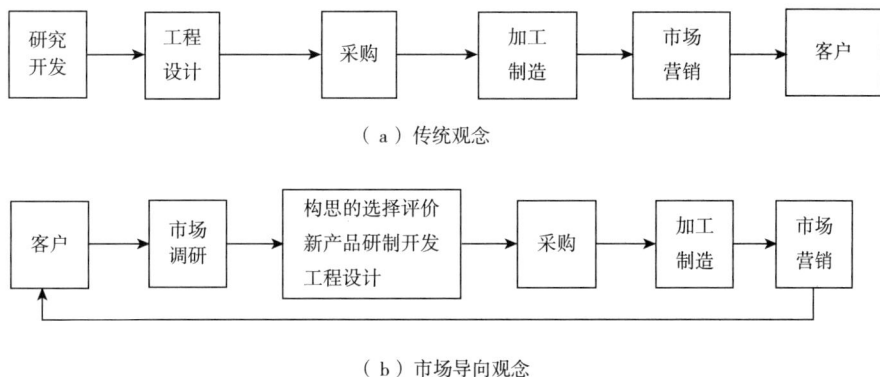

（b）市场导向观念

图12-10　两种观念指导下的服装企业组织

传统观念认为，新产品研制由研究开发部门负责，推荐其中最有前途的给上级主管，经批准后交由工程设计部门完成产品的定型设计和工艺流程设计，然后组织生产，再由营销部门推销产品。

市场导向观念认为，一切应从顾客出发。首先，服装企业的营销部门负责收集顾客需求及其他市场信息；其次，所有职能部门均应参与选择、评价新产品构思，再将选中的构思送交研究开发和工程设计部门负责实现，只有新产品构思最终被采用并实现后，采购部门再配备设备、原材料，生产部门负责制成产品，营销部门负责销售，同时注意收集顾客的反应。

比较两种观念指导下的服装企业运行模式，传统观念下的服装企业运行模式有两种：一是没有以顾客作为经营活动的起点，二是在开发新产品过程中各部门缺少"协作"，这容易导致如下问题：

（1）研究开发人员倾向于研制超出顾客购买能力或兴趣的最新、技术上最完美的产品。

（2）工程设计部门可能忽略了控制生产成本。

（3）制造部门可能采取有损产品质量、特色的简化生产过程的措施。

（4）营销部门被动地接受推销某种产品的任务，销路不畅也不必负责。

（5）顾客被看作整个过程的终结，没有谁负责收集其购后意见，自然也无法据此改进产品及生产过程。

（二）整体协调和主导性原则

（1）设置的营销机构，能够有利于服装企业与外部环境，尤其是与市场、顾客之间关系的协调。

（2）设置的营销机构，能够与服装企业的其他机构相互协调。按照现代市场营销观念，营销不仅是营销部门的任务，还是服装企业各个部门的共同任务。在完成"营销"这一任务过程中，营销部门是服装企业管理和经营中的主导性职能部门，而生产管理、研究与开发管理、财务管理、人力资源管理等部门是市场营销的支持性职能部门。因此，市场营销机构必须与服装企业的其他机构相互协调。

（3）市场营销组织内部的人员结构、职位层次设置要相互协调。该组织内部的协调有利于充分发挥市场营销机构自身的整体效应。只有做到从市场营销机构自身内部到服装企业内部，再到服装企业外部的协调一致，才能说这样的营销机构设置是成功的。

（三）精简以及适当的管理跨度和层级原则

管理跨度又称管理宽度和管理幅度，是指领导者能够有效地直接指挥的部门或员工的数量，这是一个"横向"概念。管理层次又称管理梯度，是指一个组织属下等级的数目，这是一个"纵向"概念。在管理职能、范围不变的条件下，一般来说，管理跨度与管理层次是互为反比的关系，管理的跨度越大，层次越少；反之，跨度越小，层次越多。通常情况下，如果管理层次过多，容易造成信息失真和传递速度过慢，从而影响决策的及时性与正确性。如果管理跨度过大，超出领导者能管辖的限度，又会造成整个机构内部的不协调、不平衡。因此，必须选择适当的管理跨度和管理层次，既能满足工作的要求，又能"精兵简政"，使所设的市场营销机构既能完成工作任务，组织形式又最为简单。

（四）有效性原则

市场营销机构要根据有效性原则，达到工作的高效率，必须具备一些基本条件：

（1）市场营销部门要有与完成自身任务相一致的权力，包括人权、物权、财权、发言权和处理事务权。不能责、权、利相结合，就无法谈效率。

（2）市场营销部门要有畅通的内外部信息渠道。有人说，如果信息等于零，管理就等于死亡。没有信息的通畅，市场营销管理也就难有真正的效率。

（3）善于用人，各司其职。市场营销管理任务繁杂、牵涉面广，对人员素质要求也是多样的。各级市场营销管理人员应当善于发现他人优点，发挥每个人的专长。同时作为领导者，还要善于发挥领导者的作用，牢记职责，不把精力消耗在不应干预的领域。

（五）适应环境、服装企业目标和战略变化的原则

环境与服装企业目标和战略、策略变化的要求是组织设计的基础，二者的区别如图 12-11 所示。

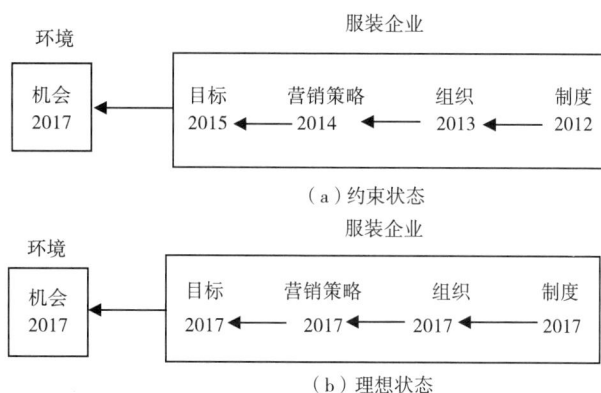

图12-11 营销组织建立程度

图 12-11（a）中服装企业面对 2017 年的市场机会，而服装企业本身组织结构、管理制度却还是 2012 年的，甚至更早。此时服装企业即使发现了环境变化带来的机会，却可能受原有组织和管理体制的束缚，无法调整自己的目标和策略，错失良机。理想的情况如图 12-11（b）所示：根据市场机会制定营销目标、营销策略，再据此设计组织结构，工作流程和管理制度。

四、服装营销组织的职能

公司的市场营销组织的职能是随着公司规模的扩大和公司营销观念的改变而逐渐变得成熟和丰富，在简单的营销部门中，其主要职能就是推销产品，在制造部门与消费者之间充当传递产品的角色，而后，营销组织陆续承担诸如市场调研、产品传播、产品促销等职责，最终形成了现代营销组织的种种职能。一般来说，营销组织的职能包括以下几类：开展市场调查，收集信息；建立销售网络，开展促销活动；开拓新的市场，发掘潜在顾客；进行产品推销，提供优质服务；开发新的产品，满足顾客不断发展的需求；建立客户关系，维系老顾客；等等。

（一）营销部/营销中心的职能

以营销为中心的公司，在公司的生产经营中，营销部依据市场需求引导公司的生产经营活动，重点解决营销费用与目标顾客相适应、产品顺利通过市场交换的问题。营销部门通过识别、确认和评估市场上存在的需要和欲望，选择和决定公司能够最好地为之服务的市场或顾客群体，进行目标市场决策，从而为整个服装企业明确努力的方向。

公司营销部门的具体职能，可以从四个方面来阐述：了解顾客的需求和市场动态，制订公司的营销计划；把握市场信息，为服装企业决策提供依据；开拓销售市场；满足顾客需要。

（二）下属各部门的职能

随着市场经济的发展，人们的消费观念不断发生变化，公司的规模也在日益扩大，出现了一系列其他营销职能部门，如市场调研部门，广告与促销部门，销售/推销部门，新产品开发部门等。时至今日，随着网络技术的发展，由此衍生了营销信息部门、客户关系管理部门等新兴的营销部门。每个部门都承担了一部分营销的功能，它们之间相互配合，相互协调，使营销在现代公司中的作用越来越大。

1. 市场调研部门的职能

市场调研部门可以为服装企业提供正确的市场信息，以了解市场可能的变化趋势以及消费者潜在的购买动机和需求，有助于营销者识别最有利可图的市场机会，为服装企业提供发展新契机；通过了解分析提供市场信息，可以避免服装企业在制定营销策略时发生错误，或帮助营销决策者了解当前营销策略以及营销活动的得失，以作适当建议；了解当前相关行业的发展状况和技术经验，为改进服装企业的经营活动提供信息，以便更好地学习和吸取同行业的先进经验和最新技术，改进服装企业的生产技术，提高人员的技术水平和服装企业的管理水平，从而提高产品质量，加速产品的更新换代，增强产品和服装企业的竞争力，保障服装企业的生存和发展；为服装企业整体宣传策略需要，为服装企业市场地位和产品宣传等提供信息和支持，还可以对市场变化趋势进行预测，从而提前对服装企业的应变作出计划和安排，从市场变化中谋求服装企业的利益。

2. 广告和促销部门的职能

广告部门的主要职能包括：制定服装企业广告策略、编制各项广告宣传方案和具体广告发布活动的组织实施、广告费用预算管理等；促销部门的主要职能包括：公关策划方案的贯彻及其他会议文件或命令的贯彻实施，促销部管理细则及操作规范的制定、报批与实施，促销方案工作计划的制订、报批与执行，按营销公司要求和公关中心指示以及按不同产品，不同营销模式，不同销售阶段制定促销活动方案，报批并负责组织执行。

3. 销售部门的职能

销售部门的首要职责是促进销售量的增加、制定和管理本部门的运作程序，包括寻找并筛选合适的客户，确定潜在的客户、进行销售演示、完成销售计划、增加现有客户销量、开发新客户、按时准确交货、回笼货款，直至完成客户服务，并不断发展和培训销售网络。同时，销售部应决定销售的重点和销售方法，注重客户占有率和客户关系管理，建设和巩固分销网络，实现最好的销售收入和应得的利润。

4. 新产品开发部门的职能

新产品开发部门的主要职能包括：根据公司新产品开发计划和客户要求制订产品开发实施方案，并组织论证、实施；收集、整理国内外各类先进开发的技术信息并应用于实践工作；采用新原料、新技术开发新产品，提出原料和产品标准的有关技术数据；申请、参与新产品评审；会同相关部门做好新产品的首批生产；产品包装物质的研究确定；产品的改制工作；开展技术服务工作；产品开发技术资料（原始配方、生产配方）的整理和及时归档工作；等等。

五、服装市场营销组织的横向关系

市场营销部门和其他部门有分歧，主要是因为营销部门的工作是以顾客为核心，强调顾客至上，其他部门则强调自己部门任务的重要性，导致各部门都从自己的角度去考虑公司的目标和各种问题，这样部门间的分歧则无法避免。具体分歧如表 12-2 所示。

1. 与研究、开发部门的关系

营销部门与研究和开发部门之间合作关系的好坏直接影响服装企业新产品的开发。这两个部门代表着不同的文化观念。

表12-2 营销部门与其他部门的不同观点

职能部门	其他部门的侧重点	营销部门的侧重点
研究开发	基础研究 产品和服务的内在品质 产品的功能性特点	产品开发 产品和服务的认知品质 产品的销售性特点
工程技术	较长的设计前置时间 型号较少 标准化的元件	较短的设计前置时间 型号较多 定制化元件

续表

职能部门	其他部门的侧重点	营销部门的侧重点
采购	产品线较短 标准化的零部件 原材料的价格 经济性采购批量 采购间隔时间较长	产品线较长 非标准化的零部件 原材料的质量及适应性 大批量采购 根据顾客需要及时采购
制造	生产准备时间较长 生产周期长而型号少 型号长时间不变 标准化订货 装配容易 一般质量控制	生产准备时间较短 生产周期短而型号多 型号经常更新 定制化订货 造型美观和多样化 严格质量控制
财务	严格按原则开支 刚性预算 成本回收性定价	灵活直观方法开支 柔性预算 市场开拓性定价
会计	标准化交易 报告极少	灵活交易和折扣 报告很多

两个部门意见的分歧，结果是服装企业要么侧重技术开发，导致新产品成本过高，成功率较低；要么侧重市场研究，研究开发人员专为市场需求设计产品，虽然成功率较高，但大多数是对现有的、生命周期短的产品的改进。只有在技术、市场并重的公司，研究开发与市场营销建立了有效的组织关系，共同为以市场为导向的创新而努力，研究开发人员才不会为发明而发明，从事有实效的革新创造。营销人员也不再只追求产品新的销售特性，而是协助研发人员寻找满足需求的新途径。

2. 与工程技术部门的关系

工程技术部门负责寻找切实可行的方法，来设计和生产新产品。工程师们关心技术质量、产品成本和制造工艺的简化。当营销人员要求生产多种型号的产品，尤其是要求用定制元件代替标准元件生产特色产品时，工程技术人员就会与营销人员发生冲突，认为他们不注重产品的内在质量，如果营销人员具有工程技术知识，并与技术人员进行有效沟通；或者由技术人员担任营销经理，问题就会迎刃而解。

3. 与采购部门的关系

采购人员总是希望以最低成本购进所需质量和数量的原材料与零部件，批量采购是较理想的。但营销部门会在一条生产线上推出多种型号的产品，要求进行多品种、小批量的采购。部门之间的矛盾又出现了，采购部门认为营销部门对原材料及零部件要求过高，尤其当营销部门产品销售预测失误时更为突出，这会使采购部门仓促进货，成本高；或库存增加，费用加大。

4. 与制造部门的关系

制造部门的任务是生产产品，他们负责机器的正常运转，在合理的生产期内，以适当的成本生产数量相对稳定的产品。他们成天忙于处理机器故障、原材料短缺等问题。营销人员对工厂生产的抱怨是，生产能力不足、质量控制不严、交货不及时、售后服务欠佳等。然而，营销人员在销售中也会出现销售预测失误，建议投产的产品难以生产且型号过多，向顾客承诺的服务项目超出合理范围。营销人员的抱怨和失误是由于他们只考虑满足顾客需求，不了解工厂生产情况，不关心生产成本造成的。这不仅是部门间的沟通不良问题，而且是部门间实际利益冲突的问题。

5. 与财务部门的关系

财务部门长于评估各业务部门的盈利能力，遇到营销开支就无精打采。营销副总大笔的预算要求，用于广告、促销活动和人员的开支，却不能保证销售额增加多少。财务副总会怀疑营销人员预算的真实性，认为营销人员没有认真考虑营销支出与销售利润的关系，认为营销人员的降价，是为争取定货，而不是为了盈利。

6. 与会计部门的关系

会计人员反感营销部门不及时提交销售报表，尤其不喜欢销售人员与客户达成有特殊条款的交易，因为这需要特殊的会计手续。营销人员则不喜欢会计人员把固定成本分摊到不同产品上，品牌经理认为，会计部门给它们分摊了较多的管理费用，否则他主管产品的实际利润会高于账面利润。

但按科特勒的整合营销观点，从结果上讲，就是公司所有部门都能为顾客利益服务，并使其获得真正的满意。一是在全公司树立以市场或顾客为导向的观念，有效整合公司所有资源；二是各种营销职能的整合与彼此协调；三是营销部门与公司其他部门的相互配合、团结协调。 正如关系营销理论的创始人——克利斯汀·格朗鲁斯教授的观点："从组织和心理角度，只要营销还仅是独立的或孤立的营销或销售部门的职能，取得营销成功的机会就很小"，因为"营销部门与组织的其他部门隔绝，会给其他部门的人员带来灾难性的心理影响，对公司建立和发展市场导向和顾客导向是十分不利的。这样形成的一种组织形式可能会导致其他部门的人对顾客失去兴趣。这种组织试图增强部门合作，真正实现市场导向和协调统一的营销，几乎是不可能的。必须用其他方式组织营销，以使公司有机会实现真正的市场导向"。

第三节　服装市场营销控制

在营销计划实施过程中总会发生许多意外事件，需要营销部门进行连续不断的监督和控制，以确保服装企业营销活动获得预期效率与效益。概括地说，营销控制是服装企业用于跟踪营销活动过程每一环节，确保其按计划目标运行而实施的一套工作程序或工作制度。营销控制可帮助管理者及早发现问题，采取措施防患于未然，并对营销人员起着监督和激励的作用。但相当多的服装企业对营销控制的重要性还缺乏足够认识，也没有建立起一套有效的控制制度。

一、市场营销控制的基本程序

（一）市场营销控制

市场营销控制是指衡量和评估营销策略与计划的成果，以及采取纠正措施以确定营销目标的完成，即：市场营销经理经常检查市场营销计划的执行情况，看看计划与实绩是否一致，如果不一致或没有完成计划，就要找出原因所在，并采取适当措施和正确行动，以保证市场营销计划的完成。市场营销控制有四种主要类型，即年度计划控制、盈利能力控制、效率控制和战略控制。

（二）市场营销控制的步骤

市场营销控制是营销管理的主要职能之一，是营销管理过程中不可缺少的一个环节，它具有动态性和系统性，包含五个具体步骤。

1. 确定应评价的营销业务范围

服装企业通常要评价市场营销业务的各个方面，包括人员、计划、职能等，甚至市场营销全部工作的执行效果。在界定的范围内，再根据具体需要有所侧重。

2. 确定衡量标准

评价工作要有一个总的尺度，借以衡量营销目标和计划的实施情况。衡量的标准是服装企业的主要战略目标，以及为此而规定的战术目标，如利润、销售量、市场占有率、顾客满意度等指标。当然，这些指标不是一成不变的，同一服装企业不同时期标准可能会不一样，不同的服装企业有不同的标准。

3. 明确控制方法

基本的检查方法是建立并积累与营销活动相关的原始资料，如各种资料报告、报表和原始账单等，它们能及时、准确、全面、系统地记载并反映服装企业营销的绩效。另一种方法是直接观察法。选择哪一种方法，根据实际情况而定。

4. 按标准检查工作进度

对工作完成好的部门要给予总结，在以后的工作中推广；对任务完成较差的要及时找出问题，下一步再针对问题提出解决方案。

5. 及时纠正偏差并提出改进建议

对工作绩效进行差异分析、对比分析，针对问题提出解决方案，及时纠正任务执行中的偏差。

二、年度计划控制

所谓年度计划控制，是指服装企业在本年度内采取控制步骤，检查实际绩效与计划之间是否有偏差，并采取改进措施，以确保市场营销计划的实现与完成。其目的在于保证服装企业实现它在年度计划中所制定的销售、利润以及其他目标，年度计划控制的中心是目标管理。

（一）年度计划控制的主要步骤

年度计划控制包括四个主要步骤：

（1）分解目标，即将年度计划指标按月或季分解为次一级指标，如销售目标、利润目标等。

（2）绩效衡量，即管理者随时掌握营销活动的进程、绩效，并将实际成果与预期成果相比较。

（3）因果分析，即研究所发生偏差，找出造成严重偏差的原因。

（4）校正行动，即针对问题采取修正措施，以减小实际业绩与计划之间的差距，或者改变行动方案，或者修改计划。

年度计划的控制过程如图 12-12 所示。

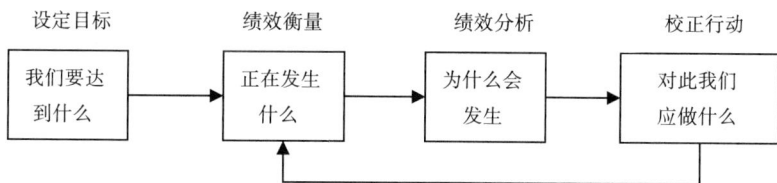

图12-12 年度计划控制过程

（二）年度计划控制方法

服装企业经理人员常用五种方法来检查计划的执行情况，即销售分析、市场占有率分析、市场营销费用与销售额比率分析、财务分析和顾客态度追踪。

1. 销售分析

销售分析主要用于衡量和评估计划销售目标与实际销售之间的差距。主要有销售差异分析和微观销售分析两种。

（1）销售差异分析。销售差异分析用于测量不同因素对销售绩效的不同作用。假设年度计划要求第一季度销售 8 000 件产品，每件 10 元，即销售额 80 000 元。在该季结束时，只销售了 6 000 件，每件 9.80 元，即实际销售额 58 800 元。那么，这个销售绩效差异为 21 200 元，占预期销售额的 26.5%。问题是绩效的降低有多少归因于价格下降？有多少归因于销售数量的下降？分析如下：

因价格下降所造成的差异=（10-9.8）×6 000

=1 200（元）（在总体销售绩效差异中占5.66%）

因数量下降所造成的差异=10×（8 000-6 000）

=20 000（元）（在总体销售绩效差异中占94.34%）

可见，服装企业的未完成的销售差异归因于未能实现预期的销售数量。相对而言，销售数量通常较价格容易控制，服装企业应该仔细检查为什么不能达到预期的销售量。

（2）微观销售分析。微观销售分析可以从产品、地区方面来检查未能达到预期销售额的原因。假设服装企业在甲、乙、丙三个地区销售，其预期销售量分别为1 500单位、500单位和2 000单位，总额4 000单位。实际销售量分别为1 400单位、525单位和1 075单位。就预期销售量而言，甲地区有7%的未完成额；乙地区有5%的超出额；丙地区有46%的未完成额。丙地区是引起问题的主要原因。营销管理部门可以从三方面找出造成丙地区不良绩效的原因：一是该地区的销售代表工作不努力或有个人问题；二是有主要竞争者进入该地区；三是该地区居民收入下降。

2. 市场占有率分析

服装企业的销售绩效并未反映出相对于其竞争者服装企业的经营状况如何。可能是整个经济环境引起销售绩效的变动，也可能是其市场营销工作较之其竞争者有相对改善。如果服装企业的市场占有率上升，表明它较其竞争者的情况更好；如果下降，则说明其相对于竞争者绩效较差。有效市场占有率分析是通过四个指标来比较。

（1）总体市场占有率，即以服装企业的销售额占全行业销售额的百分比来表示的市场占有率。使用这一指标要考虑两方面决策：一是使用销售量还是使用销售金额，二是确定行业的界限。例如一家生产微型车的服装企业将自己所属行业范围扩大到包括所有汽车，其市场占有率自然很低。

（2）有限地区市场占有率。所谓有限地区市场，一是指服装企业产品最适合的市场；二是指服装企业市场营销努力所及的市场，即服装企业在某一有限区域内的销售额占全行业在该地区市场销售额的百分比。例如某加湿器生产厂家加湿器的销售占了北京市场上加湿器销量的90%。服装企业可能有近100%的有限市场占有率，却只有相对较小百分比的总体市场占有率。服装企业总是通过先争取局部市场的最大占有率，而后占领新的目标市场。

（3）相对市场占有率，即以服装企业销售额相对于最大的三个竞争者的销售额总和的百分比来表示的市场占有率。例如某服装企业有30%的市场占有率，其最大的三个竞争者的市场占有率分别为20%、20%、10%，则该服装企业的相对市场占有率是

30/50 = 60%。一般情况下，相对市场占有率高于 33% 即被认为是强势的。

（4）对比市场占有率，即将本服装企业的销售额与行业内领先的竞争对手的销售额进行对比，对比市场占有率超过 100%，则表明该服装企业是市场领导者；对比市场占有率等于 100%，则表明服装企业与市场领导竞争者同为市场领导者。对比市场占有率的增加表明服装企业正接近市场领导竞争者。

市场占有率比销售额更能反映服装企业在市场竞争中的地位，但也要注意有时市场占有率下降并不意味着公司竞争地位下降。例如某一新服装企业加入本行业，行业中每个原有服装企业的市场占有率都会下降；又如，服装企业有时可能放弃某些不获利或获利很低的产品以降低成本，增加利润，也会使市场占有率下降。

服装企业可从产品大类、顾客类型、地区以及其他方面来考察市场占有率变动的原因。一种有效的分析方法，是从顾客渗透率、顾客忠诚度、顾客选择性以及价格选择性四个因素分析。

总体市场占有率＝顾客渗透率 × 顾客忠诚度 × 顾客选择性 × 价格选择性

式中，顾客渗透率是指从本服装企业购买某产品的顾客占该产品所有顾客的百分比；顾客忠诚度是指顾客从本服装企业所购产品数量占所购同种产品总量的百分比；顾客选择性是指本服装企业顾客平均购买量相对于某一服装企业顾客平均购买量的百分比；价格选择性是指本服装企业平均价格同所有其他服装企业平均价格的百分比。

3. 市场营销费用对销售额比率分析

年度计划控制也需要检查与销售有关的市场营销费用，以核算服装企业在达到销售目标时的费用支出。市场营销费用对销售额比率是一种主要的检查方法。市场营销管理人员的工作就是密切注意这些比率，以发现是否有任何比例失去控制。当一项费用对销售额比率失去控制时，必须认真查找原因。营销费用通常包括销售佣金、促销费用、广告费用、管理费用和研究费用。这五种费用的正常比例如表 12-3 所示。

表12-3　市场营销费用对销售额比率分析

营销费用	百分比（%）
销售佣金	15
促销费用	6
广告费用	5
管理费用	3
研究费用	1
总计	30

一般来说，营销费用占销量的 30% 左右。服装企业一旦察觉营销费用大大超过计

划比率，便要研究其效率及预算，做出修正。

例如，在一家公司中这一比率为31%，它包括五种费用对销售额的比率：销售人员与销售额之比（15%），广告费用与销售额之比（6%），促销费用与销售额之比（6%），市场调查费用与销售额之比（1%），销售管理费用与销售额之比（3%）。

4. 财务分析

市场营销管理人员应就不同的费用对销售额的比率和其他比率进行全面的财务分析，以决定服装企业如何寻找盈利性策略。尤其是利用财务分析来判别影响服装企业资本净值收益率的各种因素。

5. 顾客态度追踪

年度计划控制采用的都是定量分析手段，而定性分析同样重要，为此，服装企业还需要一些定性标准，向管理部门提供市场份额变化的早期警告。有的公司建立专门机构，用以追踪顾客、经销商及营销系统中其他参与者的态度。在顾客态度对销售产生影响作用之前就对其变化进行监控，以便管理部门能及早采取行动。

顾客满意度的程度可通过建立以下制度来获得：

（1）投诉和建议制度。例如通过设意见簿、建议卡等，服装企业对顾客书面的或口头的抱怨应该进行记录、分析，并作出适当的反应。对不同的抱怨应该分析归类做成卡片。较严重的和经常发生的抱怨应及早予以注意。服装企业应该鼓励顾客提出批评和建议，使顾客经常有机会发表意见，这样才能收集到顾客对服装企业产品和服务所作反应的完整资料。

（2）固定顾客样本。公司可与某些顾客建立长期固定的联系制度，定期通过电话或邮寄意见征求表征求他们的意见和建议。这种方法因访问对象具有连续性，有时比抱怨和建议系统更能代表顾客态度的变化及其分布范围，因此所得资料更完整、更全面。

（3）顾客随机调查。公司还可定期通过随机抽样方式了解顾客对服装企业产品及服务的满意程度。问卷包括职员态度、服务质量等。通过对这些问卷的分析，服装企业可及时发现问题并予以纠正。

三、盈利能力控制

一般会计系统分析只是分析各项费用的总数，如租金、薪金、利息等。在研究营销获利能力时，就应当将分析落实到具体的产品、顾客、分销渠道等的获利情况上，以便决定扩大、缩减、放弃某些产品、顾客或分销渠道。

分析程序大致为：

（1）将服装企业的费用分类为各种营销功能、佣金费用、包装费用等。

（2）将各种营销功能费用，按分析目标细分。例如服装企业的广告费用为 10 万元，分别用于三种产品及两个市场。

服装企业利用产品分类分析广告费用，其情况如表 12-4 所示。

表12-4　产品分类广告费用

广告费用分析（按产品）	
产品A	5万元
产品B	3万元
产品C	2万元
总计	10万元

服装企业按市场区域分析广告费用，其结果如表 12-5 所示。

表12-5　市场分类广告费用

广告费用分析（按市场）	
市场A	7万元
市场B	3万元
总计	10万元

基本上，服装企业可以按自己的需要，以各种因素分析不同的营销功能费用。

（3）计算各分析目标的损益表，服装企业可以按产品分析其利润，如表 12-6 所示。

表12-6　三种产品的利润分析

项目	产品A（万元）	产品B（万元）	产品C（万元）	全公司（万元）
销售额	80	70	40	190
产品成本	50	45	30	125
毛利	30	25	10	65
销售费用				
销售薪金	4	4	4	12
销售管理	1.5	1.5	1.5	4.5
广告	4	4	4	12
包装	1	2	2	5
总销售费用	10.5	11.5	11.5	33.5
净利（损益）	19.5	13.50	15	48

服装企业分析了获利能力后，应当决定是否改变对弱势产品及弱势市场的策略，甚至放弃该产品或该市场；对强势产品或强势市场，则应当决定是否投入更多资源去拓展市场及增加获利能力。

四、效率控制

假如盈利能力分析显示出服装企业关于某一产品、地区或市场所得的利润很差，营销效率控制是从营销活动是否更有效的角度，来管理销售人员、广告、销售促进及分销。

（一）销售人员效率控制

服装企业进行销售人员效率控制，各地区的销售经理需要记录本地区内销售人员效率的几项主要指标。这些指标包括：

（1）每个销售人员每天平均的销售访问次数。

（2）每次会晤的平均访问时间。

（3）每次销售访问的平均收益。

（4）每次销售访问的平均成本。

（5）每次销售访问的招待成本。

（6）每百次销售访问所订购的百分比。

（7）每期间的新顾客数。

（8）每期间丧失的顾客数。

（9）销售成本对总销售额的百分比。

对上述资料的分析，可使服装企业发现一些有意义的问题，例如，销售代表每天的访问次数是否太少，每次访问所花的时间是否太多，是否在招待上花费太多，每百次访问中是否签订了足够的订单，是否增加了足够的新顾客并留住了原有顾客。如果访问成功率太低，应考虑是推销人员推销不力，还是选择的推销对象不当，或许应减少访问对象，增加对购买潜力大的目标顾客的访问次数。

（二）广告效率控制

服装企业进行广告效率控制，应至少做好如下统计：

（1）各种广告媒体接触每位目标顾客的相对成本。

（2）顾客对每一媒体工具注意、联想和阅读的百分比。

（3）顾客对广告内容和形式的看法。

（4）顾客广告前后对产品态度的衡量。

（5）受广告刺激而引起的询问次数。

服装企业高层管理者可以采取若干步骤来提高广告效率，包括进行更加有效的产品定位、确定广告目标、利用计算机来指导广告媒体的选择、寻找较佳的媒体，以及进行广告后效果测定等。

（三）促销效率控制

为了改善销售促进的效率，服装企业还需进行促销效率控制。为此，管理层应该对每项促销成本和销售影响做记录，注意做好如下统计：

（1）按优惠办法售出的产品占销量的百分比。

（2）每一销售额的陈列成本。

（3）赠券收回的百分比。

（4）因示范而引起顾客询问的次数。

如果服装企业委任一名促销经理，那么这名经理可以观察不同促销活动的结果，然后向产品经理提出最有效的促销手段。

（四）分销效率控制

分销效率控制主要是通过对几种分销渠道模式的研究，对服装企业存货水平、仓库位置及运输方式进行分析和改进，以达到最佳配置并寻找最佳运输方式和途径。

扫码学习工业 4.0 开启服装业效率之战

五、战略控制

市场营销环境变化很快，往往会使服装企业制定的目标、策略、方案失去作用。因此，在服装企业市场营销战略实施过程中必然会出现战略控制问题。战略控制是指市场营销经理采取一系列行动，使实际市场营销工作与原规划尽可能一致，在控制中通过不断评审和信息反馈，对战备不断修正。各个服装企业都有财务会计审核，在一定期间客观地对审核的财务资料或事项进行考察、询问、检查、分析，最后根据所获得的数据按照专业标准进行判断，做出结论并提出报告。这种财务会计的控制制度有一套标准的理论、做法。但是市场营销审计尚未建立一套规范的控制系统，有些服装企业往往只是在遇到危急情况时才进行，其目的是解决一些临时性的问题。目前，在国外越来越多的服装企业运用市场营销审计进行战略控制。

（一）市场营销环境稽核

服装企业进行市场营销必须对市场宏观和微观营销环境进行分析，并在分析的基础上，制订服装企业的市场营销战略。这种分析是否正确，需要经过市场营销审计的检验，而且制订好的市场营销战略还要随着营销环境的变化而变化，还要经过营销审计的检验。审计的内容包括宏观环境审计和微观环境审计两部分。

（二）市场营销战略稽核

服装企业能否按照市场营销导向确定自己的任务、目标，是否能选择与服装企业的任务、目标相一致的竞争地位，是否能合理地配置市场营销资源并确定合适的市场营销组合，使市场营销目标、市场营销环境、市场营销资源三者之间达到动态平衡，需要经过市场营销战略审计的检验。

（三）市场营销组织稽核

主要是评价服装企业的市场营销组织在执行市场营销战略方面的组织保证程度和对市场营销环境的应变能力。包括：服装企业是否有坚强有力的市场营销主管人员，这些人员是否有明确的责任和权力，是否能按产品、用户、地区等有效地组织各项市场营销活动，是否有一支训练有素的销售队伍，对销售人员是否有健全的激励、监督机制和评价体系，市场营销部门与服装企业其他部门的沟通情况和合作关系等。

（四）市场营销系统稽核

服装企业的市场营销系统包括市场营销信息系统、市场营销预测系统、市场营销计划系统、市场营销控制系统。因此，对市场营销系统的稽核就是对这四大系统的有效性的审计。

（五）市场营销年度计划稽核

（1）检查销售计划地执行情况。

（2）检查市场占有率。

（3）检查市场营销费用率。

（4）检查资金的运用情况。

（5）检查服装企业对顾客的反应和变化，有何追踪措施。

（六）市场营销营利能力稽核

市场营销营利能力稽核是在服装企业盈利能力分析和成本效益分析的基础上，审核服装企业的不同产品、不同市场、不同地区及不同销售渠道的盈利能力，审核进入或退出、扩大或缩小某一具体业务对营利能力的影响，审核市场营销费用支出情况及其效益，进行市场营销费用——销售分析，包括销售队伍费用和销售额之比，促销费用和销售额之比，销售管理费用和销售额之比，以及资本净值报酬率和资产报酬率分析等。

扫码学习市场
营销审计

本章小结

在市场经济发达的西方国家，服装企业的市场营销组织随着经营思想的发展和服装企业自身的成长，大体经历了五种典型形式：①单纯的推销部门；②具有辅助性职能的推销部门；③独立的市场营销部门；④现代市场营销部门；⑤现代市场营销服装企业。现代服装企业的市场营销部门，有各种组织形式。①职能型组织。在市场营销副总经理的领导下，集合各种市场营销专业人员组成。②地区型组织。业务涉及全国甚至更大范围的服装企业，可以按照地理区域组织、管理销售人员。③产品（品牌）管理型组织。生产多种产品或拥有多个品牌的服装企业，往往按产品或品牌建立市场营销组织。④市场管理型组织。如果市场能够按照顾客特有的购买习惯和偏好细分，也可以建立市场管理型组织，由一个总市场经理管辖若干细分市场经理。⑤产品／市场管理型组织。吸收前两种组织形式的优点，扬弃它们的不足之处，有的服装企业建立一种既有产品（品牌）经理、又有市场经理的矩阵组织，以求解决这个难题。

市场营销计划一般包括八个部分：①提要；②背景或现状；③分析；④目标；⑤战略；⑥战术；⑦损益预测；⑧控制。在市场营销活动过程中，把市场营销计划转化为市场营销业绩的"中介"因素，是市场营销计划的实施。市场营销计划的实施，涉及相互联系的四项内容：制订行动方案，调整组织结构，形成规章制度，协调各种关系。计划实施中产生问题的主要原因是：计划脱离实际，长期目标和短期目标相矛盾，因循守旧的惰性，缺乏具体、明确的行动方案。

市场营销控制包括年度计划控制。主要检查市场营销活动的结果是否达到了年度计划的要求，并在必要时采取调整和纠正措施。年度计划控制的内容，是对销售额、市场占有率、费用率等进行控制；年度计划控制的目的，是确保年度计划所规定的销售、利润和其他目标的实现。控制过程分为四个步骤：确定年度计划中的月份目标或季度目标；监督市场营销计划的实施情况；如果市场营销计划在执行过程中有较大的偏差，则要找出原因；采取必要的补救或调整措施，缩小计划与实际之间的差距。盈利控制从产品、地区、顾客群、分销渠道和订单规模等方面，分别衡量它们中的每一项获利能力。效率控制主要分析控制：①销售队伍的效率；②广告效率；③促销效率；④分销效率。战略控制的目的是确保服装企业的目标、政策、战略和措施与市场营销环境相适应。

市场营销审计包括市场营销环境审计，即宏观环境审计和微观环境审计。市场营销战略审计，其主要内容涉及市场营销目标、市场机会、竞争者、内部资源等方面，目的在于认识服装企业的竞争优势，并找出存在的差距。市场营销组织的审计，主要检查市场营销主管的权责范围及其适应程度，分析市场营销组织结构与目标是否适应，市场营销部门与其他职能部门是否保持着良好的沟通与协作，关系是否协调；检查市场营销人员的培训、激励、监督和评价的方式方法。市场营销系统的审计，主要检查市场营销信息系统、计划系统、控制系统的有效性，服装企业能否以及是否有效地利用信息系统提供的报告，以及运用何种方法进行市场预测和销售预测、效果如何。市场营销年度计划审计，主要检查销售计划的执行情况；市场占有率、营销费用率和资金的运用状况；检查服装企业对待顾客的反应和变化，采取何种追踪措施。市场营销盈利水平审计，主要分析不同产品、市场、地区、分销渠道和服装企业下属的市场营销组织的盈利率，其短期和长期的利润将达到什么水平；分析哪些市场营销活动花费过多，找出成本上升的原因，提出降低成本的措施。

扫码获得本章习题及参考答案

第十三章　客户关系管理

对于服装行业来说，各个服装企业所提供的服装产品和服务功能基本一致，服装企业要想形成核心竞争力尤为困难。同时，随着网络营销模式的发展，客户选择服装产品的范围不断扩大，鉴赏能力也不断提升。因此，服装企业要想保持市场地位必须在消费过程中向顾客传递更多价值，并致力于使顾客的消费过程更加愉悦，从而提升顾客消费的满意度，进而与顾客建立长期稳定的关系。这就要求服装企业坚持以客户为导向，利用先进的管理工具和信息技术，对客户资料和消费数据进行收集、分析，科学研究客户行为，把握顾客的需求特点和购买偏好，更加高效地为客户提供满意、周到的服务。

学习目标：

1. 掌握顾客让渡价值理论和顾客满意理论；2. 熟悉顾客忠诚与顾客价值、顾客满意、服务质量之间的关系；3. 了解客户关系管理的内容和技巧。

第一节　顾客价值理论

顾客价值一直被认为是保持企业竞争优势的重要来源和企业战略的重要内容。早在 1954 年，彼得·德鲁克就指出，顾客购买和消费的绝不是产品，而是价值。顾客是价值最大化的追求者，在众多企业中，顾客所偏爱的是能为其提供更多价值的企业，他们会优先选择具有高顾客价值的产品或服务。

从 1980 年波特首次提出顾客价值概念至今，学者们从不同的研究角度对顾客价值给出了不同的定义，展示了顾客价值内涵的丰富性。关于顾客价值的含义，尚需在理论上做进一步分析和界定，以便于相关研究的深入展开。目前，学术界关于顾客价值的理论主要有以下三种：

一、顾客让渡价值

菲利普·科特勒认为消费者正从实用的理性消费转变为追求心里满足的感性消费，企业要想在竞争中战胜对手，吸引更多潜在客户，就必须透过营销过程，向顾客提供比竞争对手具有更高顾客让渡价值的产品。他指出，顾客让渡价值是指企业转移的、顾客感受得到的实际价值，它一般表现为顾客购买总价值和顾客购买总成本之间的差额。顾客在购买产品时，总是希望获得较高的顾客购买总价值和付出较低的顾客购买总成本，以便获得更多让渡价值，使自己的需要得到最大限度的满足。顾客总价值（TCV）是指顾客从某一特定产品或服务中获得的一系列利益，主要包括产品价值、服务价值、人员价值、形象价值等。顾客总成本（TCC）是指顾客在评估、获得和使用某一产品或服务时而引起的顾客预计费用，主要包括货币成本、时间成本、精神成本、体力成本等。

企业要想在竞争中战胜对手，吸引更多潜在顾客，留住更多老顾客，就必须向顾客提供比竞争对手具有更大"顾客让渡价值"的产品，以获得顾客满意。

二、顾客感知价值

还有一些学者从顾客感知这个角度来定义顾客价值，即顾客可以从消费体验和消费情绪中、从消费收益与消费成本的权衡中、从与竞争产品的比较中感知价值。

Woods（1981 年）指出，消费者会同时在想象、情绪和鉴赏中产生"消费体验"，产品只是一种提供消费体验的服务表现，人们真正想要的并非产品本身，而是一个令人满意的体验与心中想要的感觉，这种良好的体验与感觉就是消费者在消费过程中所追求的价值。Woodruff（1997 年）是从顾客价值感知变化的角度来阐述顾客价值的，认为顾客价值是顾客随着时间的变化对产品属性、使用结果以及这些结果对顾客目标的实现能力的感知和评价。Zeihtaml（1988 年）认为价值知觉是一种较高层次的抽象概念。她通过焦点小组访谈法将受测者对消费者感知价值的定义分为四类：①价值是低价；②价值是指在某一产品中任何我想要的；③价值是相对于我所付出的价格而获得的品质；④价值是指相对我所付出而获得的实物。

三、顾客得到价值

顾客得到价值理论更多的是从顾客对企业所提供的价值是否认可的角度出发来研究顾客价值。Jeanke，Ron，Onno（2001 年）的顾客价值模型从供应商和顾客两个角度，描述了从供应商提供价值到顾客得到价值的整个过程。对供应商而言，供应商依据的是他所感觉到的顾客需求以及企业本身的战略、能力和资源，形成"想提供的价值"的概念。企业以此"想提供的价值"为基础，设计出以具体产品或服务为载体的"设计价值"，两者之间存在"设计差距"。对顾客而言，顾客从自身角度出发希望获得的是"想要得到的价值"。由于各种限制，市场上提供的产品不可能与顾客想得到的价值完全吻合，顾客只能以"想得到的价值"为目标产生更加符合现状的"期望价值"，而两者之间存在"折中差距"。由于供应商与顾客之间存在对于顾客需求的不对称信息，因而又造成"想提供的价值"与顾客"想得到的价值"之间存在"信息差距"。当顾客使用产品后，所"得到的价值"与"期望价值"之间的差距为"满意差距"。通过缩小各个差距，顾客就可以得到真正所需的价值。从顾客得到价值的观点我们可以看出，供应商只提供包含顾客所需价值的商品是远远不够的，这些价值有没有受到顾客的认可，即企业想提供的价值是否就是顾客想得到的价值、企业所设计的价值是否就是顾客期望的价值，它们之间的差距如何缩小甚至消除，这些问题同样非常重要。

总结以上有关顾客价值的理论，本书将顾客价值定义为：企业根据对顾客需要的认知，愿意为顾客设计和提供的并能让顾客感知到且能够获得顾客认可的一种附加于商品或服务之上的价值。

第二节　顾客满意与忠诚

一、顾客满意理论

（一）顾客满意的含义

顾客满意是顾客通过对一种产品的可感知绩效或结果（Perceived Performance）与其期望值（Expectations）相比较后所形成的愉悦或失望的感觉状态。顾客在购买商品之前会对商品使用可能达到的绩效有一个预期，而在真正使用产品之后又会对产品的实际绩效进行评价。如果实际绩效好于预期绩效，顾客会感到很满意；如果实际绩效与预期绩效相当，顾客会感到基本满意；如果实际绩效不如预期绩效，顾客会感到不满意。由此可见，顾客满意感是顾客对于购买效果的一种认知和情感，即通过购买活动，顾客的期望得到满足并由此产生愉悦、喜欢、满足、惊喜等一系列心理反应。

（二）顾客满意的影响因素

顾客在购买产品之前，内心会期望产品达到某个使用水平或效果，良好的预期可以引发购买行为的发生。影响顾客对产品预期的因素主要有以下四个：一是产品的外观与价格；二是顾客以往的购买经验；三是朋友的建议，即他人的购买经验；四是企业和竞争者所提供的产品信息与宣传。顾客在发生实际购买并使用产品之后，会根据自己的使用经验评价产品的效果，影响顾客对产品实际效果判断的因素主要有四个：一是产品的质量和功效；二是顾客的需要；三是交易公平感；四是顾客的预期。

（三）提高顾客满意的对策

根据上面对顾客满意影响因素的分析可以知道，若想提高顾客满意，应从两方面着手，即采取营销策略影响顾客购买前的预期和影响购买后的实际效果评价。

1.尽可能让顾客对产品产生合理的预期

在产品策略方面，企业可以通过合理设计产品的外观、合理包装等方式吸引和引导顾客消费。定价策略方面，企业可选择合适的定价策略为产品合理定价，使顾客认为该产品将会物有所值。渠道策略方面，企业可借助批发商和零售商对产品功效进行合理宣传，向顾客传达有效信息。促销策略方面，可利用公共关系和人员推销等活动提升企业及产品的知名度和美誉度，使之在顾客心中有一个良好的印象。需要注意的是，企业不要想尽一切办法去提高顾客对产品的预期，因为顾客的期待过高会使产品的实际使用效果难以满足顾客的预期，从而造成失望。也就是说，企业应尽可能让顾客对产品产生合理的预期，不能过高，也不能过低。

2. 提高顾客对产品实际绩效的感知

根据以上对影响顾客实际感受的因素分析，企业若想提高顾客对产品的实际绩效感知，可从以下三个方面着手：一是准确把握目标顾客内心最真实的需要，设计并提供能够满足顾客需要的产品。只有产品符合顾客的需要才会获得良好评价；二是尽可能提高产品的质量和功效；三是企业各部门行动起来，为顾客设计一个全方位的顾客价值传递系统，使之认为购买产品后获得了应有甚至超额价值。也就是说，顾客价值是影响顾客满意度的重要因素。

二、顾客忠诚理论

（一）顾客忠诚的含义

在参考了诸多学者对顾客忠诚的定义之后，本书采纳态度行为综合的观点，即顾客的忠诚既体现在顾客实际的购买行为上，又体现在顾客对特定产品和服务的偏好程度上。首先，顾客忠诚表现了顾客对某产品或服务的偏爱，积极的态度是重复购买的重要基础；其次，顾客在对品牌或服务提供商的持续积极评价或态度的基础上，产生了重复购买行为。顾客忠诚不仅是重复购买行为，更是一种心理倾向，是心理与行为的有机融合。

扫码学习顾客忠诚的含义

（二）顾客忠诚的影响因素

哪些因素会对顾客忠诚产生影响一直是营销研究学者和企业经营者都非常关心的问题，清晰地了解这些因素及其对顾客忠诚的作用机理有助于企业制定相应的营销策略，从而更好地满足顾客的需要，进而保持顾客的忠诚度，实现企业和顾客的双赢。至今关于顾客忠诚影响因素的研究可谓众说纷纭，服务管理学派认为，服务质量、顾客价值、顾客满意是驱动顾客忠诚的主要因子。顾客满意度是形成顾客忠诚的基础，而满意的顾客却不一定忠诚。尤其是对于顾客忠诚度较低的零售行业，满意并不意味着忠诚，企业不能只追求顾客满意，更要注重培养顾客忠诚，因为忠诚的顾客比满意的顾客对企业更有价值。近些年的一些学者通过实证研究发现，服务质量不仅直接影响顾客忠诚，还通过影响顾客满意度间接影响顾客忠诚。顾客价值的传递与服务质量的提升对培育顾客忠诚的直接作用也不容忽视。除了以上三个因素外，关系营销学派认为顾客信任、顾客归属也是顾客忠诚的重要驱动因素。甚至有些学者认为归属感和忠诚感是同一个概念。

（三）提高顾客忠诚的对策

1. 重视对顾客认知的培养，并适当增加促销与广告

顾客忠诚表现出多维性，即忠诚是包含认知、情感、意向和行为的综合表现。也

就是说，忠诚的形成需要一个过程，认知忠诚是形成行为忠诚的初级阶段，顾客在很强认知的基础上经过一系列的对消费的体验，会形成对商店或品牌的情感偏好，产生购买意向，并最终表现为重复消费。认知在其中起到了强化顾客体验的作用，这提醒企业树立良好的企业形象、扩大企业的知名度和美誉度对培养忠诚顾客是很有帮助的。此外，单纯行为上的重复购买也可能改善顾客对企业和产品的认知和情感，进而产生重购意向，形成真正忠诚的观点。这一点提示企业，可以通过促销和广告等手段吸引顾客光顾，以此来形成并强化顾客对企业的良好认知并与产生情感上的有利态度，进而赢得真正意义上的顾客忠诚。

2. 重视向顾客的价值传递

服务行业中，服务的设计和传达也要以传递价值为目标。顾客对服务质量的认可只有转化为顾客认可的价值之后才能激发忠诚。这也从客观上反映了当今时代消费者的消费诉求已经多元化，实惠的价格已经不是顾客钟情于一家商店的唯一原因，顾客越来越看重的是人员服务的质量给他们所带来的价值附加。因此，企业应以向顾客提供其所需的价值为目标，设计和传递服务，只有这样才能赢得忠诚。

3. 增强与顾客的情感联系

顾客信任和顾客归属是影响顾客忠诚的重要因素。因此，企业应加强与顾客的情感维系，增强顾客对商店的依恋感，培育真正的顾客忠诚感。这就要求管理人员高度重视顾客对企业的情感，采取有效的经营管理措施，增强企业与顾客之间的情感联系。

此外，增强顾客对零售店的信任感是获得情感性归属感的重要途径。顾客信任对顾客归属具有显著的正向影响，只有通过这种中介效应，顾客信任才得以激发忠诚。因此，企业只有在赢得顾客对其的信任之后才能进一步强化顾客对其的情感。对于企业来说，要想留住自己的核心顾客，培养他们的忠诚度，除了要尽可能地提供顾客所需的商品以外，还必须大力加强信用建设，提高企业的信用水平，使顾客产生一种在这里能够完成满意消费的信心，以此获得顾客对企业的认同感。

第三节　客户关系管理的内容与技巧

一、客户关系管理的概念

客户关系管理（CRM）是以客户为导向，利用先进的管理工具和信息科学技术，通过对客户资料数据的收集、分析，深刻研究客户，发现需求，并通过更高效地为客户提供满意、周到的服务来吸引客户，通过建立企业与客户的良好互动关系来扩展需求，推动价值增长的一种管理经营方式。客户关系管理既是一种管理理念，又是一种软件技术，提高客户满意度、忠诚度是客户关系管理的目的。

客户关系管理，是一种基于以客户为中心的管理理念，旨在改善企业与客户之间关系的新型管理机制。最早发展客户关系管理的是美国，在1980年年初便有所谓的"接触管理"（Contact Management），即专门收集客户与公司联系的所有信息，到1990年则演变成包括电话服务中心支持资料分析的客户关怀（Customer Care），并开始在企业电子商务中流行。从管理科学的角度来考察，客户关系管理源于市场营销理论，是将市场营销的科学管理理念通过信息技术的手段集成在软件上面，得以在全球大规模的普及和应用。

CRM系统的宗旨是为了满足每个客户的特殊需求，同每个客户建立联系，通过同客户的联系来了解客户的不同需求，并在此基础上进行"一对一"个性化服务。通常CRM包括销售管理、市场营销管理、客户服务系统以及呼叫中心等方面。以客户为中心，提高客户满意度，培养、维持客户忠诚度，在当今的"互联网+"时代显得日益重要。客户关系管理正是改善企业与客户之间关系的新型管理机制，越来越多的企业运用CRM来增加收入、优化盈利性、提高客户满意度。

二、客户关系管理的内容

1. 建立客户关系

建立客户关系是指企业在市场需求分析及购买行为分析的基础之上，对将要推出的产品进行市场定位，确定目标市场，对目标市场的认识、选择及开发的一系列过程。其目的是将目标客户和潜在客户发展为现实客户。对企业而言，如何树立产品品牌和企业品牌、如何选择合适的客户开发渠道去接触目标客户群、如何增加高价值的客户数量是这一阶段需要思考的问题。

2. 维护客户关系

维护客户关系是指企业要定期对客户信息进行收集、更新和分析，与客户进行互动与沟通，对客户进行满意度分析，并想办法实现客户的忠诚的过程。企业在对客户信息进行分析时可从以下五方面着手：一是客户基本信息分析。包括客户的层次、风险、爱好、习惯等。二是客户利润分析。包括不同客户所消费的产品的边缘利润、总利润额、净利润等。三是客户性能分析。即将不同客户所消费的产品按种类、渠道、销售地点等指标划分并分析。四是客户满意度与忠诚度分析。指客户对某个产品或商业机构的满意程度、忠实程度、持久性及变动情况等。五是客户未来分析。包括未来潜在客户的数量、类别等情况，以及未来客户群发展趋势、争取客户的手段等。企业应在详细的客户资料基础上，对客户进行分类管理，提供针对性个性化服务，从而提升服务水平、留住老客户，增加客户满意度和忠诚度。

3. 恢复客户关系

企业在开展客户关系管理过程中时常要考虑客户对你的产品和服务是否满意，哪些客户正在考虑离我而去等一系列问题。购买量大而对企业忠诚的客户是企业的宝贵财富，购买量小但对企业忠诚的客户是企业未来的财富，而对企业不忠诚的客户无论其当前购买量大小都应该引起企业营销管理者的重视，因为这种客户关系极容易受环境的影响而破裂。那么，在客户关系破裂的情况下，应该如何恢复客户关系，以及如何挽回已流失的客户，是客户关系管理的第三块内容。

4. 建设与应用 CRM 软件系统

CRM 软件系统是客户关系管理的实施工具。企业应学会应用呼叫中心、数据仓库、数据挖掘、商务智能、互联网、电子商务、移动设备、无线设备等现代化技术工具来辅助客户关系管理。利用信息化管理手段，可提高业务自动处理程度、实现企业信息共享，提高员工的工作效率，从而降低企业成本，增强企业的盈利能力。

5. 业务流程重组

客户关系管理系统具有辅助决策的作用。通过数据分析，企业管理者可正确认识市场需求状况，向市场提供最合适的产品和服务，从而提高企业的核心竞争力。因此需要在 CRM 软件系统的基础上，进行基于客户关系管理理念下的销售、营销以及客户服务与支持的业务流程重组，实现 CRM 与其他信息化技术手段（如 ERP、OA、SCM、KMS）的协同与整合。

三、客户关系管理技巧

1. 挖掘优质潜力客户

一个企业拥有的优质客户越多，其市场就越稳定、越有发展潜力。企业需要多渠道收集客户信息，找出广阔的潜在客户，挖掘优质潜力客户，并通过拜访和沟通，确保与客户广泛的联系和服务。一般企业收集客户信息过于简单，只局限于合作协议上的基本信息。规范的客户信息统计表至少应该包括以下内容：一是基础资料。特别是单位主要负责人、经办人的性格、兴趣、爱好、经历、经验，甚至家庭、社会背景等，越详细越好。优秀的营销者会记住用户的生日、家庭成员的生日甚至他们的家庭地址和电话等。二是客户特征。企业规模、经营状况、创业时间、组织特点、经营理念、企业文化、行业比较、发展前景，甚至对本企业的重要性都应该有评估等级记录。三是交易记录。如果所有客户都单独记录有困难，至少你的大客户信息必须详细记录和分析。对潜力大的重点客户，应充分利用 CRM 系统进行跟踪管理。

2. 维护良好客户关系

客户关系管理的核心在于与最有价值的客户形成全面满意的、忠诚的、战略的伙伴关系，从而实现关系的最优化和企业利润的最大化。维护良好客户关系有许多小技巧，例如邀请客户参观公司、亲笔给客户写感谢信、寄节日贺卡、给忠实的客户特殊折扣、为客户制作独特的生日礼物、周期性固定拜访、个性化跟踪服务等。例如，个性化服务越来越受到重视，有的企业甚至提出了一对一服务的目标。此外，帮助客户（合作伙伴）成长也是维护良好客户关系的重要手段和方法。比如，可给予客户政策支持、资金支持和人员支持，人员支持既可以是培训支持，也可以是管理支持。客户的成长及客户群的壮大可以有效促进客户忠诚度的建立，进而促进企业本身的发展壮大，为企业带来丰厚的利润和持续增长的动力。

3. 动态把握客户关系

客户关系不是一成不变的，企业必须动态记录客户管理的曲线，及时调整管理方式和管理手段，促进客户关系向良性循环的轨道发展。企业的客户管理工作必须和内部的绩效考核挂钩，对不断改善客户关系促进客户关系发展的员工给予奖励，同时也对持续保持良好合作关系的客户给予奖励，进而创造客户关系管理的双赢局面。此外，动态掌握客户信息的同时，企业还应关注竞争对手，包括他们的实力、行业水平、强项与弱项、与我们争夺大客户的底线和策略是什么，了解得越详细越好。为了避免客户流失，营销人员应做到专业和真诚。专业是指首先要熟悉自己的产品，熟悉产品能给客户带来什么价值；其次要随时关心客户使用产品的情况，做好跟踪服务。真诚是指营销人员要树立正确的服务观念，为人要坦诚，宣传产品时不能夸大其词，售后服务时不能敷衍了事。

本章小结

随着市场竞争的日趋激烈，营销的重点已经从以产品为导向转为以顾客为导向，顾客忠诚一直是营销理论研究的热点。在商业实践中，顾客忠诚也受到了企业经营者的广泛关注，只有忠诚的顾客才是企业参与竞争的核心优势。高度忠诚的顾客不仅是企业利润的来源，也是企业获得长足发展的根本保证。忠诚的顾客不易被竞争对手的产品或服务所吸引，他们不仅可以为企业节约很大一部分营销费用，还可以通过忠诚顾客的交叉购买甚至口碑宣传为企业带来更大的收益。本章首先梳理了顾客忠诚与顾客价值、顾客满意的概念及其之间的关系，并在此基础上剖析了客户关系管理的内容与技巧。客户关系管理系统既是一种管理工具，又是一项科学技术，将其应用于客户管理及营销管理是必然趋势。

扫码获得本章习题及参考答案

第十四章　服装市场营销的新发展

20世纪70年代以来，传统的主流市场营销理论一直遭受着来自其他理论领域，包括非主流市场营销理论的批评。例如，营销战略导致的对自然资源的任意开采，对消费者的实际需求关心太少却生产出了太多对健康和环境有害的产品，通过广告的刺激、产品的差异化以及人为地缩短产品的生命周期导致了资源的浪费，等等。在这种形势下，营销学界围绕着相关问题进行了卓有成效的讨论，并提出了可持续营销、非营利组织营销、网络营销、整合营销、体验营销、水平营销、绿色营销等一系列影响广泛的营销理论。

学习目标：

1. 了解服装市场营销的未来发展趋势；2. 了解整合营销的流程；3. 了解可持续营销、网络营销、整合营销、体验营销、水平营销、绿色营销、关系营销的应用条件；4. 掌握可持续营销、非营利组织营销、网络营销、整合营销、体验营销、水平营销、绿色营销、关系营销的概念及其主要特点；5. 掌握网络营销的常用方法；6. 熟悉体验营销的操作步骤和常见策略。

第一节　可持续营销

从以产品为中心的产品观念到以"顾客"为中心的市场营销观念等传统营销观念，关注的只是企业本身利益的最大化，而置社会、环境、消费者的利益于不顾或置于相对次要的位置，其价值判断的标准归根结底是企业利益最大化。传统营销中的低伦理行为造成的危害与人类社会的可持续发展相悖，为了避免传统营销中低伦理行为对社会和人类造成的危害，实施可持续营销已是当务之急。

一、可持续营销的内涵

在环保意识已成为社会主流意识的背景下，以销售为导向的传统营销正在发生变革，朝着与消费者建立并保持长期利益关系的过程发展。营销的未来需要探索新型的顾客关系，减少资源消耗和对环境的污染，满足顾客需求的同时传递价值、产生利润。

未来营销发展的关键词是"可持续性"。可持续发展的概念20年前开始普及，是指既满足现代人的需求又不损害后代人满足需求的能力。换句话说，就是指资源的消耗和环境的污染必须在生态环境能承受的范围内，保护好人类赖以生存的大气、淡水和土地，经济、社会和环境保护协调发展。

可持续营销是一个全新的概念，对它进行界定应从可持续发展战略出发。它充分体现了可持续发展的战略思想，其内容与可持续发展战略保持着逻辑空间上的一致性。绿色营销虽然也追随了可持续发展战略，但其内涵与可持续发展战略的逻辑空间不完全匹配，因而不能完全代替可持续营销。将绿色营销与可持续营销等同起来，是一种极为片面的观念。

美国市场营销学会主席、美国西北大学教授菲利浦·科特勒把可持续发展与市场营销定义结合起来，将可持续营销界定为：个人和组织在不损害未来世代满足其需要的前提下为满足当代人需要而进行的，通过生产创造、提供出售并同别人交换其产品和价值，以获取其所需所欲之物的一种社会和管理过程。换句话说，可持续营销是与可持续发展相适应的，能够保持人口、经济、社会、环境和资源的相互协调，不但能够满足当代人的需要，而且不危害后代人满足需要的营销。它要求个人和组织在分析、计划、执行和控制营销战略时，与可持续发展相适应，使经济、社会、环境三大系统协调发展，个人和组织在追求自身利益的同时，要兼顾环境保护、社会公正及整个社会的可持续发展。

二、可持续营销的特征

可持续营销是营销理论发展与实践不断结合的自然产物，融通着常规营销和整合营销的共同思想和理念，是企业营销理念发展过程中的一个质的飞跃。其特征体现在三方面：

1. 可持续营销是一个动态的市场运作过程

可持续营销是一种促使企业螺旋式上升、持续发展的战略，强调市场环境（包括商品市场、人才市场和资本市场）是动态变化的，企业要在变化的市场环境中进行适应化转变从而保持持续地发展。因此，持续营销不是静态的，而是动态的，要根据外部市场变革（如政治、经济、文化、技术的变革）和企业内部结构（如组织、文化、制度）的要求不断调整营销模式，科特勒指出"持续性是任何企业在变化的市场环境中生存的首要因素"。

2. 可持续营销是一种经营战略，而不是企业的一种功能

以往的营销被认为是企业的一种功能，这种看法正在逐渐失去说服力，不再为人所接受，营销必须是一种战略经营的概念。因此，可持续营销理念强调营销是一个"战略经营"的综合体，涵盖着企业战略的所有维度，经营战略受制于外部环境和内部机制导致的营销模式滞后是很多企业破产更为核心的原因。

3. 可持续营销的目标是企业的持续发展，而非短时间的迅猛增长

只有处理好外部市场和内部结构的关系，协调好消费者、员工和股东之间的利益分配，达到不同利益相关者群体持续满意，企业才能获得持续发展。企业和不同利益相关者的相互依存关系，构成了一个完整的生态系统，任何的失衡和偏离都会导致整体效益的下降。忽略任何一个利益群体，都将影响可持续营销的结果。

从以上三点可以看出，可持续营销具有全面性和系统性的特点，以往的营销观念更多强调企业的自身利益，从自身利益出发从事经营活动，而可持续营销从更宏观的角度提出通过不同利益相关主体满意，促进企业所在社会网络的健康发展，使企业所处的生态环境不断优化，获得持续发展的空间。

三、可持续营销与绿色营销的区别

可持续营销所强调的主体是个人和组织，组织包括营利性组织，也包括非营利性组织，可持续营销所强调的客体不仅包括传统营销的客体（产品，即货物和劳务），也包括计谋和价值。

绿色营销是针对人类日益强烈的要求保护好自己的生存环境而提出来的。绿色营销的目的是"求取企业、环境与社会的和谐均衡共生"。绿色营销以常规营销为基础，强调把消费者与企业利益和环保利益三者有机地统一起来。绿色营销最突出的特点是充分顾及环境保护问题，体现了强烈的社会责任感。它要求企业从产品设计、生产到销售、使用的整个营销过程都要充分维护环保利益，做到安全、卫生、无公害等。绿色营销与传统营销相比具有鲜明的绿色标记，以消费者的"绿色"需求为前提，实现资源的永续利用、保护和改善生态环境，绿色营销的基础在于绿色产品和绿色产业，并且绿色产品的标志和标准呈现无差异性。

由此可以看出，绿色营销基本上是追随了可持续发展战略中的资源和环境的可持续性这一要求，但是绿色营销主要是站在保护环境和反对污染的角度来理解可持续发展，对于经济的可持续性、社会的可持续性不能做出合理解释。因而，尽管绿色营销与以往的营销相比具有划时代的进步，但是其内涵和外延不能代表可持续发展战略在营销上的投影——可持续营销，绿色营销只是可持续营销的一个组成部分。

四、可持续营销战略行动

1. 在管理层上实行可持续营销管理

企业除树立可持续营销观外，还要进行全面的可持续营销管理。具体可概括为"4R"原则：研究（Resarch），即把环境保护和社会公平等纳入企业的决策要素中，从整个可持续发展系统中研究企业对环境、对社会、对经济可持续性的对策；减少（Reduce），即采用新技术、新工艺、减少或消除有害废物排放以保护环境，减少高消耗开发、生产、销售以节省能源，减少对供大于求的行业进行重复投入以利于社会资源的合理利用；循环（Recycle），对废品进行及时回收、处理、循环利用，以减少浪费，防止对环境的危害；再开发（Rresrve），即积极参加社区内的环境整治，积极参与社会的福利事业，取之于社会，回报于社会，加强对员工的环境保护和社会公平意识的宣传。

2. 在产品策略上开发可持续产品

可持续产品是指在产品生产、使用和处理过程中符合可持续营销要求，对环境或对社会公平无损害，有利于资源再生及回收利用，有利于社会的长远利益的产品。可持续产品的生产和开发是可持续营销的支撑点，它主要包括如下几个方面：选择可持续资源，着重使用无公害、养护型的新能源、新资源，采用新技术、新设备以节省能源及资源、提高资源的利用率、减少对资源的耗费；可持续产品的设计应尽可能节省原材料，材料的选用应是无毒无害易分解处理的，以便于洁净产品，同时还应使产品在使用过程中节能、安全；可持续产品的生产应是一种"无污染"生产，即应避免使用有毒有害材料及中间产品，减少生产过程中的各种危险因素，使用少废无废的工艺设备，做到物料循环使用、管理完善操作可控；可持续产品的包装应采用等级型、组合型、复合型、更新型等节料少废材料，在材料选用上应无毒、少公害、易分解处理并避免过度包装；售后服务是可持续产品概念的组成部分，在开发可持续产品时，应考虑产品的功能延伸和再利用，考虑在节省原材料，减少废弃物，废物回收和处理时提供相应的服务。

3. 制订有利于可持续发展的价格策略

为了适应可持续营销的生态环境、经济、社会发展的目标，企业在对可持续产品定价时也应以此为出发点，按照多消耗多付款，多占有多付款，谁污染谁付款的定价方法，推行区别定价。

4. 在思想上进行可持续营销沟通

企业在生产经营时均要产生一些"副产品"，如废水、废气、废渣，这些"副产品"需投入一定的成本进行改良处理，而改良成本则部分转移到产品的价格上，所有这些要得到消费者、有关部门、团体和其他企业的认同，这要求进行可持续营销沟通。具体包括以下几种：可持续教育，通过各种沟通工具进行可持续教育使消费者了解可持续产品的实质；营造可持续消费时尚，积极引导消费者将眼界由自身扩展到自然生态环境和整个社会范围，加强其环境保护意识使他们意识到可持续消费是高尚的、理智的，使他们树立起作为一个"社会人"所应有的社会伦理意识和社会责任感；充分协调各种关系。可持续营销是应可持续发展的提出而兴起的新型营销，其成功推行需要社会各方面的关注和努力，为此必须协调好以下几种关系：获取可持续战略权威组织的支持；与竞争者合作共同推广可持续产品，开发可持续市场，培养可持续消费意识；增进营销者和消费者之间的相互信任，充分利用广告、公关、促销等手段进行整合传播和沟通，建立有利于可持续产品的分销网络，使营销者和消费者在可持续发展上达成真正共识。

五、可持续营销的实施路径

全球化的市场竞争，使企业面临的突出矛盾已不再仅仅是生产出性能好、质量高的产品，而是如何持续开发新产品，持续提高顾客满意度，持续地协调和平衡利益相关者的利益，从而实现企业的持续成长。因此，企业的核心竞争力应最终体现为企业的持续营销的能力，企业只有进行可持续的营销才能为企业保持现有的市场份额，开拓新的市场提供持续的竞争优势。

1. 树立动态的可持续营销观念

营销观念的竞争是现代企业营销活动中最深层次、最高级的竞争，在某种意义上决定企业未来的兴衰。可持续营销观念是一种与动态复杂环境互动适应的经营理念。由于企业所面临市场环境处于不断变化之中，而在动态的环境下难以存在持续竞争优势，因此要树立动态的可持续营销观念。可持续营销观念要求企业适应动态环境的变化，根据持续战略定位的需要，持续开发新产品，持续满足市场需求。变被动适应顾客需求为主动适应顾客需求，充分发挥企业主体能动性，充分利用自身优势调整自身的行为，以更有效的营销手段引导市场需求，争取先机和市场主动权。与顾客建立更为紧密、更为完善的"互动关系"，不仅和顾客互动，培育忠诚客户，而且协调员工和股东的利益，培育忠诚的员工和股东，同时将供应商、经销商、竞争者、政府机构和社会组织等一切利益相关者协调整合为一个快速的、无缝的过程，来提高对市场的反应速度，以求整体速度最大、利益最大。

2. 以可持续发展战略为指导

可持续营销是可持续发展战略在营销上的投影，必须与可持续发展的目标协调一致，通过发展经济、保护环境、促进社会公平等手段，走一条人口、经济、社会、环境和资源相互协调，满足当代人需求，又不对后代人的发展造成危害的发展之路，以促进社会的可持续发展；可持续营销的内容与可持续发展的内容保持一致，通过加强环境保护，有效利用资源、促进社会公平，从而提高经济效益，理顺企业的经济效益与自然环境和社会环境之间的关系。

3. 建立可持续发展的营销文化

企业的营销文化是由营销价值观和行为方式共同组成的。营销价值观是企业的核心原则和坚定信念，指导着企业员工的思想和行动。企业应进行长期的、持续的营销文化的系统建设与提升，适应动态环境的变化，不断关注和吸收国内外企业经营管理方面的新理念和新经验，结合自身实际，培育先进的营销理念，并不断强化全体员工对营销文化的渗透和认同。营销文化是企业可持续经营商战中的锐利武器，是有效的竞争优势的阻隔机制。企业的营销文化要形成对企业可持续营销的有效支撑，需要企业逐步强化和提升营销文化，并使营销文化内化到全体员工的行为之中，形成统一的行为准则和模式，在这一基础上形成企业营销的情感凝聚和精神凝聚。

4. 建立有效的利益平衡机制

利益平衡的实质就是全面考虑和平衡员工、顾客、股东及供应商、分销商和竞争者等一切利益相关者的利益，力图在各方利益与企业长、短期利益间取得平衡，通过有效的利益平衡可使这些利益群体持续支持和强化企业的价值创造活动，并重视他们之间的互动效应、协同效应，力求整体效果最佳。快乐的员工造就满意的顾客，满意的顾客会与企业建立持久的关系，而快乐的员工依赖于长期的满意的股东，同时长期的满意的股东将不断为企业提供卓越的价值。有效的利益平衡机制可使企业业务增长，成本节约，收入增加，盈利率提高；可给一个企业带来可持续的竞争优势，为企业持续营销创造和谐环境。任何企业都应该让员工、顾客、股东等利益主体获得持续满意，这是决定企业能否持续经营的关键。

5. 坚持持续的学习、创新与变革

企业可持续营销是通过企业员工在循环往复的营销活动中，持续学习、创新与变革实现的。因此，在长期的营销管理实践中不断学习、积累和创新就成了企业可持续营销的动力源。企业从一时的成功和失败中不断地积累经验，不断地学习，不断地认识企业持续营销的内在作用机理，不断地认识企业持续成长的动力机制，能有效促进企业持续营销竞争力的持续循环。而持续的创新和变革，是企业在竞争中生存与发展的必要手段，是提高企业市场竞争力最根本、最有效的途径，能有效推动企业持续成长。营销创新就是根据营销环境的变化，结合企业自身的资源条件和经营实力，寻求营销要素某一方面或某一系列的突破或变革的过程。持续的变革就是企业与动态环境互动下，进行的一系列政治变革、技术变革、文化变革，只有进行持续变革才能推动企业持续性发展。

6. 恪守营销道德与责任

随着企业经营环境的变化，相应的竞争优势要素从内部资源扩展到了企业与外部关系资源上，尤其注重与顾客、渠道成员和供应商的持久的伙伴关系。卓越的绩效来源于企业与利益相关者之间忠诚协调的关系，利益相关者的持续满意，将有助于改善企业和各方的关系，营造良好和谐的经营环境和消费环境，从而促进了和谐社会的构建。为此企业要恪守营销道德与责任，向顾客提供优质的产品和服务，以维护顾客权益为己任；努力做到使股东利益最大化，让股东看到企业的持续发展潜力；努力为员工提供安心舒适的工作环境；保持与渠道伙伴之间稳定的关系，将渠道伙伴的利益视为企业自身的利益；遵纪守法，积极参与社会公益和慈善事业。和能兴企，企业与各相关利益群体处理好关系，自觉主动地承担起对利益群体的责任，这成为企业可持续营销的最有力途径。

扫码学习绿色营销

第二节　非营利组织营销

一、非营利组织营销的概念

早在 20 世纪 60 年代，西方非营利组织的管理者就开始使用营利组织中的管理和控制方法，但他们却迟迟不肯接纳营销的观念，他们认为营销在非营利组织中是毫无必要的。但是随着社会的发展以及营利组织在社会服务领域的介入，非营利组织组织内逐渐出现顾客不满意、会员减少、成本上升、捐助缩减等现象。为了提高自身的竞争力，美国许多非营利组织开始运用市场营销原理来指导其管理活动，并取得了良好的经营效果。在此背景下，非营利组织营销逐渐被管理者认可并快速发展起来。

所谓非盈利营销，目的在于完成交易，特别是自愿性交易。非营利组织的营销主要是满足"顾客"的要求。事实上，所有非营利组织都拥有各种不同层次的"顾客"并且在供应者和最终顾客之间存在诸多要求层面，对于非营利组织来说，由于营利不是动机，也不是目的。因此"满足顾客要求"——以顾客要求为导向，要求非营利组织应该更多地关注公共产品的提供，并有义务说明如何有效地交换这种产品。总之，无论动机是什么，营销的本质特征是一种态度和观念。

二、非营利组织营销的特点

非营利组织与营利性组织存在的目的不同，因而其营销活动与一般企业的营销活动也存在本质的区别，非营利组织营销有自身的特征。

1. 目标的多样性

对于营利组织来说，利润是其首要追求的目标。而非营利组织的目标却具有多样性，因为其以公共服务为使命，以社会大众为服务对象，主要追求的是社会效益、生态效益。以红十字会来说，其以"保护人的生命和健康，促进入类和平进步"为宗旨，既要对自然灾害开展救助，又要开展普及卫生知识等人道主义活动。由于非营利组织目标具有多样性的特点，要想同时实现所有目标是较为困难的，因此，在管理过程中往往要根据现实情况分清主次，非营利组织需要选择较为重要紧急的目标优先配置资源。

2.服务对象的多重性

营利组织服务的对象是顾客，所以要以顾客为中心进行营销。非营利组织不仅要服务顾客，同时也要对捐助者营销。因为捐助者是非营利组织的资金来源，缺少了他们捐助，非营利组织将无法持续性运作。除此之外，还要处理好与其他利益相关者的关系，要运用好公共关系手段，维护好自身的公众形象。唯有如此，才能获得更多的外界资源，从而为自身的生存和发展谋取更大的竞争优势。

3.产品以服务为主

非营利组织提供的产品主要是服务和社会行为，具有无形性、不可分性、易变性等特征，而且非营利组织提供的服务是免费的，是对公众有利的。因此，在营销过程中要注意与产品营销的区别，要注重顾客的参与情况，强调顾客的时间成本，加强服务质量，充分满足顾客需求。

4.接受公众监督

由于非营利组织提供的是公共服务，接受的是无偿捐助并免税，因此其行为将受到严格的公众监督，其活动必须服从公众利益，承受较大的压力。

三、非营利性组织目标市场的选择

由于顾客需要有不同的层面，而且处在不断变化之中，非营利性组织难以掌握目标市场的偏好。各种类型的非营利性组织往往会有不同的顾客大众和支持大众。

首先，非营利性组织必须对捐助者目标市场进行分析，并且将目标市场进行市场细分，而后选定目标市场来实施营销策略。具体来说，是将市场细分为若干个群体，然后从中选择潜力较大而且有能力获得捐赠的顾客群体，并决定采取何种营销战略和策略来占领该细分市场。

其次，对于接受非营利性组织产品或服务的顾客，必须经过分析和选择目标市场的过程来进行准确定位。

四、非营利性组织营销组合策略的制定

非营利组织在确定顾客和捐赠者的目标市场后，紧接着就要为此制订具有针对性的营销组合策略。由于顾客的类型不同，各种类型的非营利性组织需要根据顾客的需求特点及自身资源状况制订行之有效的营销组合策略。

（一）产品策略

非营利性组织必须制订两组产品策略，一组针对捐赠者，另一组针对顾客大众。非营利性组织的产品定义比营利组织的产品定义更为重要，因为非营利组织的

产品可能比营利组织的产品和服务更不可捉摸，就更广的定义来说，非营利性组织的产品包括一些无形的因素，如个人的满足、荣誉感、归属感以及内心温暖的感觉等。非营利性组织的使命虽然非常明确，但完成使命的方法却有很多种，所以，其产品策略较为复杂。例如，防癌协会可以通过很多方式来对抗癌症，如赞助医学研究、临床治疗、向大众宣传和立法机关协调等，同时它必须强调预防、身体检查和治疗等。

产品组合的决策就是资源分配的决策，非营利性组织要将有限资源分配到各种不同的活动中，但是要估计目前产品的实际利益和未来产品的利益将是非常困难的，如果不涉及不同群体的顾客，预估利益将会很困难。

许多非营利性组织认为以更具体的产品来支持他们的无形产品是重要的，即使这些具体的产品只是象征性的礼物。例如，国外某一慈善机构只要捐赠一定金额，就回赠母亲节贺卡，贺卡寄送的对象由捐献者指定。捐献者当然知道为获得礼物的最低捐赠额，一定会超出礼物的实际货币价值，但是交易本身更吸引人。

（二）定价策略

定价使组织的资源分配和吸收资源联结在一起，营利性企业会制定一个超过其产品或服务成本的价格，而且价格高于成本越多越好，因此，它能够吸收比它花费的成本更多的资金，从而创造利润，维持组织的生存。有一部分非营利性组织采取自给自足的经营方式，这类似于利润导向型的营利性企业，因此，它可以运用传统的观念和技巧定价；而许多非营利组织也向其顾客收取服务费，其中一部分收取的费用相当于所需成本，这种组织在捐资平衡下继续经营，它不必再向顾客以外的人募捐。这些受使用限制不能采取自给自足经营方式的非营利性组织必须同时考虑两类因素：一是货币因素。正如我们前面所看到的，音乐会和博物馆要入场券，医院要医疗费、住院费，大学要收取学费等。二是非货币因素。它可以包括很多比金钱更个人化的因素，如时间、努力、爱、地位、荣耀、友谊或各种成本等。

（三）销售渠道策略

非营利性组织具有服务业的重要特性，其中的不可分离性、不稳定性和不可储存性等特点对组织的销售渠道策略产生很大影响。由于提供服务者和接受服务者必须在同一时间出现在同一地点，配销通路的密度和零售地点的选择就格外重要。配销通路越密，零售地点越便利，接受服务的顾客也越踊跃。就医院而言，医院所提供的服务必须给予患者最大可能的便利，虽然这种服务不像商品一样经由批发、零售到达市场，但就诊所位置、停车便利、开放时间及挂号方式、建筑设计与布置等，仍可加以改进，以节省患者及家属所花费的时间及精力。

如果非营利性组织增加服务地点，或者选择较便利的服务地点，就必须在实体分配作业上加强服务。如果可以预定出售服务，这样能估计出需求的大小，尽早采取必要措施，预定制度以旅馆、医院等组织应用较广。

（四）促销策略

1. 广告和公共报道

广告和公共报道是筹集资金的主要活动，这种活动通常希望许多捐献者能各自捐出小笔的捐款。某些非营利性组织往往通过一般大众传播工具进行广告，因为大众传播工具能够有效地吸引不同的人。例如，波士顿的联合基金曾经在一年内得到40万人的捐款，其中大部分是通过大众传播的广告；世界资源保护基金会主要通过时代杂志等世界性媒体广告来争取捐款；而有些非营利性组织则选择小众媒体，他们相信其诉求只对某特定的细分市场较具有吸引力，传统的大专院校在筹集资金时较重视校友，因此，他们依赖直接邮寄和校友会刊的广告。校友会刊在筹集资金上可以促进校友对学校产生良好态度，并使支持学校的校友产生归属感。

公共报道也是非营利性组织较常使用的一项沟通工具，譬如医生接受电视或报刊记者的访问、做有关卫生保健的演说、重大手术的进行与突破的消息，以及名人或影星住院等，都具有极高的新闻吸引力，自然而然地有利于医院知名度的提高以及增进外界的了解，这在一般商品销售的推销上是不容易得到的。

2. 人员推销和推广活动

人员推销是另一种用于筹集资金上的重要沟通工具。当潜在捐赠者的数量少而所要沟通的是复杂信息时，如当希望从少数人手中吸收大量现金时，人员推销是最有效的工具。我国台湾辅仁大学就曾在国外通过人员推销得到巨额的捐赠。不过，有的非营利性组织由于推销人员缺乏训练、组织本身的知名度不高等因素，往往无法取信和说服捐赠者。这些组织若想提高其人员推销的效率，必须积极克服上述缺点。

第三节　网络营销

随着网民数量的快速增长，网络营销成为众多企业日益关注的销售方式，网络营销逐渐演变成为21世纪最有代表性的一种低成本、高效率的全新商业形式。网络营销的产生和发展，使营销本身及其环境发生了根本性变革，以互联网为核心支撑的网络营销正在发展成为现代市场营销的主流。

一、网络营销的定义

网络营销是以现代营销理论为基础，借助网络、通信和数字媒体技术实现营销目标的商务活动，是科技进步、顾客价值变革、市场竞争等综合因素促成；是信息化社会的必然产物。网络营销根据其实现方式有广义和狭义之分，广义的网络营销是指企业利用一切计算机网络进行营销活动，而狭义的网络营销专指国际互联网营销。

网络营销是组织或个人基于开发便捷的互联网络，对产品、服务所做的一系列经营活动，从而达到满足组织或个人需求的全过程，网络营销是企业整体营销战略的一个组成部分，是建立在互联网基础之上借助互联网特性来实现一定营销目标的营销手段。

网络营销是基于互联网络及社会关系网络联结企业、用户及公众，向用户及公众传递有价值的信息和服务，为实现顾客价值及企业营销目标所进行的规划、实施及运营管理活动。网络营销不是网上销售，不等于网站推广，网络营销是手段而不是目的，它不局限于网上，也不等于电子商务，它不是孤立存在的，不能脱离一般营销环境而存在，它应该被看作传统营销理论在互联网环境中的应用和发展。

二、网络营销的特点

随着互联网技术发展的成熟以及联网成本的低廉，互联网就像"万能胶"一样，将企业、团体、组织以及个人跨时空联结在一起，使他们之间信息的交换变得"唾手可得"。正因如此，网络营销呈现出传统营销所不具备的一些特点。

1. 全球性

互联网超越了国界和地区的限制，使得整个世界的经济活动都紧紧联系在一起。通过互联网可以实现信息、货币、商品和服务的快速流动，大大促进了世界经济一体化的进程。

2. 快捷性

借助互联网可以随时随地把世界上任何一个角落的企业和消费者联系起来，使经济活动产生了快速运行的特征，消费者借助互联网可以迅速搜索到所需要的任何信息，并对市场作出即时反应。

3. 交互性

一方面，互联网通过展示商品图像和商品信息资料库提供有关产品的查询，来实现供需互动与双向沟通；另一方面，还可以借助互联网进行产品测试与消费者满意调查等活动，为产品设计、商品信息发布以及各项技术服务提供便利的工具。

4.个性化

互联网上的促销是一对一的、理性的、消费者处于主导地位的、非强迫性的、循序渐进式的，而且是一种低成本的与人性化的促销，避免推销员强势推销的干扰，并通过信息提供与交互式交谈，与消费者建立长期良好的关系。

5.成长性

随着网民数量的快速增长，网络销售成为众多企业日益关注的销售方式。据有关数据表明，这些网民多是年轻人，他们受教育程度较高，具有较强的购买力和强大的市场影响力，因此是一种极具开发潜力的市场渠道。

6.整合性

互联网上的营销可由商品信息到收款、售后服务一气呵成，因此也是一种全程的营销渠道。企业可以借助互联网将不同的传播营销活动进行统一设计规划和协调实施，以统一的传播方式向消费者传达信息，避免不同传播中不一致性产生的消极影响。

7.超前性

互联网是一种功能最强大的营销工具，它兼具渠道、促销、电子交易、互动服务以及市场信息分析与提供等多种功能。它所具备的一对一营销能力，正是符合定制营销与直复营销的未来趋势。

8.高效性

计算机可以储存大量的信息，企业一方面借助互联网可以将巨量信息精确传送给消费者，另一方面通过互联网了解消费者需求，并据此及时更新产品或调整价格，因此能及时快速了解并满足消费者的需求。

9.经济性

与传统营销相比，网络营销不仅可以减少之前信息交流中的相关单据的印刷与邮递成本，而且可以省去实体店必须承担的房租、水电费和人工成本，企业与消费者之间的供需信息沟通使得无库存生产和无库存销售成为可能，因此，网络营销具有传统营销所不具备的成本优势。

10.正反馈性

在网络营销中，由于信息传递的快捷性，企业与消费者之间产生了频繁、迅速、剧烈的交互作用，从而形成不断强化的正反馈机制。

三、网络营销的优势

作为一种全新的营销方式，网络营销具有传统市场营销方式无可比拟的优越性，客观上决定了网络营销必然具有强大的生命力，也必将成为21世纪企业营销的主流，全球企业竞争的锐利武器。

1. 与国际市场的距离缩短

互联网覆盖全球市场，通过互联网企业可方便快捷地进入任何一国市场，推销自己的产品和服务，网络营销为企业架起了一座通向国际市场的通道。由于网络的开放互联性质，使得通信实现了信息全球化，网络可以到达推销和销售渠道无法到达的地方。企业通过互联网可以发现世界各个角落的潜在顾客，企业的潜在用户也可以轻松廉价地了解企业的资料并达成交易。因此，网络营销为企业提供了选择范围最大的全球化市场。

2. 降低营销费用

通过互联网进行商品的买卖，企业的业务是在一种"虚拟市场"的网络环境下进行的，节省营销与渠道成本，使企业具有低成本的竞争优势。网络营销加强了企业与供应商的信息交流，减少了采购费用；建立了企业与消费者之间的直接联系，减少了交易环节及销售费用；完成了企业内部信息的共享和交流实时化，实现统一管理，减少了管理费用；网络营销使企业和消费者即时沟通供需信息，使无库存生产和无库存销售成为可能，从而降低库存费用。

3. 与消费者高效便捷地沟通

网络就是信息高速公路，企业可以借助网络多方面收集顾客的需求信息，尤其是个性化的信息，并迅速地做出反应，同样也可以通过网络平台把产品或服务传递给消费者，这些信息传递不仅数量大、迅速和快捷，而且几乎不受时间和地点的限制。以网络为媒体的信息内容十分丰富，网络虚拟市场的信息往往是多媒体，有图片、动画、文字和声音等，不仅有产品和价格信息，还有相关的知识文化信息。

4. 消费者选择空间大

在互联网上，消费者可以根据自己的需求特点在全球范围内不受地域和时间限制，快速寻找满意的产品，并进行充分比较，以节省交易时间与交易成本。此外，互联网还可以帮助企业实现与消费者的一对一沟通，便于企业针对消费者的个别需要，提供具有特色的个性化服务。

5. 竞争更公平

网络为企业提供了一个真正平等、自由的市场体系，使其具有面临消费者的机会和获取世界各地信息的机会，竞争在网上变得透明而清晰，信誉成了网上竞争新的焦点。来自消费者的信任，绝不会因为是商业巨子还是无名小卒而有所偏差。任何企业都不受自身规模的绝对限制，都能平等地获取世界各地的信息，平等地发展自己。利用互联网，中小企业只需花极少的成本，就可以迅速建立起自己的全球信息网和贸易网，将产品信息迅速传递到以前只有财力雄厚的大公司才能接触到的市场中。因此，网络营销成为刚刚起步且面临强大竞争对手的中小企业的一个强有力的竞争武器。

扫码学习有关案例

四、网络营销的基本职能

网络营销的职能不仅表明了网络营销的作用和网络营销工作的主要内容，同时说明了网络营销应该实现的效果，对网络营销职能的认识有助于全面理解网络营销的价值和网络营销的内容体系，因此网络营销的职能是网络营销的理论基础之一。

1. 树立品牌网络形象

网络营销的重要任务之一就是在互联网上建立并推广企业的品牌，知名企业的线下品牌可以在网上得以延伸，一般企业则可以通过互联网快速树立品牌形象，并提升企业整体形象。网络品牌建设是以企业网站建设为基础，通过一系列的推广措施，使顾客和公众对企业产生认知和认可。从一定程度上说，品牌的网络价值甚至高于通过网络获得的直接收益。

2. 网站推广

这是网络营销最基本的职能之一，在几年前，甚至认为网络营销就是网站推广。相对于其他功能来说，网站推广显得更为迫切和重要，网站所有功能的发挥都要以一定的访问量为基础，所以，网站推广是网络营销的核心工作。

3. 发布信息

网站是一种信息载体，通过网站发布信息是网络营销的主要方法之一，同时，发布信息也是网络营销的基本职能，所以也可以这样理解，无论哪种网络营销方式，结果都是将一定的信息传递给目标人群，包括顾客／潜在顾客、媒体、合作伙伴、竞争者等。

4. 促进销售

营销的基本目的是为增加销售提供帮助，网络营销也不例外，大部分网络营销方法都与直接或间接促进销售有关，但促进销售并不限于促进网上销售，事实上，网络营销在很多情况下对于促进线下销售十分有价值。

5. 提供网络销售渠道

一个具备网上交易功能的企业网站本身就是一个网上交易场所，网上销售是企业销售渠道在网上的延伸，网上销售渠道建设不限于网站本身，还包括建立在综合电子商务平台上的网上商店及与其他电子商务网站不同形式的合作等。

6. 提供在线服务

互联网提供了更加方便的在线顾客服务手段，从形式最简单的 FAQ（常见问题解答）到邮件列表，以及 BBS、MSN、聊天室等各种即时通信服务，顾客服务质量对于网络营销效果产生重要影响。

7. 维系顾客关系

良好的顾客关系是网络营销取得成效的必要条件，通过网站的交互性、顾客参与等方式来开展顾客服务，赢得顾客对产品的认同，也增进了顾客关系。

8. 开展网上调研

通过在线调查表或者电子邮件等方式，可以完成网上市场调研，相对传统市场调研，网上调研具有高效率、低成本的特点，因此，网上调研成为网络营销的主要职能之一。开展网络营销的意义就在于充分发挥各种职能，让网上经营的整体效益最大化，因此，仅由于某些方面效果欠佳就否认网络营销的作用是不合适的。网络营销的职能是通过各种网络营销方法来实现的，网络营销的各个职能之间并非相互独立的，同一个职能可能需要多种网络营销方法的共同作用，而同一种网络营销方法也可能适用于多个网络营销职能。

五、网络营销常用的方法

网络营销职能的实现需要通过一种或多种网络营销手段，常用的网络营销方法除了搜索引擎注册之外还包括电子邮件营销、即时通信营销、网络广告营销、博客营销、微博营销、会员制营销、病毒性营销等。

1. 搜索引擎营销

搜索引擎营销（Search Engine Marketing，SEM），是指以搜索引擎为平台，以调整网页在搜索结果页上排名，从而给网站带来访问量为手段，针对搜索引擎用户展开的营销活动，利用用户检索信息的机会尽可能将营销信息传递给目标用户。简单来说，搜索引擎营销就是基于搜索引擎平台的网络营销，利用人们对搜索引擎的依赖和使用习惯，在人们检索信息的时候尽可能将营销信息传递给目标客户。

搜索引擎营销主要分为两类：一是有价的被称为竞价排名；二是无价的被称为 SEO（搜索引擎优化）。搜索引擎竞价排名是以"提升企业销售额"为直接目标。竞价排名是按照付费最高者排名靠前的原则，对购买了同一关键词的网站进行排名。竞价排名一般采取按效果付费的方式。竞价排名是一种收取固定费用的推广方式，可以是月费，也可以是年费，提供这类产品的服务商有百度、新浪、搜狐、慧聪等。

搜索引擎优化是通过对网站结构（内部链接结构、网站物理结构、网站逻辑结构）、高质量的网站主题内容、丰富而有价值的相关性外部链接进行优化而使网站为用户及搜索引擎更加友好，以获得在搜索引擎上的优势排名为网站引入流量。

2. 电子邮件营销

电子邮件营销是以订阅的方式将行业及产品信息通过电子邮件的方式提供给所需要的用户，以此建立与用户之间的信任与信赖关系。

大多数公司及网站已经开始利用电子邮件营销方式进行各种营销活动。毕竟邮件已经是互联网基础应用服务之一。开展邮件营销需要解决三个基本问题：向哪些用户发送电子邮件、发送什么内容的电子邮件以及如何发送这些邮件。邮件营销的优势：精准直效，个性化定制，信息丰富、全面，具备追踪分析能力。

3. 即时通信营销

顾名思义，即利用互联网即时聊天工具进行推广宣传的营销方式。品牌建设，非正常方式营销也许获得了不小的流量，可用户不但没有认可你的品牌名称，甚至已经将你的品牌名称拉进了黑名单，所以，有效地开展营销策略要求考虑为用户提供对其个体有价值的信息。

4. 病毒式营销

病毒营销模式来自网络营销，利用用户口碑相传的原理，是通过用户之间自发进行的、费用低廉的营销手段。病毒式营销并非利用病毒或流氓插件来进行推广宣传，而是通过一套合理有效的积分制度引导并刺激用户主动进行宣传，是建立在有益于用户基础之上的营销模式。病毒营销的前提是拥有具备一定规模的且有同样爱好和交流平台的用户群体。病毒营销实际是一种低成本的信息传递，并没有固定模式，最直接有效的策略就是许以利益。

5. 论坛营销

论坛是互联网诞生之初就存在的形式，历经多年洗礼，论坛作为一种网络平台，不仅没有消失，反而越来越焕发出它巨大的活力。其实人们早就开始利用论坛进行各种各样的企业营销活动，当论坛成为新鲜媒体的论坛出现时，就有企业在论坛里发布企业产品的一些信息，其实这也是论坛营销的一种简单方法。

论坛营销是以论坛为媒介，参与论坛讨论，建立自己的知名度和权威度，并顺带推广一下自己的产品或服务。如果运用恰当，论坛营销可以成为非常有效果的网络营销手段。论坛营销可以成为支持整个网站推广的主要渠道，尤其是在网站刚开始的时候，是一种很好的推广方法。利用论坛的超高人气，可以有效为企业提供营销传播服务。由于论坛话题的开放性，几乎企业所有营销诉求都可以通过论坛传播得到有效的实现。

6. 博客营销

博客营销是建立企业博客，并把它用于企业与用户之间的互动交流以及企业文化的体现，一般以诸如行业评论、工作感想、心情随笔和专业技术等作为企业博客内容，使用户更加信赖企业深化品牌影响力。博客营销可以是企业自建博客或者通过第三方 BSP 来实现，企业通过博客来进行交流沟通，达到增进客户关系，改善商业活动的效果。

企业博客营销相对于广告是一种间接的营销，企业通过博客与消费者沟通、发布企业新闻、收集反馈和意见、实现企业公关等，这些虽然没有直接宣传产品，但是让用户接近、倾听、交流的过程本身就是最好的营销手段。企业博客与企业网站的作用类似，但是博客更大众随意一些。

7. 播客营销

播客营销是在广泛传播的个性视频中植入广告或在播客网站进行创意广告征集等方式来进行品牌宣传与推广，例如，"百事我创，网事我创"的广告创意征集活动，国外目前最流行的视频播客网站（世界网民的视频狂欢），知名公司通过发布创意视频广告延伸品牌概念，使品牌效应不断地被深化。

8. RSS 营销

RSS（Realy Simple Syndication）营销是指利用 RSS 这一互联网工具传递营销信息的网络营销模式，RSS 营销的特点决定了其比其他邮件列表营销具有更多优势，是对邮件列表的替代和补充。RSS 的送达率几乎为 100%，完全杜绝未经许可发送垃圾邮件。RSS 营销是一种相对不成熟的营销方式，即使在美国这样的发达国家仍然有大量用户对此一无所知。使用 RSS 的以互联网业内人士居多，以订阅日志及资讯为主，而让用户来订阅广告信息的可能性微乎其微。

9. SN 营销

SN（Social Network）指的是社会化网络，是互联网 Web2.0 的一个特制之一。SN营销是基于圈子、人脉、六度空间这样的概念而产生的，即主题明确的圈子、俱乐部等进行自我扩充的营销策略，一般以成员推荐机制为主要形式，为精准营销提供了可能，而且实际销售的转化率偏好。

10. 广告营销

几乎所有的网络营销活动都与品牌形象有关，在所有与品牌推广有关的网络营销手段中，网络广告的作用最为直接。标准标志广告（Banner）曾经是网上广告的主流（虽然不是唯一形式），进入 2001 年之后，网络广告领域发起了一场轰轰烈烈的创新运动，新的广告形式不断出现，新型广告克服了标准条幅广告条承载信息量有限、交互性差等弱点，因此获得了相对较高一些的点击率。

11. 网络事件营销

网络事件营销是指策划某一个与企业有关的可热议的话题或事件，通过网络预先发布出去产生网络热议，从而把企业品牌推销出去。不管这类事件是否真的是有组织有预谋的团队策划，但是它们在网络上迅速传播，短时间内获得网友极高的关注度，在网络上制造了相当规模的舆论。网络氛围在变，网络热点在变，网络营销也随之改变方式和话题宣传热点。有热点跟进，没热点自己制造，这就是网络营销的厉害之处。在网络遍布全世界的时代，企业若能使用好网络营销这把成就好品牌的网络武器，效果将是非常明显和可观的。

12. 形象营销

企业形象是企业针对市场形势变化，在确定其经营策略应保持的理性态度。它是在企业经营过程中，要求企业进一步个性化，树立富有特色、与众不同的形象，才能保持持续的经营目标、方针、手段和策略。企业形象不是一朝一夕建立起来的，它需要的是一个有始有终、自始至终的过程，企业形象不但要在观念上引入，而且要将企业的市场营销行为导入企业形象设计的轨道。

13. 网络整合营销

网络整合营销传播是 20 世纪 90 年代以来在西方风行的营销理念和方法。它与传统营销"以产品为中心"相比，更强调"以客户为中心"；它强调营销即是传播，和客户多渠道沟通，和客户建立起品牌关系。

其实，网络整合营销就是利用互联网各种媒体资源（如门户网站、电子商务平台、行业网站、搜索引擎、分类信息平台、论坛社区、视频网站、虚拟社区等），精确分析各种网络媒体资源的定位、用户行为和投入成本，根据企业的客观实际情况（如企业规模、发展战略、广告预算等）为企业提供最具性价比的一种或者多种个性化网络营销解决方案。比如百度推广、白羊网络等大公司都是这方面的佼佼者。

14. 网络视频营销

通过数码技术将产品营销现场实时视频图像信号和企业形象视频信号传输至互联网上。客户只需上网登录企业网站就能看到对企业产品和企业形象进行展示的现场直播。在网站建设和网站推广中，为加强浏览者对网站内容的可信性、可靠性而独家创造的。

企业或者组织机构利用各种网络视频，比如科学视频、教育视频、企业视频等网络视频发布企业信息，企业产品展示、企业各种营销活动以及各种组织机构，利用网络视频把最需要传达给最终目标客户的信息通过各种网络媒体发布出去，最终达到宣传企业产品和服务，在消费者心中树立良好的品牌形象的营销目的，这就是网络视频营销。

15. 网络图片营销

网络图片营销已经成为人们常用的网络营销方式之一，网民们时常会在 QQ 上接收到朋友发来的有创意图片，在各大论坛上看到以图片为主的帖子，这些图片中多少夹杂一些广告信息，比如，图片右下角带有网址等。这其实就是图片营销的一种方式。

16. 微博营销

随着微博的火热，即催生了有关的营销方式，就是微博营销。每个人都可以在新浪、网易等注册一个微博，然后每天更新自己的微博跟大家交流感兴趣的话题，这样就可以达到营销的目的，这种方式就是微博营销。

17. 会员制营销

企业可以通过为会员提供一定的利益来吸引更多的浏览者成为网站会员，提高网站的点击率与知名度。这些会员有免费的也有收费的，当然免费会员更受浏览者的欢迎，但是由于中国互联网正逐步走向成熟，不是所有网站用户都希望免费。一些博客会员希望付费享受更高层次的权限；一些求职者希望成为付费会员以便得到更多有效的求职机会；还有一些商业用户则希望通过成为会员看到别人无法涉及的商业资源。

会员制营销已经被证实为电子商务网站的有效营销手段，国外许多网上零售型网站都实施了会员制计划，几乎覆盖了所有行业。总的来说，国内的会员制营销还处在发展初期，不过已经看出电子商务企业对此表现出浓厚的兴趣和旺盛的发展势头。

18. 数据库营销

所谓数据库营销，就是企业通过收集和积累会员（用户或消费者）信息，经过分析筛选后有针对性地使用电子邮件、短信、电话、信件等方式进行客户深度挖掘与关系维护的营销方式。或者，数据库营销就是以与顾客建立一对一的互动沟通关系为目标，并依赖庞大的顾客信息库进行长期促销活动的一种全新的销售手段；是一套内容涵盖现有顾客和潜在顾客，可以随时更新的动态数据库管理系统。数据库营销的核心是数据挖掘。而网络营销中的数据库营销更多的是以互联网为平台进行营销活动。

19. 微信营销

微信营销是网络经济时代企业或个人营销模式的一种；是伴随着微信的火热而兴起的一种网络营销方式。微信不存在距离的限制，用户注册微信后，可与周围同样注册的"朋友"形成一种联系，用户订阅自己所需的信息，商家通过提供用户需要的信息，推广自己的产品，从而实现点对点的营销。

微信营销主要体现在以安卓系统、苹果系统的手机或者平板电脑中的移动客户端进行的区域定位营销，商家通过微信公众平台，结合转介率微信会员管理系统展示商家微官网、微会员、微推送、微支付、微活动，已经形成一种主流的线上线下微信互动营销方式。

第四节　整合营销

随着互联网技术的迅速发展，企业与消费者之间的接触机会逐渐增多，营销市场随之发生了巨大变化。过往的营销模式大多独立分散进行，缺少传播统一性，因此很容易打乱消费者对于企业以及品牌的理解。企业在营销推广方面遇到的困难迫使市场部门去寻找成本更低、效益更大的传播运作方式，整合营销则在这种背景下应运而生。

一、整合营销的定义

"整合营销"概念最初是以整合营销传播（Integrated Marketing Communication，IMC）形式出现的。1991年，美国市场营销学教授唐·舒尔茨（Don Schultz）提出了"整合营销传播"的新概念，认为整合营销传播是一个"管理与提供给顾客或者潜在顾客的产品或服务有关的所有来源的信息的流程，以驱动顾客购买企业的产品或服务并保持顾客对企业产品、服务的忠诚度"。

随后，整合营销传播开始扩展为整合营销。1995年，Paustian Chude首次提出了整合营销概念，他给整合营销下了一个简单的定义：就是"根据目标设计（企业的）战略，并支配（企业各种）资源以达到企业目标"。菲利普·科特勒在《营销管理》一书中从实用主义角度揭示整合营销实施的方式，即企业里所有部门都为了顾客利益而共同工作；这样，整合营销就包括两个层次的内容：一是不同营销功能——销售、广告、产品管理、售后服务、市场调研等必须协调；二是营销部门与企业其他部门，如生产部门、研究开发部门等职能部门之间的协同。

尽管对于整合营销的定义仍存在很大争议，但它们的基本思想是一致的，整合营销（Integrated Marketing）是一种对各种营销工具和手段的系统化结合，根据环境进行即时性的动态修正，以使交换双方在交互中实现价值增值的营销理念与方法。整合就是把各个独立的营销综合成一个整体，以产生协同效应。这些独立的营销工作包括广告、直接营销、销售促进、人员推销、包装、事件赞助和客户服务等。战略性地审视整合营销体系、行业、产品及客户，从而制订出符合企业实际情况的整合营销策略。

二、整合营销的特点

整合营销是以消费者为核心重组企业行为和市场行为，综合协调地使用各种形式的传播方式，以统一的目标和统一的传播形象，传递一致的产品信息，实现与消费者的双向沟通，迅速树立产品品牌在消费者心目中的地位，建立产品品牌与消费者长期密切的关系，更有效地达到广告传播和产品行销的目的。整合营销具有以下五个显著特点：

1. 将营销融入企业的一切活动中

传统的营销理念把营销活动与企业文化、企业精神建设等区分开来，整合营销理念则打破了传统营销理念，要求把公司的所有活动都整合和协调起来，营销不再是一项可以单独存在的职能。这一要求使得整合营销理念指导下的企业中所有部门都共同努力为顾客的利益而服务，企业的营销活动成为企业各部门的工作，即所谓的营销非功能化。

2. 强调动态分析观念

营销整合理念改变了以往从静态的角度分析市场、研究市场，然后再想方设法去迎合市场的做法，强调以动态的观念，主动地迎接市场的挑战，更加清楚地认识到企业与市场之间互动的关系和影响。不再简单地认为企业一定要依赖并受限于市场自身的发展，而是告诉企业应该更努力地发现潜在市场，创造新市场。

3. 整合营销的核心思想是对资源的有效利用

在传统营销理论的指导下，企业在广告、公关、促销、人员推销等方面都是分别开展，没有一个部门对其进行有效的整合。这种情况下，有很多资源是重复使用的，甚至不同部门的观点都不统一，会造成品牌形象在消费者心目中的混乱。营销整合就在于对企业的资源进行合理的分配，并按照统一的目标和策略将市场营销的各个环节有机地结合起来，使企业的运作具备整体效果，而不是各自为战。

4. 出发点是对消费者需求的正确把握

整合是需要方向的，要做到对营销各个环节进行有效的整合，必须有一个凝聚点，使各项工作的进行都围绕一个中心，这个凝聚点就是消费者的需求。只有正确把握消费者需求，才能确保各项营销工作的有效性，此时资源的合理分配及整合才有意义，否则只会更快地加速企业的倒闭。

5. 整合营销的关键在于目标、策略和战术的高度统一

营销整合就是围绕正确的目标制订清晰的策略和运用灵活的战术手段，合理、有效地分配及利用企业资源的过程。在这个过程中，关键要看资源的应用是否符合企业

的现实条件，手段的运用是否符合企业的目标，是否体现了企业的策略，从而确定在哪些方面进行整合，而不是只要运用了所有的战术手段就是营销整合，其实只有部分手段也可以进行有效的整合。

三、整合营销的内容

如前所述，整合营销是一种在满足顾客需求的同时，最大限度地实现企业目标的双赢营销模式。一方面，企业从 4C 理论出发，按照消费者的需求开发和提供合适的产品，在顾客愿意付出的成本内确定产品价格，以为顾客提供购物便利为依据进行分销，并持续一致地与顾客保持双向沟通；另一方面，企业还是一个营利组织，有生存、发展及利润等目标。企业要想在满足顾客需求的同时实现企业目标，必须借助整合营销，把企业战略、营销战略和沟通战略联结和协调起来，把顾客利益、顾客需求转化为企业利益和企业目标，实现顾客和企业的双赢。

（一）营销战略整合

整合营销观念认为，企业的所有部门而不仅仅是营销部门，都要为"满足顾客需要"而工作，同时，企业的所有部门不仅要考虑顾客利益，还要考虑企业利益。通过整合营销，可以实现二者的统一，形成持久的竞争优势。整合营销观念把企业的营销由策略提升到战略层次，从而提出了业务整合和系统规划的必要性。

营销战略整合理论把营销的视角分为三个层次：企业层次、营销层次、营销沟通层次，相应地，有企业战略、营销战略、营销沟通战略，如图 14-1 所示。

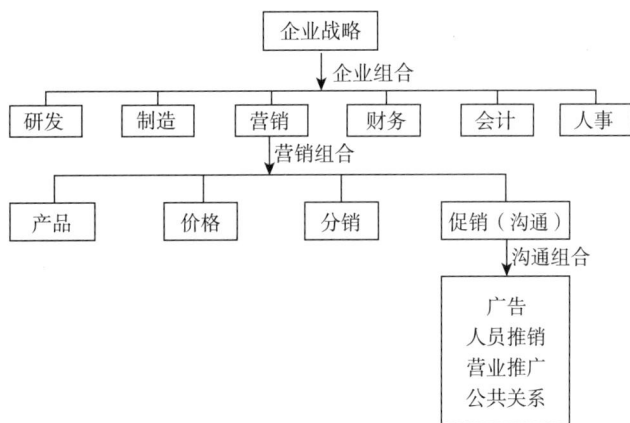

图14-1　营销战略整合的三个层次

1. 企业战略

企业战略是最高层次即企业层次的战略，它通常以某一战略业务单位为基础，主要包括成长战略、维持战略、收获战略、放弃战略、创新战略等。企业要在该层次实现战略，必须通过企业组合要素来实施，企业组合要素主要包括研究开发、工程技术、生产制造、财务会计、人力资源、市场营销等业务流程，出于管理和组织的考虑，通常将这些业务流程在组织内按职能分开，在具体实施企业战略时，还需使之相互配合。

2. 营销战略

营销战略介于企业战略和营销沟通战略之间，是中间层次即营销层次的战略，主要包括成本领先战略、差异化战略、集中战略。其中，成本领先战略强调价格要素的作用，差异化战略可通过产品或服务的差异化定位来实现，集中战略可通过特定顾客群的定位实现。企业要实施营销战略，必须通过对营销组合要素的调度而实现，营销组合要素主要包括产品、价格、分销、促销等。

3. 营销沟通战略

营销沟通战略是最低层次即营销沟通层次的战略，其目标是通过寻求消费者在认知、情感和行为三方面的反应，最终促使消费者采取购买行动。根据消费者在购买时思考方式的不同，营销沟通战略可分为理性战略和感性战略。理性战略是指以理性的方式向消费者提供产品及品牌利益等营销信息，帮助消费者了解和认识产品，从而建立品牌知晓度和品牌认知度。感性战略则是以感性诉求的方式，向消费者提供产品及品牌利益等营销信息，从而改变消费者的品牌态度，建立品牌偏好。二者使用的营销沟通工具基本相同，如广告、公共关系、口传沟通等，只是在诉求方式、信息内容与媒体选用方面有所不同。

整合营销把企业战略、营销战略、营销沟通战略联结和协调起来，把顾客利益、顾客需求纳入企业战略管理体系，并将其转化为企业利益和企业目标。

首先，企业各层次战略必须协调一致。三个层次的战略之间应相互联系，战略与战略要素之间应紧密配合，营销是企业战略的组合要素，营销沟通则是营销战略的组合要素。

其次，企业战略、营销战略、营销沟通战略必须与消费者需求、欲望、认知一致。企业战略以一定的业务为基础，这种业务必须与特定市场相关联，即以消费者某种需要为基础，具体根据市场吸引力和企业本身业务能力来制定；营销战略要考虑如何比竞争对手更好地满足顾客需要，它是通过向顾客提供产品，以特定产品及品牌利益来满足其特定需要而实现的，其核心是把品牌与消费者利益相结合；沟通战略则应充分利用消费者数据库，根据消费者认知状态和购买行为，把有关产品和相关利益传播给消费者，使其形成品牌偏好。

（二）营销工具整合

营销战略必须通过具体的营销方案来实施，其内容就是实现营销资源在各种营销工具之间的分配，达到效益最大化。营销工具主要包括产品、价格、分销和促销（沟通）。营销工具整合的内容包括营销组合要素之间的整合和营销组合中每一要素的内部整合。

1. 产品组合

产品组合主要涉及以下内容：

（1）产品质量。营销沟通不仅停留在企业的促销环节，而且分布于企业的每一项活动之中。从某种意义上说，产品质量是由顾客认知驱动的，要注意产品质量、产品认知质量、产品传播质量的吻合，同时还要注意产品质量与分销渠道的整合。

（2）产品设计。产品设计具有沟通价值，体现在产品特色、性能、风格等方面。产品设计必须与目标市场顾客的需要相吻合，必须与价格、分销和营销沟通相协调。

（3）产品特征。产品特征创造了营销沟通的独特利益和吸引力，能形成较高的顾客价值。产品特征的开发和选择，既要兼顾顾客认知价值，又要考虑相对成本。产品特征必须与营销沟通和价格进行整合。

（4）产品包装。现代包装的营销作用越来越大。首先，包装应与产品质量、特征相吻合；其次，构成包装的所有要素必须协调一致，包括文字说明、品牌标记、图案色彩等；最后，产品包装还要与价格、分销、沟通等营销工具相协调。

（5）品牌。品牌营销是企业营销的重要组成部分。品牌是一个多重要素的复合体，在品牌塑造、品牌维护、品牌发展过程中，要对其进行不断分析研究和开发投资。其核心问题是品牌整合：其一，品牌要素本身的一致性，如品牌属性与品牌利益必须统一；其二，品牌要素还要与其他营销工具相协调。

2. 价格组合

尽管当前在消费者的购买决策中非价格因素日益重要，但由于价格与收入、市场份额和利润紧密相关，因而企业在制定价格战略时要与其他营销工具进行整合。

首先，价格战略必须与产品战略相结合，一般而言，产品质量越高，产品越独特、替代品越少、产品声望越高，消费者对价格就越不敏感，价格就可以定得越高。

其次，价格与分销也是紧密相连的，不同的分销地点、不同的经销商，对价格的反应及分销成本是不同的，如高档的名贵产品应选择专卖店或专柜销售。

最后，价格还要与沟通整合，从而影响消费者的认知。价格的制定必须以消费者认知为依据，而消费者认知的建立又依赖于营销工具的综合运用。

3. 分销组合

分销组合必须与其他营销工具配合使用。

其一，分销必须与产品整合。分销渠道的选择与产品的物理特性密切相关，还要考虑到产品的技术复杂程度和产品生命周期。

其二，分销必须与营销沟通整合。分销渠道具有强大的营销沟通功能，制造商的分销策略是把商店形象与其提供的产品形象相配合，批发商的促销工具主要是人员推销，零售商的促销工具则包括广告、营业推广、公共关系等。营销沟通与分销的整合因企业选择推式和拉式策略而有所不同。在推式策略中，分销与沟通必须在每一分销环节进行整合；在拉式策略中，制造商直接与最终消费者进行沟通。同时，分销要配合营销沟通，为消费者提供最大购物便利。

其三，分销必须与价格整合。在分销渠道中，零售商的价格是一个关键性的定位因素，必须根据目标市场、竞争状况等确定。

其四，企业的整个分销系统必须整合。

4.促销（沟通）组合

从4C理论的角度考察，促销组合实质上是最低层次的营销沟通组合。营销沟通要达到的效果是对消费者的态度和行为产生影响，因此，在整合营销中，对营销沟通信息的基本要求有三个：必须清楚简单，必须清晰一致，必须与消费者认知相吻合。

（三）营销沟通整合

营销沟通面临的主要问题是：如何以最低成本取得一定沟通效果？如何以一定成本取得最大沟通效果？因此，必须对各种沟通工具进行研究，通过各种沟通工具的协调运用，达到协同效果。

1.广告

广告的主要优势是有助于建立长期形象，同时有助于促进短期销售，缺陷是成本较高。根据广告目标的不同，可把广告分为三类：通知型广告、说服型广告、提醒型广告。通知型广告旨在建立品牌认知，一般用于产品的市场导入阶段，可与营业推广、人员推销、公共关系宣传等沟通工具配合使用；说服型广告旨在建立品牌偏好，一般用于产品的成长期，说服型广告应与公共关系宣传和营业推广协调使用；提醒型广告旨在建立长期的品牌形象或用于短期的消费提示，一般用于产品的成熟期，可与营业推广结合使用。

2.营业推广

近年来，营业推广在营销沟通预算中的比重日益提高，尤其是在消费品行业。营业推广工具的影响通常是短期的，对建立长期品牌偏好作用较小，因此必须与其他营销沟通工具配合使用才能发挥协同作用。在营业推广整合中，要注意以下几个问题：①根据各种推广工具的优缺点和推广对象，选择合适的具体营业推广工具；②把各种具体的营业推广工具结合使用，并在时间、内容上相互一致；③把营业推广工具与其他营销沟通工具进行协调配合。

3.公共关系

作为营销沟通工具的公共关系，又称营销公共关系，本质上是企业整体公共关系的一个重要组成部分。企业整体公共关系包括媒体关系、企业内部公众关系、金融关系、公共事务和社区关系、新闻宣传等。新闻宣传的工作重点是通过获得在媒体上的免费报道来促进企业形象的建立或产品的销售。与其他营销沟通工具相比，公共关系的主要优势是高度可信、成本效益高、能迅速建立知晓度，缺陷是效果难以评估。成功的公共关系主要取决于与其他营销沟通工具的整合：

其一，公共关系要与其他营销沟通工具整合。公共关系要与广告、营业推广、人员推销相互配合。

其二，在公共关系与营销沟通工具的职能有交叉的领域，整合尤为必要。例如，公共关系广告、企业广告与产品广告是重叠交叉的，可以提高传播效果，降低传播成本，并有助于树立企业形象。因此，公共关系在企业广告、产品广告及其他企业具体营销业务流程中起着重要的黏合作用。

在危机处理活动中，公共关系也需与其他营销沟通工具相互协调。

4.人员推销

销售人员工作的核心是顾客关系的建立，属于一对一的沟通，是直接增加销售的工具。与此同时，其他营销沟通工具则属于大众沟通，对销售的作用是间接的。由于组织结构和工作性质的差异，销售人员和营销沟通人员往往是相互独立的，如果不注重人际沟通与非人际沟通的交互作用，将会影响整体沟通效果，因此，应把人员推销与其他非人际营销沟通工具整合起来。

其一，人员推销与广告整合。广告在通常情况下通过大众传媒向广大受众传达有关企业和产品的一般信息，信息反馈和调整机会几乎为零。二者的结合使用可以实现优势互补，尤其是在新产品上市时非常重要。由于人员推销是一对一的人际沟通模式，可以在一定程度上弥补广告的不足，向受众解释、反馈及有针对性地调整信息。

其二，人员推销与营业推广整合。营业推广对人员推销能起到积极的促进作用，二者的结合使用能刺激顾客购买。

其三，人员推销与公共关系整合。公共关系的重要作用是建立和维持与公众的关系，而销售人员在企业和公众顾客的关系建立中扮演着重要角色，二者应紧密协作。

其四，与其他营销沟通工具整合。人员推销可与销售点广告等其他沟通工具配合使用，以产生协同效应。

此外，口传也是一种重要的营销沟通工具。尽管大众传媒是信息沟通的主要方法，但人员的口传信息沟通比大众信息沟通更为有效，尤其是对说服性信息的传播而言。具体的口传渠道包括：企业的销售人员、具有专门知识并能影响他人购买的独立专家、亲朋邻居等。口传营销沟通要求企业的各种营销沟通工具协同配合，以增加口传的效力。

四、整合营销策略的主要实施流程

整合营销是一种对各种营销工具和手段的系统化结合，整合营销是一种在满足顾客需求的同时，最大限度地实现企业目标的双赢营销模式。整合营销策略的主要实施流程如图 14-2 所示。

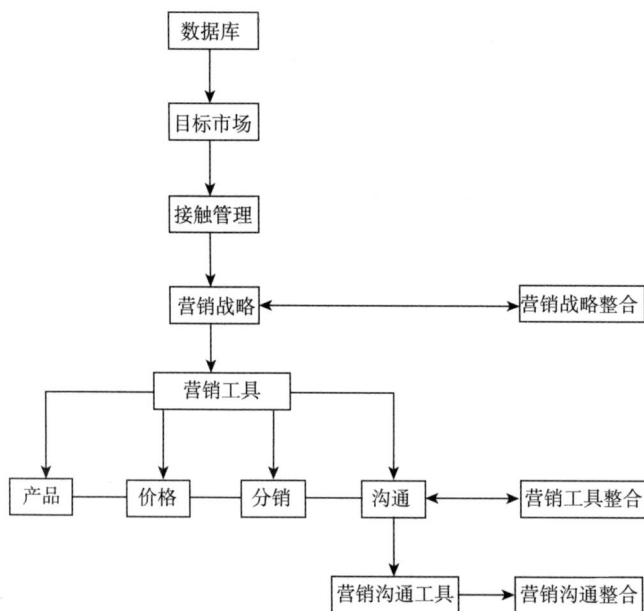

图14-2 整合营销策略的实施流程

（一）建立数据库

整合营销规划的起点是建立数据库。数据库是记录顾客信息的名单，含有每个顾客或潜在顾客的有关营销数据，包括历史数据和预测数据。其中，历史数据记录了姓名、地址、最新购买、购买次数、对优惠措施的回应、购买价值等历史信息；预测数据则通过对顾客属性进行打分，用以鉴别哪个群体更可能对某项特定优惠做出回应，它有助于说明顾客未来的行为。数据库是企业最有价值的资产。成功的营销依赖于重复营销，企业的营销挑战来自于如何有效地吸引和保持有价值的终身客户，数据库营销是解决这一问题的最好途径之一。当前，市场营销已经由客户采集（赢得新客户）阶段，经过客户保持（终身客户）阶段，转向客户淘汰阶段（放弃没有盈利价值的客户，仔细挑选和维护有更高收益的客户群体），企业建立数据库的目的在于通过对数据库的管理，确定有价值的终身客户，并与之发展良好的客户关系。

（二）选择目标市场

根据数据库资料，首先进行市场细分，在此基础上，选择企业拟进入的目标市场，并进行相应的市场定位。同时，在特定的目标市场，还要根据消费者及潜在消费者的行为信息将其分为三类：本品牌的忠诚消费者、他品牌的忠诚消费者、游移消费者，并依据他们在品牌认知、信息接收方式及渠道偏好等方面的差异，有针对性地开展各项营销活动。

（三）进行接触管理

整合营销的起点和终点都是消费者，无论是企业的价值供应活动（产品开发、价格制定、分销），还是营销传播活动（广告、人员推销、公共关系）均需以 4C 为基础。需要注意的是，在买卖双方之间存在界面，必须通过某种接触通道将二者联系在一起，才能实现价值共享。舒尔茨把"接触"定义为：凡是能够将品牌、产品类别及其他与市场相关的信息传输给消费者或潜在消费者的所有方式、渠道、行为都是通道，它包含了媒体、营销传播工具及其他可能与消费者接触的形式，如媒体广告、店内推广、产品包装、亲朋邻里的口头交谈等。李奥贝纳广告公司的一项研究表明，消费者拥有 102 种类似"广告"的不同媒体——从电视到购物袋以及企业发起的活动事件等。消费者和企业只有通过接触通道才能发生联系，因此必须对其进行管理。

（四）制定营销战略

在以上步骤的基础上，依据数据库提供的营销数据，制定明确的营销战略目标，并将其与企业战略及企业的其他业务相结合，实现企业层次的营销整合。

（五）选择营销工具

在营销战略目标的指导下，根据消费者的需求和欲望、消费者愿意付出的成本、消费者对购买便利的需求，以及消费者的沟通方式确定具体的营销工具，并找出最关键的工具，将其与其他营销工具整合。

（六）进行沟通整合

沟通整合是整合营销最后也是非常重要的一个步骤。依据顾客信息，对不同行为类型的消费者分别确定不同的传播目标，使用不同的传播工具，如广告、营业推广、公共关系、人员推销等，并根据实际情况的需要将多种工具结合使用，以整合成协同力量。

扫码学习有关案例

第五节　体验营销

随着消费形态的改变，经济发展形态已从过去的农业经济、工业经济、服务经济演变为"体验式经济"时代。在产品和服务日趋同质的今天，如何吸引新顾客和保留老顾客成为营销的首要任务。在这种情况下，企业要关注体验营销这种新的营销思维，通过向顾客提供各种体验来提高经营绩效。

一、体验营销的内涵

伯恩德 H. 施密特博士（Bernd H.Schmitt）是第一个提出体验营销概念的学者，在他与 Alex Simonson 合著的《营销美学》中就曾指出过大多数营销都因为专注于功能性而受到限制，因而提出了应对感官体验进行管理，进而提出了"感官体验营销"的说法，后来他又出版了《体验式营销》一书，进一步阐释这个问题，并明确了"体验营销"的界定。在伯恩德 H. 施密特博士所提出的理论中，营销工作就是通过各种媒介，包括沟通（广告为其之一）、识别、产品、共同建立品牌、环境、网站和消费者，刺激消费者的感官和情感，引发消费者的思考、联想，使其行动和体验，并通过消费体验，不断地传递品牌或产品的好处。

综上所述，体验营销是指通过看、听、用、参与的手段，充分刺激和调动消费者的感官、情感、思考、行动、关联等感性因素和理性因素，重新定义、设计的一种思考方式的营销方法。这种思考方式突破传统"理性消费者"的假设，认为消费者消费时是理性与感性兼具的，消费者在消费前、消费中和消费后的体验才是购买行为与品牌经营的关键。

从消费者心理学角度看，"体验"是理解体验营销的前提。消费心理认为，体验是一种客观存在的心理需要，每个人或明或暗、或多或少都有这样的心理需要。企业的成功营销就是要满足消费者这种心理需求，给消费者这种体验。目前，体验营销逐渐成为全球营销的核心内容，越来越受到企业的青睐，并成为企业用以"拉近"同消费者距离的一种重要营销手段。

二、体验营销与传统营销的区别

1. 在产品或服务特色上的区别

传统营销主要强调产品的功能强大、外形美观、价格便宜。而在体验营销中，企业提供的不仅仅是商品或服务，它提供最终体验，并充满了感情的力量，给消费者留下了难以忘怀的愉快记忆。消费者不再限于购买实实在在的产品以及购买产品后所获得的美好体验，而是更加侧重于在消费过程中甚至企业生产过程中所获取的一种情绪上、体力上、智力上甚至精神上的"美好体验"。

2. 在产品效应上的区别

传统营销在很大程度上仅专注于产品的特色以及产品带来的物质利益，认为国际市场上的消费者进行的都是理性消费。按重要性、实用性原则衡量产品功能，判定产品"比较优势"，从而选择整体效用最大的产品。体验营销不仅为消费者提供满意的产品和服务，还要为消费者提供全方位的体验，从生活与情境出发，塑造感官体验及思维认同，以此引起消费者的注意，改变消费者的消费行为，并为产品找到新的生存价值与空间，让消费者在广泛的社会文化背景中检验消费体验。

3. 在消费行为上的区别

传统营销关心的是如何说服消费者购买，对消费者的购买行为不太关心，特别是购买之后的问题就变得无足轻重。而体验营销认为消费者是理性兼感性的，消费者以对产品的直观、感觉、情感、主观偏好和象征意义作为消费品选择的原则。在既定的产品客观性能的前提下，产品的外观、形状、款式、体积、色彩等感性特征以及产品品牌价值和符号象征成为产品选择的首要考虑因素。体验营销既注重产品所引起的感官愉悦，也强调产品形式是否符合消费者的品位、理念、价值和偏好，这时的消费实际上就是一种心理和精神性的消费。

三、体验营销的特点

在科技和信息产业不断发展的同时，人们的消费欲望和消费形态也在发生变化。伴随着物质的极大丰富，人们选择商品时，对价格的敏感程度不断降低，与此同时，产品和服务带来的心理上的满足感越来越受到顾客的关注，这就说明了精神需求逐渐超越物质需求而成为人们的主导性需求。因此，从体验营销的内涵中可以看出体验营销具有以下特点：

1. 参与性

在传统营销中，消费者一般只作为"观众"，没有完全主动地参与到企业的营销活动中。而在体验营销中，消费者摇身一变，成为营销舞台上的"演员"，在完成产品或服务的生产和消费过程中，成为"主角"。这样一个主动参与的过程，是体验营销的根本所在，也是获得美好体验，创造顾客满意的关键所在。消费者在亲身体验每一个消费细节的过程中，加深了对产品或服务的认识，培养了与企业的感情，渐渐形成了顾客忠诚。可以说消费者的"主动参与"是体验营销区别于"商品营销"和"服务营销"的最显著特征。离开消费者的主动参与，体验营销将失去意义。

2. 互动性

在传统的商品营销和服务营销中，企业总是处于主导性地位。企业通过诱导、调控等手段来操纵消费者，使其纳入预先设定的消费"轨道"，从而实现盈利。在这样一个环节中，无疑消费者处于被动、受支配的地位。而在体验营销中，企业与消费者之间，在进行信息和情感交流的基础上，达到行为的相互配合，关系的相互促进，在实现双赢的同时形成良性的双向互动关系。

体验作为一种属于消费者的内部化感受，是企业看不见、摸不着的，这就使企业很难知道消费者对其产品或服务的真实感受和想法。所以，在进行体验营销时，企业必须努力与消费者进行互动沟通，及时了解消费者的感受、意见，并做出相应调整，这样才能保证消费者获得美好的体验效果。

3. 人性化及个性化

在传统的营销活动中，企业要满足的是广大消费者的标准化需求，向消费者提供的是大批量的标准化产品，没有什么个性可言。而在体验营销中，由于个体的差异性，每个人对同一刺激所产生的体验不尽相同，体验是个人独一无二的感受，无法复制。所以，企业应通过与顾客之间的沟通，发掘他们内心的渴望，站在顾客体验的角度，审视自己的产品和服务，能否满足消费者个性化、人性化的需求。

4. 情感性

在传统的营销活动中，企业与消费者之间是一种纯粹的买卖关系，即"一手交钱，一手交货"，毫无感情可言。而以满足消费者心理需求的体验营销，十分重视对消费者的感情投入，通过双方的情感交流，增进彼此情谊，满足消费者的情感需求。这也是体验营销一个非常显著的特点。

随着经济的发展，消费者的收入水平也不断提高，消费者渐渐从关注产品的质量到更加重视消费带来的情感的愉悦和满足。这正是体验营销所要做的，满足消费者的情感需求。消费者情感需求的满足，会促使双方交易的实现和交易关系的持续。

5. 无形性

虽然服务营销中的服务也是无形的，是企业为了更好地满足顾客的需求，提供的一种无形产品。但体验营销中的无形性强调的是顾客感受到的一种身临其境的体验，一种被感知的效果，而这种感受和效果是除了顾客以外的任何人都无法感知的。

6. 延续性

体验作为一种消费者所有的独特的感受，并不会马上消失，具有一定的延续性，以记忆的形式存在。所以，体验营销的效果具有一定的延续。有些消费者甚至在事后对这种体验进行重新评价，产生新的感受。

四、体验营销的形式

由于体验的复杂化和多样化，《体验式营销》一书的作者伯恩德·H.施密特将不同的体验形式称为战略体验模块，并将其分为五种类型：

1. 知觉体验

知觉体验即感官体验，将视觉、听觉、触觉、味觉与嗅觉等知觉器官应用在体验营销上。感官体验可区分为公司与产品（识别）、引发消费者购买动机和增加产品的附加价值等。

2. 思维体验

思维体验即以创意的方式引起消费者的惊奇、兴趣、对问题进行集中或分散的思考，为消费者创造认知和解决问题的体验。

3. 行为体验

行为体验是指通过增加消费者的身体体验，指出他们做事的替代方法、替代的生活形态与互动，丰富消费者的生活，从而使消费者被激发或自发地改变生活形态。

4. 情感体验

情感体验即体现消费者内在的感情与情绪，使消费者在消费中感受到各种情感，如亲情、友情和爱情等。

5. 相关体验

相关体验即以通过实践自我改进的个人渴望，使别人对自己产生好感。它使消费者和一个较广泛的社会系统产生关联，从而建立对某种品牌的偏好。

五、体验营销常见的应用策略

1. 享受型营销策略

享受型营销策略就是以享受不同生活方式为目标的体验营销。不同的人有不同的生活方式，如有寻求冒险和挑战的，有追求豪华与尊贵的，有钟情无拘无束的，有喜欢平淡与安逸的等。

2. 娱乐型营销策略

娱乐型营销策略，是指以满足顾客娱乐活动为目标的体验营销。以满足顾客娱乐活动为目标的体验营销是通过愉悦顾客而有效地实现营销目标。人们生来都愿意寻求欢乐并避免痛苦，几乎没有人会排斥促使其开心大笑的娱乐瞬间，所以企业可以巧妙地把营销寓于娱乐之中，通过为顾客创造独一无二的娱乐体验，来捕捉顾客的注意力，达到刺激顾客购买和消费的目的。近年来，在国际市场上兴起的娱乐购物、娱乐化零售和娱乐性促销活动，就是体验营销策略的表现之一。其最大的特点在于它改变了传统营销活动中严肃、呆板的形式，使促销变得亲切、轻松和生动起来，因而比传统营销方式更能激发消费者的购买欲望。

3. 审美型营销策略

审美型营销策略，是指以迎合顾客审美情趣为目标的体验营销。以迎合顾客审美情趣为目标的体验营销就是通过知觉刺激而让顾客受到美的愉悦、兴奋、享受与满足，从而有效地达到营销的目的。企业在市场营销中，可以通过选择利用美的因素，如色彩、音乐、形状、图案等，美的风格，如时尚、华丽、简洁等，再配以美的主题，来迎合消费者的审美需求，诱发消费者的购买兴趣并增加产品附加值。在产品或服务越来越同质化的今天，这种营销能够有效地吸引消费者的目光，实现企业及其产品服务在市场上的差异化，从而赢得竞争优势。

4. 情感型营销策略

情感型营销策略即以呵护顾客内在情感为目标的体验营销。以呵护顾客内在情感为目标的体验营销就是通过激发和满足消费者的情感体验来实现营销目标。人们的情感可分为感情与情绪两个方面，从正面的情绪到负面的感受，从温和的心情到强烈的感情，从喜怒哀乐到爱恨悲愁，都可纳入情感的范畴。而企业的任务就在于，认真探究消费者的情感反应模式，努力为他们创造正面的情感体验，避免或去除其负面感受，从而引导消费者对公司及其产品和服务产生良好印象，直至形成偏爱的态度。这种营销，能真正从消费者的感受出发，细心体察与呵护消费者的情感，是一种人性化的营销方式。

六、体验营销的操作步骤

1. 识别客户

识别目标客户就是要针对目标顾客提供购前体验，明确顾客范围，降低成本。同时还要对目标顾客进行细分，对不同类型的顾客提供不同方式、不同水平的体验。在运作方法上要注意信息由内向外传递的拓展性。

2. 认识顾客

认识目标顾客就要深入了解目标顾客的特点、需求，知道他们担心、顾虑什么。企业必须通过市场调查来获取有关信息，并对信息进行筛选、分析，真正了解顾客的需求与顾虑，以便有针对性地提供相应的体验手段，来满足他们的需求，打消他们的顾虑。

3. 弄清顾客的利益和顾虑

弄清楚顾客的利益点和顾虑点在什么地方，根据其利益点和顾虑点决定在体验式销售过程中重点展示哪些部分。

4. 确定体验参数

要确定产品的卖点在哪里，让顾客从中体验并评价。譬如理发，可以把头发修得是否整齐、发型与脸型是否相符等作为体验的参数，这样在顾客体验后，就容易从这几个方面对产品（或服务）的好坏做出判断。

5. 进行体验

在这个阶段，企业应该预先准备好让顾客体验的产品或设计好让顾客体验的服务，并确定好便于达到目标对象的渠道，以便目标对象进行体验活动。

6. 评价控制

企业在实行体验式营销后，还要对前期的运作进行评估。评估总结要从以下几方面入手：效果如何；顾客是否满意；是否让顾客的风险得到了提前释放；风险释放后是否转移到了企业自身，转移了多少，企业能否承受。通过这些方面的审查和判断，企业可以了解前期的执行情况，并可重新修正运作的方式与流程，以便进入下一轮的运作。

七、实施体验营销的原则

1. 适用性原则

这个原则主要指向体验营销模式的适用范围和行业选择。不是所有的行业都适合体验营销。体验营销要求产品本身具有一定的体验特性，消费需要一个明显的过程，才能有体验产生的时间和空间。比如卖儿童服装的商家就极少采用体验营销。

2. 合法性原则

合法性的问题主要指向法律法规标准的执行。在一个法治国家，任何经营行为都受到国家法律法规的约束，体验营销本身、体验营销实施过程中具体的操作环节和内容，都应该在国家政策和法律允许的范围内，不能违法经营或抗拒国家和地区的相关管理规定。

3. 适度性原则

这个原则主要涉及社会伦理规范、社会道德标准、社会文化要求的软约束问题。一项体验营销活动能否被当地顾客接受，各地差异很大。因为每个国家和地区因为风俗习惯和文化的不同，价值观会有差异，因此价值评判的标准不同，评价的结果当然会不一样。对此有人提出营销道德、道德营销甚至过度营销的问题，目的都是探讨营销执行的道德尺度和道德标准问题。任何事情都有一个"度"，超过这个"度"就是超过顾客的心理承受界限和心理标准，事情的性质就会发生改变，比如服务过程中热情是好事，但过于热情则会令人生厌，正所谓"过犹不及"。

4. 经济性原则

这个原则很显然就是指向投入与产出、经营效率与效益的问题。企业的职责首先要盈利，然后才是管理与创新，盈利才能使企业不断地为社会创造价值，这是一个良性循环。所以，企业关注财务指标、关注投入产出的经济性指标，这是天经地义的，任何只追求效率考核而忽视效益测量的做法都有失偏颇。但这里要强调一个问题，经济性的追求、投入产出的测量不能成为企业仅仅追求眼前利益和短期行为的借口，企业要做好短期核算、短期收益与长期投资、长期回报之间的平衡，不能因为眼前利益的"经济性"而牺牲企业的长期发展和远大前景。

八、实施体验营销的注意事项

1. 要精心设计与规划顾客体验

企业着力塑造的顾客体验应该是经过精心设计和规划的，即企业要提供的顾客体验对顾客必须有价值并且与众不同。也就是说，体验必须具有稳定性和可预测性。此外，在设计顾客体验时，企业还须关注每个细节，尽量避免疏漏。

2. 产品和服务要满足顾客的个性化需求

当产品和服务被定制化以后，其价值就得到了提升，提供的产品与顾客的需求也最接近。大规模地定制可以将商品和服务模块化，从而更有效地满足顾客的特殊需求，为他们提供优质价廉、充满个性化的产品。此外，电子邮件、网站、在线服务、电话、传真等通信手段，使公司可以迅速地了解客户的需求和偏好，为定制化创造了条件。

3. 在服务中增加体验成分

科学技术的发展使得产品同质化越来越严重，而服务更容易模仿，所以在服务中增加体验成分可以更好地突出个性化和差异化，更好地吸引消费者。

4. 以顾客为中心

以顾客为中心是企业实施体验营销时的基本指导思想。体验营销首先要考虑体验消费的环境，然后考虑满足这种消费环境的产品和服务，这是一种全新的营销思路，充分体现了"顾客至上"的思想。

5. 加强产品心理属性开发

当人们的物质生活水平达到一定程度以后，人们心理方面的需求就会成为其购买行为、消费行为的主要影响因素。因此，企业营销应该重视顾客心理需求的分析和研究，挖掘出有价值的营销机会。企业必须加强产品心理属性开发，重视产品的品位、形象、个性、感性等方面的塑造，营造出与目标顾客心理需求相一致的心理属性。

第六节 水平营销

在今天这个网络化、全球化的竞争市场上，越来越多的企业开始感受到营销的尴尬，痛切于企业屡弱的盈利能力。为了破解企业当前所面临的困境，企业不得不寻求另外一种创新营销思维——水平营销。

一、水平营销的定义

市场营销创新有两种截然不同的路径，一种是在某一特定市场内部做调整，另一种是通过对产品做适当改动来产生新用途、新情境、新目标市场以开创新类别，从而重组市场。

前一种称为纵向营销，也就是传统营销。在市场界定过程中它通过采取市场细分和定位策略，调整现有的产品和服务以使市场多样化，它通过系列和逻辑思维过程，也就是纵向思维过程从宏观过渡到微观。

后一种称为水平营销。水平营销是用横向思维来考虑产品的各个方面，从而创造出原创性的理论、全新的产品和市场，并在获取高额利润回报的同时，成为新市场的领导者。确切地说，水平营销是跨越原有领域进行的水平思考，而不是在以前的界限内兜圈子。水平营销首先是创造性的思考，科特勒称之为"跳出盒子的思考"，它不同于纵向营销的逻辑思维，本质上是一种基于直觉的创造。有了水平营销这个工具，企业将创造出更多有价值的东西。

二、垂直营销与水平营销的关系

垂直营销与水平营销是市场营销创新两种截然不同的路径：垂直营销是在某一特定市场内部做调整，它通过采取市场细分和定位策略，调整现有的产品和服务，以使市场多样化；水平营销则是通过对产品做适当改动来产生新用途、新情境、新目标市场以开创新类别，从而重组市场。

水平营销与垂直营销的区别主要表现在：

（1）水平营销具有启发性，而垂直营销是分析性的。

（2）垂直营销遵循一定的序列，而水平营销则会无意中跳跃到其他产品或类别上，以捕捉可能的点子和产生变化。

（3）垂直营销必须步步正确，水平营销不一定非得正确。如果水平营销最终的结果有效，过程也会被认为是有效的。

（4）垂直营销通过淘汰法进行选择，而水平营销不淘汰任何可能导致新概念的选择。

（5）水平营销可以利用那些与产品无关的种类或产品，而垂直营销排除那些处于潜在市场定义之外的概念。

（6）水平营销的推进方式不甚明显，而垂直营销则以序列的明显方式进行着。

（7）水平营销是一个充满可能性的过程，而垂直营销则是一个确定性的过程。

（8）垂直营销销售额的来源来自现有购买者、被新产品所吸引的潜在客户和争夺同类竞争性产品的市场份额。水平营销销售额的来源来自对几种竞争性产品的影响和产品本身。

（9）垂直营销创新更容易被顾客接受和理解，水平营销的创新，如果非常奇特的话，接纳起来则需要更长时间。

（10）垂直营销创新的成功率很高，但在成熟细分的市场中，其新增销售额却很低。水平营销创新的成功率也许小得多，然而一旦成功，其获得的销售额将极为可观。

水平营销创新是对垂直营销创新的一种补充，实际上，并不存在水平营销优于垂直营销而能够替代垂直营销的说法，两者是不可或缺的互补关系。而且如果新类别开创后没有垂直营销来提供多样性，水平营销也不能充分地发展。

三、水平营销的操作步骤

（一）选择一个焦点进行横向置换

按照纵向营销"市场、产品、营销组合"三大层面选取其一之某一因素展开横向思考，比如用户目标市场等，从而催生全新产品。

1. 市场层面的水平营销

市场是需求、目标、时间、地点、情境、体验的结合体，包含了产品和服务竞争的若干维度，用横向置换制造空白的六种方法，来改变市场层面的维度。

（1）改变需求：如服装除了具有遮衣蔽体和审美功能的需求，还导入了社会象征意义的需求。

（2）改变目标：与纵向营销的圈定并细分目标客户不同，水平营销跳出常规挖掘非潜在客户。

（3）改变时间。

（4）改变地点：把产品置于新的购买／使用地点以创造新的价值。

（5）改变场合：改变产品与特定事件的联系，创造新的使用事件和组合。

（6）改变体验：将原本与产品不相联系的体验与产品联系起来，提供新的购买和消费方式。

2. 产品层面的水平营销

将一个完整的产品分解开来，打破其原有的模型结构。具体来说，可以通过改变产品或服务、包装、品牌特性以及改变使用状况等途径来实现。

（1）改变产品或服务。

（2）改变包装。

（3）改变品牌特征。譬如西服作为舶来品，可以将其做成中式立领。

（4）改变使用和购买情况。

3. 营销组合层面的水平营销

（1）改变价格的创新。比如"不标价"商店，拥有一套可以获取地区内同样产品价位的系统，并自动生成最低价，顾客不用货比三家，就能在该店购买最低价位的商品。

（2）改变购买地点的创新。纵向营销地点是渠道，水平营销地点是价值和卖点，如兵马俑在小商品市场和纪念馆出售是不一样的。

（3）改变促销方式的创新。纵向促销同质化严重，水平营销通过沟通和销售方式创新。例如百丽用真人模特展示新款鞋（沟通方式）。

（二）进行横向置换形成空白

按照横向置换"替代、反转、组合、夸张、去除、换序"六种创新技巧，分别运用到市场层面、产品层面、营销组合层面上。

（三）建立联结

分析刺激中的信息并对其进行评估，评估技巧包括：

扫码学习有关案例

（1）跟踪购买程序发现有价值的点子。

（2）提取有用的积极事物（比如将客户的退货转化为换货）。

（3）找一种可能的情境使刺激产生意义。

四、水平营销的创新技巧

水平营销首先要基于创造性的思考，科特勒称之为"跳出盒子的思考"。它不同于垂直营销的逻辑思维，本质上是一种基于直觉的创造。水平营销虽然属于一种跳跃性的思维，但也是有法可依的。

水平营销的实施，主要依赖六种横向置换的创新技巧，并分别应用到市场层面、产品层面和营销组合层面上，这六种技巧分别是：替代、反转、组合、夸张、去除和换序。

1. 市场层面的创新

由于市场是需求、目标、时间、地点、情境、体验的结合体，此时运用替代的一个简单技巧就是改变其中的一个维度，这也是情境替代的最有效方法。

2. 产品层面的创新

在这个层面，可以参考市场层面的维度划分，对现有的产品进行分解，分解后的主要层面包括：有形的产品或服务、包装、品牌特征、使用或购买，然后利用 6 种技巧进行横向置换。

3. 营销组合层面的创新

在市场层面和产品层面不改变的情况下，通过市场营销组合的改变，往往能够催生创新性的商业战略。这种水平营销更讲究策略，更偏重短期效应，相对于原创性的新概念、新产品的开发，能更快速地生成新点子。该层面的创新，可以在定价、分销和沟通等领域产生可观的效果，而最直接的创新做法就是替代。

本章小结

20 世纪 70 年代以来，传统的主流市场营销理论遇到了一系列问题。在此背景下，营销学界围绕着相关问题提出了可持续营销、网络营销、整合营销、体验营销、水平营销、绿色营销、关系营销等一系列影响广泛的营销理论。

可持续营销是指个人和组织在不损害未来世代满足其需要的前提下为满足当代人需要而进行的，通过生产创造、提供出售并同别人交换其产品和价值，以获取其所需所欲之物的一种社会和管理过程。其实施路径包括：①树立动态的可持续营销观念；②以可持续发展战略为指导；③建立可持续发展的营销文化；④建立有效的利益平衡机制；⑤坚持持续的学习、创新与变革；⑥恪守营销道德与责任。

绿色营销具有综合性、统一性、无差别性和双向性四个特点，其核心是按照环保与生态原则来选择和确定营销组合的策略，是建立在绿色技术、绿色市场和绿色经济基础上的，对人类的生态关注给予回应的一种经营方式。绿色营销管理主要包括树立绿色营销观念、设计绿色产品、制定绿色产品的价格、建立稳定的绿色营销渠道、做好绿色营销的促销活动五个方面的内容。

　　网络营销是组织或个人基于开发便捷的互联网络，对产品、服务所做的一系列经营活动，从而达到满足组织或个人需求的全过程。网络营销常用的方法除了搜索引擎注册之外，还包括电子邮件营销、即时通信营销、网络广告营销、博客营销、微博营销、会员制营销、病毒式营销等。

　　整合营销是一种对各种营销工具和手段的系统化结合，根据环境进行即时性的动态修正，以使交换双方在交互中实现价值增值的营销理念与方法。整合营销的操作流程主要包括建立数据库、选择目标市场、进行接触管理、制定营销战略、选择营销工具、进行沟通整合。

　　体验营销是指通过看、听、用、参与的手段，充分刺激和调动消费者的感官、情感、思考、行动、关联等感性因素和理性因素，重新定义、设计的一种思考方式的营销方法。在应用体验营销过程中通常具有以下策略：享受型营销策略、娱乐型营销策略、审美型营销策略、情感型营销策略。其操作步骤主要包括识别客户、认识顾客、弄清顾客的利益和顾虑、确定体验参数、进行体验、评价控制。在实施体验营销过程中，通常要遵循适用性原则、合法性原则、适度性原则、经济性原则。

　　水平营销是用横向思维来考虑产品的各个方面，从而创造出原创性的理论、全新的产品和市场，并在获取高额利润回报的同时，成为新市场的领导。水平营销的操作包括以下三个步骤：①选择一个焦点进行横向置换；②进行横向置换形成空白；③建立联结。水平营销的实施，主要依赖六种横向置换的创新技巧，并分别应用到市场层面、产品层面和营销组合层面上，这六种技巧分别是：替代、反转、组合、夸张、去除和换序。

扫码学习市场营销相关法规　　　　　　扫码获得本章习题及参考答案

参考文献

[1] 菲利普·科特勒.市场营销：原理与实践 [M].北京：中国人民大学出版社，2015.

[2] 菲利普·科特勒.营销管理 [M].北京：清华大学出版社，2001.

[3] 吴健安，钟育赣，胡其辉.市场营销学 [M].北京：清华大学出版社，2018.

[4] 赵平.服装营销学 [M].北京：中国纺织出版社，2005.

[5] 刘萍."互联网+"背景下零售业营销创新研究——以服装零售业为例 [J].市场周刊，2016.

[6] 王荣荣，沈雷.新零售模式下服装品牌的营销策略分析 [J].毛纺科技，2019.

[7] 韩小芸，汪纯孝.服务性企业顾客满意感与忠诚感关系 [M].北京：清华大学出版社，2003.

[8] 菲利普·科特勒，加里·阿姆斯特朗.营销学导论 [M].北京：华夏出版社，1998.

[9] 菲利普·科特勒，凯文·莱恩·凯特，卢泰宏.营销管理 [M].北京：中国人民大学出版社，2009.

[10] 柳欣.市场营销学 [M].北京：中国金融出版社，2013.

[11] 谭俊华.营销策划 [M].北京：清华大学出版社，2014.

[12] 赵忠芳，孙伟.市场营销学 [M].北京：中国石化出版社，2010.

[13] 梁文玲.市场营销学 [M].北京：清华大学出版社，2013.

[14] 吴佩勋.现代营销管理 [M].南京：南开大学出版社，2009.

[15] 厉嘉玲.市场营销 [M].南京：江苏科学技术出版社，2008.

[16] 乔娟，乔颖丽，李小北.市场营销学 [M].北京：中国农业大学出版社，2013.

[17] 姜岚.市场营销 [M].西安：西安交通大学出版社，2013.

[18] 吴健安.市场营销学 [M].北京：清华大学出版社，2013.

[19] 孙玺.市场营销学 [M].北京：科学出版社，2012.

[20] 吴长顺.营销学原理 [M].北京：北京大学出版社，2013.

[21] 王杜春.市场营销学 [M].北京：机械工业出版社，2012.

[22] 王中亮 . 市场营销学 [M]. 北京：立信会计出版社，2011.

[23] 冯光明，郑俊生 . 市场营销学 [M]. 北京：经济管理出版社，2011.

[24] 李晏墅 . 市场营销学 [M]. 北京：高等教育出版社，2008.

[25] 张蕾，林成 . 市场营销理论与实务 [M]. 北京：高等教育出版社，2011.

[26] 贺慈浩 . 市场营销学 [M]. 北京：科学出版社，2000.

[27] 杨楠 . 市场营销学 [M]. 北京：北京大学出版社，2012.

[28] 许开录 . 市场营销学 [M]. 北京：北京大学出版社，2009.

[29] 龚艳萍，程艳霞，周文辉 . 营销管理 [M]. 武汉：武汉理工大学出版社，2012.

[30] 马慧敏，王启万 . 市场营销学 [M]. 北京：北京大学出版社，2012.

[31] 钟立群 . 市场营销 [M]. 北京：中国农业大学出版社，2010.

[32] 贺继红，白建磊 . 市场营销学通理 [M]. 北京：清华大学出版社，2012.

[33] 邵喜武，王秀英，梁彦 . 市场营销学 [M]. 北京：清华大学出版社，2012.

[34] 刘禹宏，董立民 . 市场营销学 [M]. 北京：中国农业科技出版社，2009.

[35] 孙玺 . 市场营销学实用教程 [M]. 成都：西南财经大学出版社，2009

[36] 郭国庆 . 市场营销学通论 [M]. 北京：中国人民大学出版社，2009.

[37] 宋彧 . 市场营销原理与实务 [M]. 北京：清华大学出版社，2013.

[38] 张可成 . 市场营销学 [M]. 北京：中国农业出版社，2007.

[39] 吴声怡 . 市场营销学 [M]. 北京：中国农业出版社，2006.

[40] 何静文，戴卫东 . 市场营销学 [M]. 北京：北京大学出版社，2014.

[41] 谭俊华 . 营销策划 [M]. 北京：清华大学出版社，2014.

[42] 薛云建 . 市场营销学 [M]. 北京：人民邮电出版社，2013.

[43] 白硕，黄俊 . 营销管理 [M]. 重庆：西南师范大学出版社，2008.

[44] 周玉泉，张继肖 . 市场营销学 [M]. 北京：清华大学出版社，2007.

[45] 李文国，杜琳 . 市场营销 [M]. 北京：清华大学出版社，2012.

[46] 吴泗宗，市场营销学 [M]. 北京：清华大学出版社，2012.

[47] 陆娟，乔娟 . 市场营销学 [M]. 北京：清华大学出版社，2008.

[48] 甘碧群 . 市场营销学 [M]. 武汉：武汉大学出版社，2004.

[49] 陈阳 . 市场营销学 [M]. 北京：北京大学出版社，2012.

[50] 朱雪琴，李丰威 . 市场营销学 [M]. 郑州：河南科学技术出版社，2011.

[51] 纪宝成 . 市场营销学教程 [M]. 北京：中国人民大学出版社，2002.

[52] 殷博益 . 市场营销学 [M]. 南京：东南大学出版社，2009.

[53] 吴健安 . 市场营销学 [M]. 北京：高等教育出版社，2005.

[54] 陈阳 . 市场营销学 [M]. 北京：北京大学出版社，2012.

[55] 苗月新 . 市场营销学 [M]. 北京：清华大学出版社，2018.

[56] 胡春 . 市场营销渠道管理 [M]. 北京：清华大学出版社，2019.

[57] 菲利普·科特勒，加里·阿姆斯特朗 . 市场营销学原理 [M]. 北京：清华大学
出版社，2019.

[58] 阳正义，舒昌 . 市场营销学 [M]. 北京：清华大学出版社，2022.